智慧健康养老产业：

理论、方法与实践

韦艳◎编著

中国经济出版社
CHINA ECONOMIC PUBLISHING HOUSE
·北京·

图书在版编目（CIP）数据

智慧健康养老产业：理论、方法与实践 / 韦艳编著 . 北京：中国经济出版社，2024. 8（2025. 8 重印）

ISBN 978-7-5136-7870-4

Ⅰ. F719. 9

中国国家版本馆 CIP 数据核字第 2024AL8477 号

责任编辑 郭国玺
责任印制 马小宾
封面设计 任燕飞工作室

出版发行 中国经济出版社
印 刷 者 北京科信印刷有限公司
经 销 者 各地新华书店
开　　本 710mm×1000mm 1/16
印　　张 19
字　　数 310 千字
版　　次 2024 年 8 月第 1 版
印　　次 2025 年 8 月第 2 次
定　　价 98. 00 元
广告经营许可证 京西工商广字第 8179 号

中国经济出版社 **网址** http：//epc. sinopec. com **社址** 北京市东城区安定门外大街 58 号 **邮编** 100011
本版图书如存在印装质量问题，请与本社销售中心联系调换（联系电话：010-57512564）

前　言

党的二十大报告提出，我国要实施积极应对人口老龄化的国家战略，发展养老事业和养老产业，推动实现全体老年人都享有基本养老服务。为让数字红利惠及更多老年人，2024 年 1 月，国务院办公厅印发《关于发展银发经济增进老年人福祉的意见》，强调要促进养老产业事业协同发展，打造智慧健康养老新业态。党的十九届五中全会发布的《中共中央关于制定国民经济和社会发展第十四个五年规划和二〇三五年远景目标的建议》提出，新发展阶段要以高质量发展为主题，加快构建现代产业体系，提升产业链供应链现代化水平，加快发展现代养老服务业，为实现产业高质量发展提供根本保证。2021 年以来，政府陆续出台了《中共中央 国务院关于加强新时代老龄工作的意见》《智慧健康养老产业发展行动计划（2021—2025 年）》《“十四五”国家老龄事业发展和养老服务体系规划》《“十四五”健康老龄化规划》等一系列指导性战略性文件，进一步确保应对老龄化工作的落实。随着我国老龄化程度的加深，家庭结构趋于核心化，老年人需求逐渐多元化，传统养老功能面临极大挑战。近年来智慧健康养老受到广泛关注，养老产品、养老服务、养老模式等都成为该领域的前沿问题。智慧健康养老产业能够利用新一代信息技术有效提升养老服务质量和效率，实现普惠性与个性化供给，满足老年人对美好生活的多元化需求。智慧健康养老产业的理论和实践需要专业的指导，在新时代背景下，教材内容改革、教学方法改进迫在眉睫。

本书共包括十二章内容，分别为智慧健康养老产业概述、智慧健康养老产业理论基础、智慧健康养老产业发展现状、智慧健康养老产业发展的关键技术及数据共享、智慧健康养老产品与服务、智慧适老化场景解决方案、居家智慧健康养老、社区智慧健康养老、机构智慧健康养老、智慧医养结合、老年数字鸿沟与老年人智能技术运用提升、智慧健康养老产业示范推广等。首先，界定了智慧健康养老与智慧健康养老产业的含义，介绍了智慧健康养老产业领域研究常用的理论，从全国的宏观政策和发展经验入手，运用SWOT-PEST分析法梳理出我国智慧健康养老产业发展的现状和困境。其次，介绍了智慧健康养老产业领域的关键技术、智慧健康养老产品与服务、智慧适老化场景解决方案，展示了智慧健康养老产业的基础设施、平台技术及代表性的产品和服务，并根据实施地点的不同，总结了居家、社区、机构智慧养老服务的发展特点及发展现状。再次，基于专项调查数据分析结果，对老年数字鸿沟现状与影响因素进行阐述，为缓解老年人数字融入困境、实施积极应对人口老龄化的战略提供实证支持。最后，基于“立足陕西，面向全国”视角，对陕西省多个入选国家级试点示范单位的创建内容和创新性进行总结，为产业发展提供推广经验。全书紧跟经济社会发展中面临的新问题，将智慧健康养老产业的理论、方法与实践相结合，框架体系完整，逻辑严密，适应中国式现代化的教育教学节奏。

智慧健康养老产业发展作为应对日益加深的人口老龄化的有力举措，有利于缓解基础养老资源不足、保障产业链供应链安全稳定和满足多样化的养老需求，能有效提高老年人的生活质量，增强其幸福感及获得感，对推动健康中国建设和数字中国建设具有重要意义。本书学术性、知识性和实用性并重，能够为智慧健康养老及相关专业学生、研究者、相关企业和社会组织提供智慧健康养老产业发展的理论基础和实操指导。

在本书的写作过程中，作者得到了许多支持和帮助。在此特别感谢西安财经大学统计学“一流学科”建设项目、陕西省工业和信息化厅、陕西省民政厅、陕西省卫健委在研究中的全力支持，还要感谢西安财经大学统计学院智慧健康养老课题组全体成员的辛勤劳动，感谢研究生徐赟、王欣宇、杨丽红、张兆驰、李婧、陈瑶瑶、陈锋、刘晓炜、刘洁、滕晓莹、谢怡良和关新裕对本书内容作出的贡献。

由于水平有限，书中不妥之处在所难免，恳请广大读者批评指正。

韦　艳

2024年5月

目 录

第一章　智慧健康养老产业概述

本章导读：在老龄社会新形态下，中国老年群体呈现出了与以往不同的新特点——低龄老年人口规模不断扩大、拥有高中及以上文化程度的老年人口比重显著增加、老年群体整体素质明显提升，养老服务需求趋于多元化，传统的养老模式在适应新时代迅速增长的老年人口多样的养老需求时面临巨大压力。在数字时代，推动养老产业智慧化转型、实现养老供给智慧化升级、发展智慧健康养老产业成为解决养老供需矛盾的新途径。本章将重点介绍智慧健康养老产业的基本情况，包括发展背景、发展阶段等，并回答以下问题：智慧健康养老产业发展的背景是什么？智慧健康养老及智慧健康养老产业的含义是什么？中国智慧健康养老产业经历了怎样的发展进程？

第一节　智慧健康养老产业发展背景

党的二十大报告中强调，要实施积极应对人口老龄化的国家战略，同时发展养老事业与产业，推动实现全体老年人都享有基本养老服务。老年人口的不断增加使得养老成为关系国计民生的重大社会问题。与传统养老产业相比，智慧健康养老产业更能够满足广大老年群体日益增长的个性化、多样化需求，是贯彻落实“实施积极应对人口老龄化国家战略”的重要创新举措。本节将从人口结构的变化、养老需求的升级和智慧化技术的发展三个方面系统阐述智慧健康养老产业的发展背景。

一、人口结构的变化

（一）人口老龄化程度加深

近年来，中国老龄化程度逐步加深，截至 2023 年末，中国 60 周岁及以上人口数量达到 2.97 亿，占全国总人口比重为 21%，其中 65 周岁及以上老年人口数量已经突破 2.1 亿，占全国总人口比重为 15%。“十四五”时期，中国将迈入中度老龄化社会，并将于 2035 年前后进入重度老龄化社会。中国老年人口基数大、增速快，且呈现出明显的失能化特征，第七次全国人口普查数据显示，中国失能老人人数已经超过 4200 万，老年人中超过一半患有一种或多种慢性疾病。传统的养老模式明显无法适应现阶段的养老需求，建设与人口老龄化进程相适应的智慧健康养老产业体系的重要性和紧迫性日益凸显。

（二）家庭规模小型化趋势明显

第七次全国人口普查数据显示，我国家庭户规模仅为 2.62 人，对比第六次全国人口普查数据，家庭户规模为 3 人及以上的比例明显下降，独身和独居的比例明显增加，中国家庭核心化、家庭规模小型化局面基本形成。小型化、少子化、空巢化、独居化的家庭结构特点使得以传统文化为支撑，以经济供养、生活照料和精神慰藉为主要内容的传统家庭养老功能呈现弱化趋势。社会养老是现阶段解决家庭养老功能弱化问题的有效途径，但在未富先老的国情下，老年群体在国家基础公共服务中可获取的养老资源极其有限。因此，打造智慧健康养老新业态，以“智慧”集成代替部分人力提供规模化健康养老服务是提升中国养老服务资源利用效率、满足人民群众美好生活需要的必然选择。

二、养老需求的升级

（一）养老模式多元化

传统的养老服务模式通常以家庭为核心、社区为辅助，但随着“421”家庭的大量出现，家庭的赡养功能逐渐弱化，家庭养老发挥的作用越来越小。全力推动居家养老、社区养老、机构养老和医养结合紧密衔接是实现“老有所养、老有所依”的重要举措。智慧健康养老强调通过大数据、物联网和云计算等现代化科技构建一个以老年人需求为导向，社区、机构、家庭等多方参与的社会化养老服务体系，利用感知化、智能化手段，全方位营造实时监测、智能预警和快速响应的生活环境，保障老年人的健康安全。在信息技术持续给社会各领域带来深刻变革的时代，发展智慧健康养老新模式，利用信息技术优化养老资源配置、创新养老服务模式，是应对养老困境的必由之路。

（二）养老服务需求个性化

目前高龄老年人普遍文化水平不高，子女较多，生活节俭，消费观念传统，随着身体机能的衰退，多数患有一种或多种慢性疾病，基本以长期医疗服务与日常照护服务为刚需（徐孝婷等，2019）。而55~64岁的低龄老年人以及65~74岁的部分活力老年人无论是身体素质、受教育程度还是视野开放程度等都远超高龄老年人。研究表明，低龄老年人更具消费活力（宋月萍等，2024）。一是收入水平和数字素养相对较高，消费观念能够与时俱进；二是生活爱好丰富多元，除了基本日常生活品的购买需求，对文化娱乐、电子产品和保健产品的购买意愿也很强烈。因此，解决中国老龄人口的养老服务问题必须结合经济社会发展新形势创新思路，加快建立智慧养老服务系统和养老服务平台，将传统的养老服务转变为数字化、网络化、个性化的服务，在充分满足不同年龄段老年人物质需求和医疗需求的同时，加快满足其精神文化需求。

三、智慧化技术的发展

（一）催化传统养老服务体系与信息技术的融合

信息技术的迭代发展不断推动着养老服务的变革创新，2022年颁布的《“十四五”国家老龄事业发展和养老服务体系规划》中提出，要建设兼顾老年人需求的智慧社会。随着计算机、互联网等基础设施建设日趋完善，人工智能、物联网、大数据等新兴技术迅速崛起，将这些智能化技术应用于养老服务中，为养老服务带来了新的可能性。

智慧化是养老服务转型的强大动力，其与养老服务的融合将产生全新的养老服务格局，实现养老服务的整体性转型。智慧养老采用先进技术，通过构建平台聚集人、物、信息及服务，综合利用政府、社区、医疗机构和医护人员等资源为老年人提供养老服务，使养老服务由传统的人工模式向智能化、自动化转变，能提高养老服务的便捷性和准确性，及时有效地满足老年人的多样化养老需求。

（二）实现技术与服务对象的互联

智慧化技术加深了养老服务与服务对象之间的联系。“技术+养老”推动了养老服务由普适性向个性化、由单项服务向交互服务发展，提高了老年人和服务内容的连接效率；“技术+服务”以技术重塑服务流程，从服务方式整合到整体价值再造，有效驱动养老服务从“碎片化运作”向“整体性治理”转变；“技术+社会”通过以技术为核心的互联机制平台建设，在居家养老、社区养老和机构养老的传统服务模式基础上，发展不同应用场景的智慧化养老服务，探索智慧化养老服务的整合供给模式，形成全覆盖、多层次、多主体、多支撑、全场景的智慧化养老服务体系（金昱希和林闽钢，2021）。

第二节　智慧健康养老的相关概念

智慧健康养老让养老服务更加便捷、更加个性化及人性化。它能够打破传统养老的固定模式，让老年人在家即可享受紧急救助、商品购买、健康管理和医疗护理等服务。智慧健康养老能有效解决供需结构失衡的问题，较好地满足老年人对智慧健康养老服务和产品的需求，为缓解家庭养老压力提供有效的方案。在系统学习智慧健康养老产业相关知识前，需要先厘清智慧健康养老的基本内涵。本节将主要介绍智慧健康养老的相关概念，包括智慧健康养老的内涵及智慧健康养老的发展阶段。

一、智慧健康养老的内涵

要界定智慧健康养老，首先对这个概念加以拆解：智慧养老和健康养老。

智慧涉及技术，技术总在不断更新，故属于供给侧议题；健康则涉及状态和与该状态相呼应的各种需求，故属于需求侧议题。因此智慧健康养老是一种状态与技术的结合或需求与供给的结合，智能技术是供给侧的核心要素，而康养状态决定了客观需求（杨菊华，2019）。智慧健康养老利用新一代信息技术产品（物联网、云计算、大数据、智能硬件等），能够实现健康养老资源的优化配置和与需求的有效对接，推动健康养老服务业的智慧化升级，提升健康养老服务质量和效率。

智慧健康养老研究在中国处于起步阶段。与传统养老模式相比，智慧健康养老将依托线上、线下相结合的方式，形成老年人与家庭、社区和机构之间的新型互动机制，在更高层次、更高标准上为老年人的生活照护、精神慰藉与医疗保健等方面提供更加精细化、智能化、人性化和集成化的养老服务（黄剑锋，2020）。

二、智慧健康养老的发展阶段

在养老供需矛盾日益凸显的当下，智慧健康养老成为解决中国养老难题的重要手段，得到政府的大力推行。从政策制定视角出发，中国智慧健康养老发展进程大致可以分为四个阶段：启蒙Ⅰ期（2009—2012 年）、启蒙Ⅱ期（2013—2015 年）、探索Ⅰ期（2016—2019 年）和探索Ⅱ期（2020 年至今）（左美云等，2021）。

（一）启蒙Ⅰ期

2009—2012 年为中国智慧健康养老的启蒙Ⅰ期。这个时期国家和各地区开始关注“老龄服务信息化”，智慧健康养老政策仍处于酝酿阶段，大多数政策关注的都是养老金和政府养老保障，老年人养老和健康需求的相关政策很少，偶尔会提及养老信息化的内容。直到 2012 年，全国老龄办在国内正式提出“智慧养老”概念，各地区由此开启了智慧养老的积极探索。

（二）启蒙Ⅱ期

2013—2015 年为中国智慧健康养老的启蒙Ⅱ期。2013 年印发的《国务院关于加快发展养老服务业的若干意见》从国家层面提出了完善养老服务的规划，智慧健康养老开始加快发展。2015 年印发的《国务院关于积极推进“互联网+”行动的指导意见》将互联网资源与健康养老服务充分结合，鼓励搭建线上信息平台。该阶段，养老政策关注内容增多，随着信息技术的发展，智慧养老、医养结合、智慧健康养老、智慧健康和智慧医疗的概念逐渐被接受，相关政策也开始发布。

（三）探索Ⅰ期

2016—2019 年为中国智慧健康养老的探索Ⅰ期。2016 年印发的《国务院关于全面放开养老服务市场提升养老服务质量的若干意见》重点从产业角度提出发展智慧养老服务新业态。2017 年工业和信息化部、民政部、国家卫生计生委联合印发的《智慧健康养老产业发展行动计划（2017—2020 年）》首次对智慧健康养老进行了整体的顶层设计，从产品供给、试点评选、服务和产品推广等方面进行了规划，成为产业发展的关键政策。2019 年印发的《国务院办公厅关于推进养老服务发展的意见》强调，将“互联网+养老”作为下一步重点实施行动之一。该阶段，政府明确了发展方向，并正式将推动智慧健康养老发展上升至国家战略层面。

（四）探索Ⅱ期

2020 年至今为中国智慧健康养老的探索Ⅱ期。2020 年，《国务院办公厅印发关于切实解决老年人运用智能技术困难实施方案的通知》从老年人日常生活的 7 个场景出发，给出相应的智慧技术解决方案，让老年人能够真正享受到智慧服务的便利，开启了智慧健康养老的新发展阶段。2022 年，国务院印发《“十四五”国家老龄事业发展和养老服务体系规划》，从事业和产业角度对智慧养老做出进一步要求，提出促进老年用品科技化、智能化升级及推广应用，建设兼顾老年人需求的智慧社会。2024 年 1 月，国务院出台了我国首部“银发经济”政策文件《关于发展银发经济增进老年人福祉的意见》，强调要大力推进产业集群发展，拓宽消费供给渠道，进一步提高老年人生活品质。在此阶段，随着技术的不断进步，人工智能、大数据、物联网等在智慧养老领域的应用不断深化，我国有望进入智慧健康养老的快速成长期。

第三节　智慧健康养老产业的相关概念

积极应对人口老龄化是中国一项具有全局性、战略性和综合性的系统工程。发展智慧健康养老产业是应对人口老龄化日益加深的有力举措，能够通过利用新一代信息技术有效提升养老服务质量和效率，实现基础性与个性化供给，满足老年人对美好生活的多元化需求。本节主要介绍智慧健康养老产业的相关概念，首先介绍智慧健康养老产业的内涵；其次梳理智慧健康养老产业的发展阶段。

一、智慧健康养老产业的内涵

智慧健康养老产业是当前信息时代最为先进的云计算、大数据和移动互联网等人工智能技术与健康养老产业有机融合而发展形成的，通过充分借鉴利用先进智能技术，达到满足广大人民群众日益旺盛的养老需求的目的（张博，2020）。2021 年，工业和信息化部、民政部、国家卫生健康委联合发布了《智慧健康养老产业发展行动计划（2021—2025 年）》（以下简称《行动计划》），智慧健康养老产业被定义为以智能产品和信息系统平台为载体，面向人民群众的健康及养老服务需求，深度融合应用物联网、大数据、云计算和人工智能等新一代信息技术的新兴产业形态。

智慧健康养老产业的发展既能够借力养老需求的增长实现产业规模的迅速扩大，也能够催生出新的消费领域促进消费升级，产生规模经济和长尾经济效益。在智能时代发展智慧养老是养老产业发展的新机会、新动能，有助于更好实现“老有所养”（高传胜，2019）。近年来，中国智慧健康养老产业市场规模不断扩大。一方面，产品与服务种类更加丰富，《行动计划》将现有智慧健康养老产品分为健康管理类智能产品、康复辅助器具类智能产品、养老监护类智能产品、中医数字化智能产品和家庭服务机器人五类；将智慧健康养老服务分为远程医疗、个性化健康管理、互联网+护理服务、互联网+健康咨询、互联网+健康科普五类。另一方面，智慧健康养老产业不断与新一代信息技术深度融合，推动新型消费领域生成，如医养结合远程康护、智慧养老、互助式养老等。

目前，中国智慧健康养老产业已由国家及地方初探的起步阶段发展到顶层设计及技术试点的探索阶段，再到应用试点示范的建设阶段。但从政策方面来看，仍存在重供给轻需求、价值创新链方面的产业发展布局尚不成熟等问题（李晓娣等，2021）。在产业基础性保障、技术与平台开发、产业模式推广以及产品和服务研发等方面的发展也存在差异。在理论与实践方面，智慧健康养老的理论总是先于实践；而在智慧健康养老模式探索方面，较少将国外发达国家的先进经验与中国具体实践相结合。智慧健康养老产业在重点领域、关键环节的改革任务依然艰巨，探索具有中国经济社会和文化特点的智慧健康养老方案依然任重道远。

二、智慧健康养老产业的发展阶段

依据技术创新方式和产业发展里程碑事件，可以从时间维度将智慧健康养老产业发展进程划分为三个阶段，分别是地方政府基于语音呼叫系统的技术应用的起步阶段、国家进行顶层设计及基于互联网和物联网技术试点的探索阶段、开展智慧健康养老应用试点示范工作的推广阶段（黄剑锋和章晓懿，2020）（见图 1-1）。

（一）起步阶段

20 世纪 80 年代末期到 2013 年为智慧健康养老产业的起步阶段。在此阶段智慧健康养老产业政策缺失，由地方企业和政府自发探索。为了应对老年人的突发情况，在 20 世纪 80 年代末期，武汉市政府开始推行基于语音呼叫的“一键通”紧急救助服务，并在此基础上建立起社区居家养老服务网络。2007 年 12 月，苏州市沧浪区成立全国首个“虚拟养老院”，此后，徐州、杭州、沈阳和兰州等城市相继进行了“没有围墙的养老院”的试验，由此拉开了探索智能化养老的序幕。2011 年发布的《关于社会养老服务体系建设规划（2011—2015 年）的通知》，提出要构建社区养老服务信息网络和服务平台。

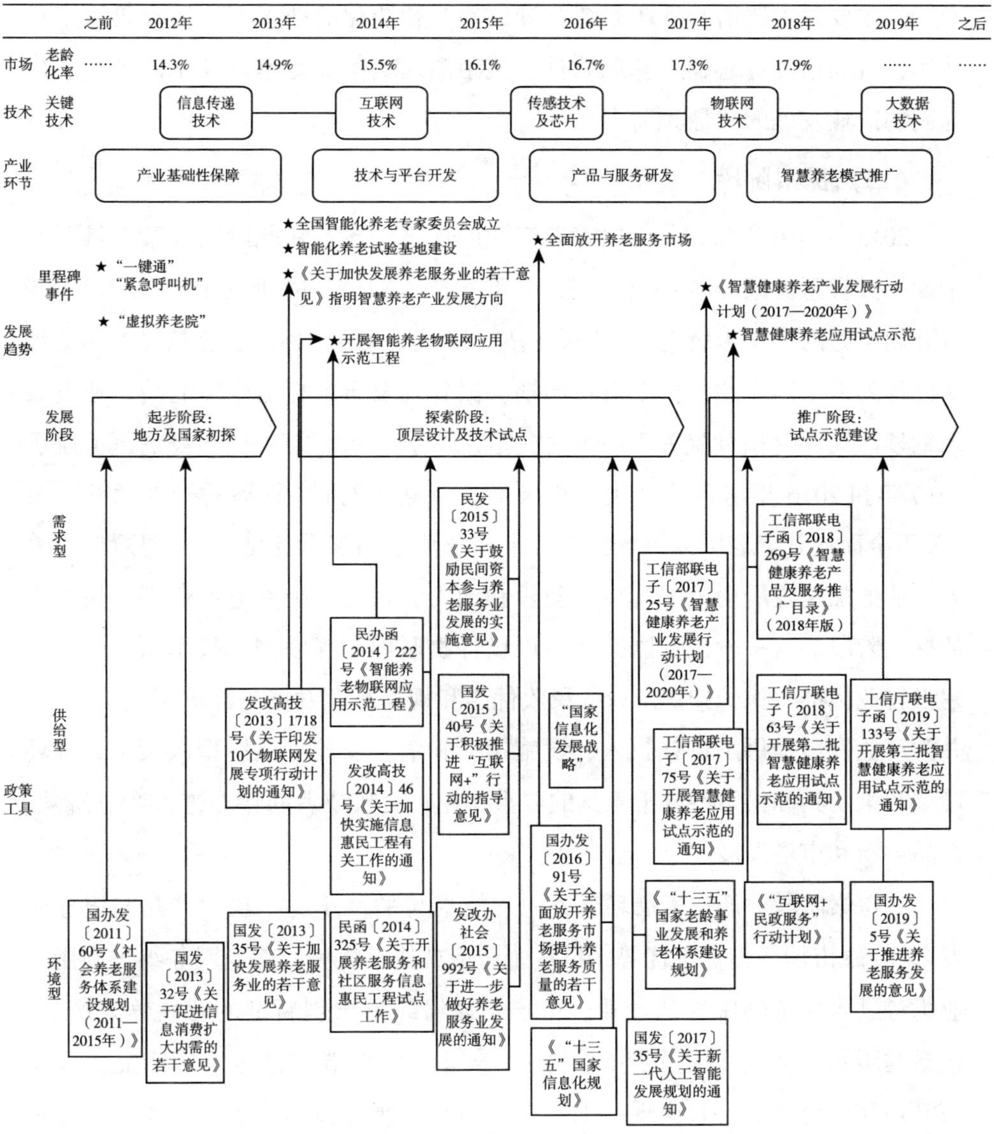

图 1-1　智慧健康养老产业的政策工具与技术路线图

资料来源：黄剑锋和章晓懿（2020）。

在政策工具的使用上，更多运用环境型政策工具，通过目标规划和策略性措施倡导智慧健康养老产业的发展，并未提供实质性的资源和支持。

从宏观层面而言，起步阶段尚未形成智慧健康养老产业规模，主要依赖于地方政府和市场主体在产业基础环节进行自发式探索。此时的智慧养老技术研发主要是围绕语音呼叫系统开展试验，智能化的技术产品还未投入市场使用，且高精度传感器、基础软件、短距离通信等关键基础技术的缺失，成为制约产业发展的“瓶颈”。

（二）探索阶段

2013—2016 年为智慧健康养老产业的探索阶段。在此阶段政策工具开始全面指导智慧健康养老产业发展，着重于技术和产品的研发投入。2013 年 9 月开始实施的“国家智能养老物联网应用示范工程”，标志着智慧养老示范创新已经列入了国家的工作部署；同期，国务院发布了指引中国老龄产业发展的纲领性文件《国务院关于加快发展养老服务业的若干意见》。随后国务院于 2015 年和 2016 年出台了《关于积极推进“互联网+”行动的指导意见》及《关于全面放开养老服务市场提升养老服务质量的若干意见》，为智慧健康养老产业的加速发展提供了难得的契机和动力，智慧健康养老产业进入快节奏的探索阶段。这一阶段，国家从顶层设计物联网和互联网的技术试点，运用建设行业标准、保护知识产权、税收优惠和规划行业发展等环境型政策工具，并为产业发展提供了科技投入、设施投入和信息服务等供给型政策工具，环境型政策工具和供给型政策工具的双重作用，直接或者间接促进了产业研发、产品创新和市场发展。

在探索阶段，产业发展环节关注“技术与平台开发”和“产品与服务研发”。金融市场凭借资本优势、科技企业依靠技术优势、养老服务组织利用专业优势进入智慧健康养老产业。市场主体纷纷推出创新型的智慧养老产品，包括健康服务类的可穿戴终端设备、养老看护终端、智能家居产品，以及 APP 应用软件等，并且出现一批以安康通和友康科技为代表的、能为政府和养老机构提供智慧养老解决方案和系统平台的科技企业。但是产品标准及规范不统一，导致信息技术应用难以实现协同、共享、互通，且健康服务类终端设备采集的数据准确性达不到医用标准、个性化设计的缺陷，均影响了老年用户的使用意愿。

（三）推广阶段

2017 年至今为智慧健康养老产业的推广阶段。2017 年，工业和信息化部、民政部、国家卫生计生委联合发布的《智慧健康养老产业发展行动计划（2017—2020 年）》基本明确了覆盖全生命周期的智慧健康养老产业体系，同年印发了《关于开展智慧健康养老应用试点示范的通知》，最终形成了两批包括示范企业、示范街道（乡镇）和示范基地在内的示范单位，意图通过应用试点建设，引导相关市场主体参与试点项目，探索可推广、可复制的智慧养老服务模式。2021 年发布的《智慧健康养老产业发展行动计划（2021—2025 年）》进一步提升了产品供给能力，拓展了智慧养老场景。2022 年国务院出台了《“十四五”国家老龄事业发展和养老服务体系规划》，旨在进一步促进老龄事业和产业协同，推动养老服务体系高质量发展。这一阶段，供给型政策工具和需求型政策工具得以运用，依靠强有力的政策措施塑造市场能力。在供给型政策工具方面，发挥财政资金的扶持作用和国有资本的引领作用，探索智慧养老服务 PPP 模式。在需求型政策工具方面，制定智慧养老产品及服务的推广目录，并要求政府优先采购，确定了智慧养老技术和产品的国产化方向。

在推广阶段，国家加快推进智慧养老行业的细分工作，制定和完善智慧养老产品及服务标准，同时各地基于老年人的信息需求、信息技术应用，将现代信息技术嵌入现有的养老服务模式，极大地提升了养老服务效率和质量。

第四节　本章小结

本章首先从人口结构的变化、养老需求的升级和智慧化技术的发展三个方面系统阐述了智慧健康养老产业的发展背景；其次分别介绍了智慧健康养老和智慧健康养老产业的内涵及发展阶段。通过学习本章内容，可以发现：

（1）在人口结构的变化方面，中国老年人口基数大、增长速度快且家庭规模小型化趋势明显；在养老需求的升级方面，老年群体整体素质明显提升，养老服务需求趋于多元化；在智慧化技术的发展方面，人工智能、物联网、大数据等新兴技术迅速崛起，为养老服务升级带来了新的可能。

（2）智慧健康养老是指利用新一代信息技术产品，实现个人、家庭、社区、机构与健康养老资源的有效对接以及对健康养老资源的优化配置，推动健康养老服务业的智慧化升级，提升健康养老服务质量和效率的养老模式。从政策制定角度出发，中国智慧健康养老发展进程大致可分为四个阶段：启蒙Ⅰ期（2009—2012 年）、启蒙Ⅱ期（2013—2015 年）、探索Ⅰ期（2016—2019 年）和探索Ⅱ期（2020 年至今）。

（3）智慧健康养老产业是指以智能产品和信息系统平台为载体，面向人民群众的健康及养老服务需求，深度融合应用物联网、大数据、云计算、人工智能等新一代信息技术的新兴产业形态。按照产业发展里程碑事件，从时间维度将智慧健康养老产业发展进程划分为起步阶段、探索阶段和推广阶段。

拓展：智慧健康养老产业的空间发展模式

本章拓展内容主要介绍长三角、粤港澳和成渝地区的智慧健康养老产业空间发展模式。①

1. 长三角区域一体化背景下智慧健康养老产业集群的融合服务模式

现阶段长三角区域一体化背景下智慧健康养老产业集群的融合服务模式展现出了三个特征：一是政策融合加深，长三角区域智慧养老相关政策已经形成了决策主体圈，其主要参与方包括政府、经信委和卫健委等，并在技术开发、平台建设、标准建立和模式推广等目标上有较好的政策一致性；二是人才培养充分融合，长三角地区举办的养老人才招聘会以及养老护理职业技能大赛等多种形式的活动，培养和提升了跨区域的养老行业人才素质以及服务能力；三是逐步搭建并不断改进养老信息共享平台，积极利用养老服务数据并将数据开发为公共产品，向相关机构提供有关资讯及指南，不断完善智慧养老平台的框架建设。

2. 粤港澳政府合作主导下智慧健康养老产业集群的协同发展模式

粤港澳政府合作主导下智慧健康养老产业集群的协同发展模式表现为三种形式：一是政府资源分配合作下，跨地区养老促进智慧健康养老产业集群

① 杨钰玲，李桥兴，朱娟．我国智慧养老产业的区域集聚特征和空间发展模式［J］．科技与经济，2023，36（4）：61-65.

的协同发展；二是粤港澳政府共同支持相关活动为智慧健康养老产业集群营造良好的协同发展氛围，政府提出和普及智慧养老使得越来越多的机构开始重视智慧健康养老产业的发展价值，并为产业发展提供多样化的交流平台；三是粤港澳政府共促企业合作从而提升智慧健康养老产业协同发展能力，粤港澳区域间可通过有效整合其智慧养老企业资源促进该产业的跨区域发展和布局更加完善，并促进地区间产业集群的协同发展。

3. 成渝双城发展下智慧健康养老产业集群的竞争发展模式

成渝双城发展下智慧健康养老产业集群的竞争发展模式具有以下两个优势：一是双城发展明晰的经济布局促进智慧健康养老产业的竞争发展，而经济圈内部城市的良性竞争有利于智慧健康养老产业进一步开展跨区域的技术提升、品牌打造和市场融合等；二是在双城发展的促进下，成渝地区不断扩大其自然环境的先天优势和智慧养老的技术优势，竞相开发智慧健康养老产业和构建创新型智慧养老社区，已逐步打造形成以成都和重庆为中心并向外扩散发展的智慧养老社区，既强化了建设智慧健康养老产业集群的竞争发展模式，也显著提升了当地老年人的生活水平。

思考题

1. 什么是智慧健康养老？
2. 什么是智慧健康养老产业？
3. 为什么要发展智慧健康养老产业？

推荐阅读资料：

［1］黄剑锋，章晓懿．中国智慧养老产业政策研究：基于政策工具与技术路线图模型［J］. 中国科技论坛，2020（1）：69-79.

［2］李晓娣，原媛，黄鲁成．政策工具视角下我国养老产业政策量化研究［J］. 情报杂志，2021，40（4）：147-154.

［3］杨钰玲，李桥兴，朱娟．我国智慧养老产业的区域集聚特征和空间发展模式［J］. 科技与经济，2023，36（4）：61-65.

第二章　智慧健康养老产业理论基础

本章导读：自智慧养老概念提出以来，相关研究逐渐增多，取得了诸多成果，但智慧健康养老产业研究的理论基础较薄弱。本章将从需求分析、认知交互、行为触发以及企业管理等方面介绍智慧健康养老产业研究领域常用的理论，具体包括马斯洛需求层次理论、数字鸿沟理论、技术接受理论、产业链整合理论和精准化管理理论，并回答以下问题：智慧健康养老产业适合运用哪些理论进行研究？这些理论都基于什么视角？这些理论研究了智慧健康养老产业的哪些问题？

第一节　马斯洛需求层次理论

满足老年人多元化需求，提升老年人生活质量，是智慧健康养老产业发展的重要目标。将马斯洛需求层次理论运用到智慧健康养老产业领域，有助于对老年人的需求类型、需求特征以及智慧养老的产品和服务功能进行科学探索。本节将重点介绍马斯洛需求层次理论基本原理以及马斯洛需求层次理论在智慧健康养老产业中的运用。

一、马斯洛需求层次理论基本原理

马斯洛需求层次理论由美国心理学家亚伯拉罕·马斯洛（Abraham Maslow）提出，它将人类需求分成五级，由低到高分别为生理需求、安全需求、社交需求、尊重需求和自我实现需求（Maslow，1943）。

生理需求是级别最低、最具优势的需求，如对食物、水、空气、健康等的需求；安全需求同样属于低级别的需求，包括对人身安全、生活稳定以及免遭痛苦、威胁或疾病等的需求；社交需求属于较高层次的需求，如对友谊、爱情以及隶属关系的需求；尊重需求属于高层次的需求，如对成就、名声、地位和晋升机会等的需求，既包括对成就或自我价值的个人感觉，也包括他人对自己的认可与尊重；自我实现需求是最高层次的需求，包括对真善美至高人生境界获得的需求，因此前面四项需求都能得到满足，最高层次的需求方能产生，是一种衍生性需求，如对自我实现、发挥潜能等的需求。马斯洛认为，在大多数情况下，需求是从第一层向第五层逐步实现的，当低层次需求得到满足时，人们才会去实现更高层次的需求。

二、马斯洛需求层次理论在智慧健康养老产业中的运用

智慧健康养老产业以满足老年人多元化需求为核心，故应从老年人角度出发，结合需求理论分析产业应该为老年人提供怎样的产品和服务。

将马斯洛需求层次理论运用到智慧健康养老产业研究中：第一层是老年人的生理需求，依托互联网平台、手机 APP 等，养老机构和社区能够向老年人提供助餐、助浴、助洁、助行、助医、助急等居家上门养老服务，为老年人提供覆盖衣、食、住、行等日常生活层面的照顾和帮助；第二层是老年人的安全需求，智能产品可对老年人进行定位和保护，如智能监护床、定位式电子腕表等，都为老年人的安全提供了一定保障；第三层是老年人的社交需求，老年人渴望与他人交流，希望获得归属感和爱，具有远程陪伴、在线娱乐等功能的智能产品可以让老年人体会到社会的关爱以及在社会集体中的归属感；第四层是老年人的尊重需求，老年人需要来自子女、家庭和社会等方面的尊重，智慧健康养老产业在提供智能产品的同时，也提供智慧服务，如精神慰藉和心理安慰等方面的服务，可以改善老年人心理健康状况；第五层是老年人的自我实现需求，老年群体普遍渴望实现“老有所为”，但目前社会较少接纳老年人参加社会活动，利用物联网等信息技术建立老年人才信息库，能够为有劳动意愿的老年人提供职业介绍、职业技能培训和创新创业指导服

务，帮助老年人实现自我价值。

第二节　数字鸿沟理论

信息技术深入发展在带来数字机遇和数字红利的同时也带来了新的社会治理难题，将数字鸿沟理论运用到智慧健康养老产业领域，能够科学测度老年数字鸿沟水平并探索内在影响机制，对缓解老年人的数字融入困境具有重要意义。本节将重点介绍数字鸿沟理论的基本原理以及数字鸿沟理论在智慧健康养老产业中的运用。

一、数字鸿沟理论基本原理

信息技术的发展将社会分为信息富有者和信息贫困者两部分，并且二者之间的差距会随着技术的发展越来越大，这种现象被形象地称为“数字鸿沟”。数字鸿沟最早出自20世纪90年代美国媒体报道和政府公告中，其概念在传统上被定义为技术接入拥有者和技术接入缺乏者之间的差距（Besser，2004）。数字鸿沟理论强调，社会中存在差异的群体间在互联网的可及性和使用方面同样有所不同，由此导致了数字鸿沟的产生与深化。基于不同水平的经济社会发展基础，接入鸿沟表现为物质接入方面的差异，它被称为第一道数字鸿沟；然而在相同的硬件条件下，接入后，使用方式、程度、用途等也存在差异，这种在技能与使用方面表现出的更为深入的差异被称为使用鸿沟，即第二道数字鸿沟。

在信息技术普及以前，老年群体因知识的长期积累，相对于年轻群体而言往往属于“信息富有者”。但在新媒体时代，老年群体与年轻群体关系正发生逆转，老年群体在媒介接触、使用等方面与年轻人存在巨大差异，越来越多学者开始关注老年数字鸿沟问题，将数字鸿沟理论运用到老年传播领域。

二、数字鸿沟理论在智慧健康养老产业中的运用

基于数字鸿沟理论，研究者们从个体心理动机出发，不仅能够识别影响老年人智慧健康养老产品与服务使用的前因，增强对老年人使用行为的理解，还能探索各类智慧健康养老产品与服务的使用如何影响老年人的幸福感与心理健康。

在社会群体中，老年群体和青年群体在数字鸿沟方面的差异较大，且与后者相比，老年群体对互联网使用范围与强度较小，具体表现为在应用范围与使用目的等方面远少于后者（Loges & Jung，2001）。老年群体是受到数字鸿沟影响最为广泛和深刻的特殊人群。在数字化建设进程的快速推进中，受技术、制度、文化与老年人自身因素制约，老年群体与其他群体在信息技术拥有程度、应用程度上存在着巨大差别，最终导致大量信息落差，主动或被动地与信息化时代脱节，被排斥在数字社会外，沦落为“数字遗民”和“数字难民”（陆杰华等，2021）。

在老年人难以适应日新月异的技术更迭而呈现出技术恐慌、于日常生活中遭遇技术困境的表象之外，数字鸿沟还将持续且深刻地影响社会资源的分配和再分配，重塑社会的政治、经济、文化和代际格局。由技术落差、信息落差、知识落差导致的贫富落差和阶级分化将随着经济社会发展和社会整体老龄化程度的加深而日益深化，形成新的结构性不平等问题。这些问题是否会给社会尤其是老年群体带来不可控的不良影响？是否会随着经济技术的进一步发展而逐步削减？数字鸿沟理论为当下研究数字技术对老年福利所产生的影响提供了一定的理论依据。

第三节　技术接受理论

技术接受理论是用来分析用户行为的常用理论，将技术接受理论运用到智慧健康养老产业领域，能够更好地理解和预测老年人对智慧养老产品和服

务的使用行为。本节将重点介绍技术接受理论的基本原理以及技术接受理论在智慧健康养老产业中的运用。

一、技术接受理论基本原理

技术接受理论为研究人员提供了较为完整的技术接受行为的解释性框架，是研究使用者对新技术采用的理论典范，主要用来挖掘分析使用者对于新的信息科技接受的影响因素及预测使用者对新科技的可接受程度（詹昌佳等，2021）。技术接受理论提出了两个主要的决定因素：感知的有用性和感知的易用性。感知有用性反映个体认为使用一个具体的系统对他工作业绩提高的程度；感知易用性反映个体认为容易使用一个具体的系统的程度。

使用的态度是指个体用户在使用系统时主观上积极的或消极的感受，使用的行为意愿是个体愿意去完成特定行为的可测量程度。技术接受理论认为目标系统的使用主要是由个体用户的使用行为意愿所决定的，使用行为意愿则由使用态度、感知有用性和感知易用性共同决定，而感知有用性和感知易用性是由外部变量决定的。外部变量是一些可测的因素，如系统培训时间、系统用户手册等以及系统本身的设计特征。

二、技术接受理论在智慧健康养老产业中的运用

随着老龄化问题的日益严峻，国家政策对智慧养老服务的倾斜度逐渐提升，推广智慧养老服务的重要性和必要性越发凸显。推广智慧养老服务的重要性在于智慧养老服务所提供的智能设备和综合平台可以有效提升老年人的健康和生活质量，同时又能兼顾老年人物质和精神层面的需求。提高老年人对智慧养老的认知，尤其是对智慧养老产品和服务的接受能力成为智慧养老当前面临的难题。

在老年人的养老需求多样化、个性化的现实情景下，了解老年人对于这些智慧养老产品和服务的接受程度和参与意愿，使智慧养老产品或服务更加适老化，对实现老有所养、老有所依、老有所乐，推动养老服务产业的可持续发展，都有着重大意义。运用技术接受理论，能够从个体、家庭、社会等角度系统地探索影响老年人智慧养老产品与服务使用的重要因素，并提供技

术设计、家庭支持、政策制定等方面的建议。有研究发现，努力期望、情感支持、信息支持等都是影响老年人使用智能服务的关键因素（毛羽等，2015），此外，便利条件对老年人是否使用智慧养老产品也有着较为重要的影响，产品的易用程度会显著影响老年人的使用意愿（杨秋红等，2020）。在技术接受模型中纳入这些因素，能够更好地解释老年人的技术接受行为。

第四节　产业链整合理论

产业链整合理论是研究产业发展重要的理论工具之一，将产业链整合理论运用到对智慧健康养老产业的研究中，能够指导智慧健康养老领域的企业进行精确、科学的管理，推动智慧健康养老产业高质量发展。因此，本节将重点介绍产业链整合理论的基本原理及产业链整合理论在智慧健康养老产业中的运用。

一、产业链整合理论基本原理

产业链是产业经济学中的一个基本概念，产业链整合是在对产业链中的每个环节进行综合分析的基础上开展协调和优化的过程，产业链整合理论目前已经成为研究产业发展最重要的理论工具之一，其理论的源头可以追溯到新古典经济学鼻祖马歇尔的"产业组织理论"，其经典著作《经济学原理》中系统分析了如何通过企业的组织管理带来产业链分工协作的利益，并认为这种利益"是技术的经济、机械的经济和原料的经济"（Marshall，1920）。

产业链整合可分为横向整合、纵向整合和混合整合三种模式，也有很多具体的整合模型，具体使用何种整合，要根据不同的本质、特点、环节侧重点来确定（沈玉宝，2016）。产业链包含供需链、价值链、技术链、产品链和空间链五个维度，其中任何一个维度的要素发生逻辑结构的变化都可认为发生了产业链整合现象（郑大庆等，2011），而促进产业链整合的因素主要有生产要素、技术创新、产业管制和相关支持性产业的发展等。

二、产业链整合理论在智慧健康养老产业中的运用

产业链整合理论的研究主要集中于经济领域。为了提高智慧健康养老产业链整合的效率，保障智慧健康养老产业的健康发展，有研究将产业链整合理论运用到了智慧健康养老研究领域。

对于智慧健康养老产业来说，其产业链包含价值链、企业链、技术链、产品链和空间链五个维度：

（1）智慧健康养老产业价值链的整合包括横向整合和纵向整合，横向整合的关键是：养老企业依托技术、管理、品牌等因素，通过连锁化经营形成竞争优势，从而提高企业产品价值及盈利能力；纵向整合的关键是：通过一体化或产业链融合方式，获得规模经济，以增加产业链价值。

（2）智慧健康养老产业企业链整合的重点是：核心企业应运用自身竞争优势，统筹协调，既要保持产业链的平稳运行，也要凸显企业链的整合优势（廖喜生等，2019）。

（3）智慧健康养老产业技术链整合的核心是：运用“互联网+”养老这种新兴业态，通过信息化改变传统的养老产业运营模式，实现整体产业发展联动，提升整个产业链的运作效能，从而提高资源的利用效率。

（4）智慧健康养老产业的产品链整合的重点是：需要以老年顾客的潜在需求为导向，研究如何更好地为老年顾客实现价值增值效应（田晓景等，2022）。

（5）智慧健康养老产业的空间链整合的重点是：需要推进以养老本位产业为核心，涵盖相关产业、衍生产业的泛养老产业集群发展模式，通过促进产业之间的相互补充、相互合作，提升产业融合度，最终实现养老产业空间链的优化布局。

第五节　精准化管理理论

如何实现产品及服务市场的供需平衡，如何提高养老服务的供给效率，都是智慧健康养老相关企业要考虑的重要问题，将精准化管理理论运用到智慧健康养老产业领域，能够极大提升相关企业的管理效率。本节将重点介绍精准化管理理论的基本原理及其在智慧健康养老产业中的运用。

一、精准化管理理论基本原理

精准化管理理论属于现代企业管理范畴，是基于对传统粗放式管理的反思而诞生的新型管理理念，要求在管理上做到精确、细致和科学，从而降低管理过程中人力物力资源的浪费，节约管理成本（李皓男，2021）。该理论最早运用于企业管理领域，是企业提升竞争力和管理效率的重要手段。此后，随着社会不断发展，社会事务、社会需求和社会矛盾与日俱增，精准化管理逐渐进入政府管理领域，并发挥着越来越重要的作用。

精准化管理理论主要包含以下几方面内容：一是管理目标分类化，精准化管理通过将管理目标按照一定规则进行分类和细化，使管理对象更加明确，提高管理的针对性和个性化；二是管理责任具体化，精准化管理将管理的过程程序化、工作内容规范化，有利于管理过程的标准化，以便于管理效率的提高；三是借助信息技术的优势，可以做到各方利益的兼顾（林初蕾，2020）。

二、精准化管理理论在智慧健康养老产业中的运用

精准化管理理论发展至今，已经运用到社会治理的各个领域。智慧健康养老服务精准化供给是指以老年人为目标群体，以满足老年人多样化、差异化的养老服务需求为目的，以政府、家庭、企业、志愿者、邻里等作为供给主体，以多主体协同合作参与为主要形式，以现代智能通信技术为手段，为

老年人供给养老服务项目的整个过程。智慧健康养老服务精准化供给主要表现在供给主体的多元化、供给内容的多样化和供给手段的智能化三个方面。

由于智慧健康养老需求越来越个性化和多样化，智慧健康养老服务平台企业向老年用户提供更加精准化的养老服务变得尤为重要，精准化供给也是平台企业提高市场服务能力、打造精细化服务供给以及从“粗放型”管理向“精细化”服务转变的必由之路（周凌一等，2023）。精准化管理理论为社区智慧养老服务供需精准匹配提供了理论基础，推动了社区智慧养老服务供需精准匹配，提升了老年人使用体验。依据该理论，平台企业需要从需求侧出发，精准识别老年用户的真实需求，积极转变管理理念及部门分工，采用精准管理服务信息等方式，提升精准化监管服务质量，缓解智慧养老服务供需矛盾，为社区老年群体提供更加精确的智慧养老服务（张帆等，2022）。

第六节　本章小结

本章主要从需求分析、认知交互、行为触发以及企业管理等方面介绍了智慧健康养老产业研究领域的相关理论。通过学习本章内容，可以发现：

（1）马斯洛需求层次理论属于需求分析理论，它将人类需求分成五级，由低到高分别为生理需求、安全需求、社交需求、尊重需求和自我实现需求。

（2）数字鸿沟理论属于认知交互理论，在数字化建设进程的快速推进中，老年群体与其他群体在信息技术拥有程度、应用程度上存在着巨大差别。数字鸿沟理论为当下研究数字技术对老年福利所产生的影响提供了一定的理论依据。

（3）技术接受理论属于行为触发理论，运用技术接受理论，能够从个体、家庭、社会等角度系统地探索影响老年人智慧养老产品与服务使用的重要因素，并提供技术设计、家庭支持、政策制定等方面的建议。

（4）产业链整合理论是研究产业发展重要的理论工具之一。产业链整合是在对产业链中的每个环节进行综合分析的基础上开展协调和优化的过程。

对于智慧健康养老产业来说，其产业链包含价值链、企业链、技术链、产品链和空间链五个维度。

（5）精准化管理理论是基于对传统粗放式管理的反思而诞生的新型管理理念。由于智慧健康养老需求越来越个性化和多样化，精准化管理也是企业提高市场服务能力、打造精细化服务供给的必要策略。

拓展：政策工具理论在智慧养老中的应用①

政策工具是政府能够用以实现特定政策目标的一系列机制、手段与方法的总称。利用政策工具理论对中国智慧养老产业政策进行量化分析有助于优化调配智慧养老产业整体布局，促进产业有序发展。供给型政策工具表现为对智慧养老产业发展的推动力，政府通过资金、技术和人才等要素供给多层面推动智慧养老产业发展；需求型政策工具表现为对智慧养老产业发展的拉动力，政府通过采购、服务外包和消费市场培育等外部手段来拓宽智慧养老产业的发展路径；环境型政策工具表现为给智慧养老产业发展提供良好的外部环境，政府通过法规管制、标准制定、评估机制、目标规划和组织建设等方式间接影响智慧养老产业的发展。

对2011—2021年中央及各部委颁布的88份智慧养老产业政策文件的编码内容进行分析整理发现，中国供给型政策工具使用频数占比为47.53%，需求型政策工具使用频数占比为21.02%，环境型政策工具使用频数占比为31.45%（见表2-1）。首先，政府供给型政策工具中使用频数最多的是基础设施建设，科技信息支持次之。智慧养老产业在中国正处于起步发展阶段，政策的着力点在于保证基础设施建设、丰富产品和服务的供给；科技信息支持则能够促进智慧养老产业的技术进步与服务平台建设。其次，需求型政策工具中使用频数最多的是海内外交流合作和消费市场培育。政府通过给予企业和消费者价格补贴、完善养老产业创新服务链等方式推动消费和投资的良性互动，拉动企业和老年人参与智慧养老产业的建设，培育养老消费新场景。

①　胡扬名，刘鲜梅，宫仁贵．中国智慧养老产业政策量化研究：基于三维分析框架视角［J］．北京航空航天大学学报（社会科学版），2023，36（2）：67-77.

海内外交流合作能够促进社区、养老机构、医疗机构、海外组织等优化资源配置，更好地提供多层次和多样化的智慧健康养老服务。最后，环境型政策工具中使用频数最多的是策略性措施和标准制定。通过放宽市场准入、加大宣传引导等策略性措施，营造良好的外部环境；通过促进智慧养老产品、服务和技术等标准体系的建立，保障智慧养老产业健康可持续发展。

表 2-1　智慧养老产业政策工具情况

政策工具类型及占比（%）	政策工具名称	政策文件编码	使用频数	占比（%）
供给型（47.53）	科技信息支持	1-5-6，…，11-6-2	69	12.19
	资金支持	13-4-5，…，22-5-16	30	5.30
	教育培训	1-5-5，…，22-5-15	40	7.07
	基础设施建设	9-1-1，…，22-3-6	90	15.90
	试点示范工程	11-6-1，…，47-2-31	40	7.07
需求型（21.02）	政府采购	9-1-2，…，29-2-4	16	2.83
	服务外包	23-6-3，…，52-4-10	14	2.46
	海内外交流合作	10-5-2，…，39-2-5	37	6.54
	消费市场培育	5-2-5，…，68-2-7	27	4.77
	保险/价格补贴	30-3-1，…，50-5-12	25	4.42
环境型（31.45）	法规管制	31-5-33，…，65-2-1	26	4.59
	策略性措施	8-4-1，…，31-1	42	7.42
	标准制定	8-4-4，…，13-4-4	33	5.83
	评估机制	5-4-3，…，50-5-17	15	2.65
	土地规划	31-3，…，22-5-14	10	1.77
	目标规划	38-1-3，…，41-2-4	22	3.89

思考题

1. 马斯洛需求层次理论将人的需求分为哪几个层级？
2. 数字鸿沟理论属于什么类型的理论？
3. 智慧健康养老产业的产业链包括哪几个维度？

推荐阅读资料：

［1］左美云，雷东荧，尚进．智慧养老服务的需求与用户分析［J］.中国信息界，2020（5）：38-41.

［2］黄剑锋．中国长三角区域智慧养老政策比较研究：基于主体—目标—工具的政策计量分析［J］.信息资源管理学报，2020，10（6）：122-134.

［3］温孝卿．马克思供求理论研究［J］.商业研究，2002（6）：1-6.

［4］廖喜生，李扬萩，李彦章．基于产业链整合理论的智慧养老产业优化路径研究［J］.中国软科学，2019（4）：50-56.

第三章　智慧健康养老产业发展现状

本章导读：深入了解智慧健康养老产业发展的整体现状，对研究产业高质量发展水平具有重要意义。本章主要利用 SWOT-PEST 分析法介绍智慧健康养老产业发展的基本情况，包括产业发展的优势（S）、劣势（W）、机遇（O）和威胁（T）四个层面的现状与困境，以及各个层面在政治（P）、经济（E）、社会（S）和技术（T）四个方面的具体情形，为促进产业高质量发展奠定基础，并回答以下问题：中国智慧健康养老产业发展中存在哪些优势、劣势、机遇和威胁？这些对智慧健康养老产业发展现状有什么影响？

第一节　SWOT-PEST 分析法

SWOT-PEST 分析法是一种结合了 SWOT 分析和 PEST 分析的综合战略规划工具。将 SWOT 和 PEST 结合起来，可以提供一个更全面的分析框架，帮助组织从宏观和微观两个层面理解自己所处的环境，并据此制定更加全面和有效的战略计划。通过这种综合分析，组织可以更好地识别和利用内外部的机会，同时规避或减少潜在的威胁。

一、SWOT 分析

SWOT 分析是一种战略规划工具，用于帮助个人或组织识别自身的优势（Strengths）、劣势（Weaknesses）、机会（Opportunities）和威胁（Threats）。

这种分析方法通常用于制定战略计划和决策过程中，通过系统地评估内部条件和外部环境，来确定组织的核心竞争力和潜在风险。

（1）优势：组织内部的资源和能力，可以用来在市场中获得竞争优势。例如，一个公司可能拥有强大的品牌认知度、专利技术或高效的生产过程等。

（2）劣势：组织内部的弱点或限制，可能会阻碍其在市场上的成功。例如，缺乏某些关键技能、低效的工作流程或糟糕的财务状况等。

（3）机会：外部环境中的有利情况，如果被利用，可能会为组织带来增长和成功。例如，市场增长、技术进步或政策变化可能为公司提供新的商机等。

（4）威胁：外部环境中的不利情况，可能对组织的成功构成挑战或障碍。例如，市场需求下降或不利的政策变动等。

二、PEST 分析

PEST 分析则是一种宏观环境分析工具，用于评估政治（Political）、经济（Economic）、社会（Social）和技术（Technological）因素如何影响组织。这些因素通常是企业无法控制的，但对企业的运营和战略决策有着重大的影响。

（1）政治：政治维度涉及政府政策、法律法规、政治稳定性等因素，它们可能影响企业的运营和利润。

（2）经济：经济维度包括经济增长率、汇率、通货膨胀率等宏观经济指标，这些都可能影响消费者的购买力和企业的成本结构。

（3）社会：社会维度考虑人口统计特征、文化趋势、社会结构等，这些因素会影响消费者的行为和企业的市场策略。

（4）技术：技术维度关注技术进步、创新速度和技术的发展方向，这些因素可以决定产品的生命周期和市场的竞争格局。

第二节　优势分析（S）

优势分析主要目的是找出智慧健康养老产业在某些方面具有的竞争优势，

可能包括专业技能、独特的资源或资产、良好的品牌声誉等。深入了解和分析这些优势，有助于帮助智慧健康养老企业提高竞争力、增加市场份额、提升客户满意度等。此外，优势分析还能帮助智慧健康养老企业识别并充分利用其自身优势，从而获得更大的成功。因此，分析智慧健康养老产业的优势对于推动产业发展、提高养老服务质量等具有重要意义。

一、政治方面（P）

政治方面的优势主要表现为国家着力营造良好的制度环境。表 3-1 梳理了国家层面出台的关于智慧健康养老产业的主要政策文件，由此可见，政府一直在积极推进智慧健康养老产业发展。2017 年，工业和信息化部、民政部、国家卫生计生委联合颁布《智慧健康养老产业发展行动计划（2017—2020 年）》，标志着智慧健康养老产业的地位上升到国家战略层面。2021 年，国家相继出台多项政策进一步打造智慧健康养老产业，旨在通过应用新一代信息技术和智能设备来改善老年人的生活质量和提升养老服务效率，推动产业数字化发展，打造智慧健康养老新产品、新业态、新模式。2022 年，国务院颁布《“十四五”国家老龄事业发展和养老服务体系规划》等政策，推动老龄事业和产业协同发展，推动养老服务体系高质量发展。2024 年，国务院办公厅发布《关于发展银发经济增进老年人福祉的意见》，更是将智慧健康养老提到了积极应对人口老龄化、培育经济发展新动能、提高人民生活品质的重要战略地位，强调要加快银发经济规模化、标准化、集群化、品牌化发展，培育高精尖产品和高品质服务模式，让老年人共享发展成果、安享幸福晚年。

表 3-1　国家智慧健康养老产业政策梳理

日期	政策文件	主要内容
2013 年 9 月	国务院《关于加快发展养老服务业的若干意见》（国发〔2013〕35 号）	发展居家养老服务网络，推进医养结合
2015 年 2 月	十部委《关于鼓励民间资本参与养老服务业发展的实施意见》（民发〔2015〕33 号）	鼓励民间资本参与居家和社区养老服务，推进养老服务信息化

续表

日期	政策文件	主要内容
2017年2月	工信部、民政部、卫计委制定了《智慧健康养老产业发展行动计划（2017—2020年）》（工信部联电子〔2017〕25号）	将智慧健康养老产业发展上升到国家战略的高度
2017年7月	国务院《关于新一代人工智能发展规划的通知》（国发〔2017〕35号）	利用人工智能技术发展便捷高效的智能健康养老服务
2017年8月	国务院《关于进一步扩大和升级信息消费持续释放内需潜力的指导意见》（国发〔2017〕40号）	加快信息终端普及和升级
2018年7月	工信部、民政部、卫健委《智慧健康养老产品及服务推广目录（2018年版）》（工信部联电子函〔2018〕269号）	开发和推广智慧健康养老产品及服务
2019年4月	国务院《关于推进养老服务发展的意见》（国办发〔2019〕5号）	发展高质量的养老服务已经势在必行
2019年7月	国务院《关于同意建立养老服务部际联席会议制度的函》（国办函〔2019〕74号）	建立养老服务部际联席会议制度，强化统筹协调
2019年9月	国家发改委等3部委《普惠养老城企联动专项行动实施方案（2019年修订版）》（发改社会〔2019〕1422号）	进一步激发社会资本积极性，促进养老产业高质量发展
2019年9月	国家发改委等21部委联合发布《促进健康产业高质量发展行动纲要（2019—2022）》（发改社会〔2019〕1427号）	加快推动健康产业发展，构建内涵丰富、结构合理的产业体系
2019年12月	工信部、民政部、卫健委《关于促进老年用品产业发展的指导意见》（工信部联消费〔2019〕292号）	逐步完善老年用品产业体系，引导产业高质量发展
2020年6月	工信部、民政部、卫健委《智慧健康养老产品及服务推广目录（2020年版）》（工信部联电子函〔2020〕247号）	开发和推广智慧健康养老产品及服务
2020年11月	《国务院办公厅印发关于切实解决老年人运用智能技术困难实施方案的通知》（国办发〔2020〕45号）	就如何进一步消除老年人的“数字鸿沟”做出部署
2020年12月	卫健委（全国老龄办）《关于开展示范性全国老年友好型社区创建工作的通知》（国卫老龄发〔2020〕23号）	“十四五”期间提高为老服务的质量与科技化水平
2021年10月	工信部、民政部、卫健委《智慧健康养老产业发展行动计划（2021—2025年）》（工信部联电子〔2021〕154号）	推动产业数字化发展，打造智慧健康养老新产品、新业态、新模式

续表

日期	政策文件	主要内容
2022 年 2 月	国务院《“十四五”国家老龄事业发展和养老服务体系规划》（国发〔2021〕35 号）	提出积极应对人口老龄化的国家战略，推动老龄事业和产业协同发展，构建和完善养老服务体系
2023 年 6 月	工信部、民政部、卫健委《智慧健康养老产品及服务推广目录（2022 年版）》（工信部联电子函〔2023〕176 号）	促进优秀智慧健康养老产品和服务推广应用
2024 年 1 月	国务院办公厅《关于发展银发经济增进老年人福祉的意见》（国办发〔2024〕1 号）	积极应对人口老龄化，培育经济发展新动能，提高人民生活品质

资料来源：根据中华人民共和国中央人民政府网站资料整理。

二、经济方面（E）

（一）产业规模不断扩大

近年来中国智慧健康养老产业规模持续快速增长，2019 年约为 3.2 万亿元，复合增长率超过 18%（云飞，2020），预计到 2027 年将达到 19.4 万亿元，迎来发展机遇期（中投产业研究院，2024）。在中国老龄化程度不断加深的背景下，国家对智慧健康养老产业的重视度也不断提升，智慧健康养老产业已成为中国养老领域发展的新热点，随着技术的不断进步和市场需求的不断增长，该产业有望继续保持稳定的增长态势，并在未来的社会经济发展中扮演越来越重要的角色。

（二）产业发展前景广阔

中国此前确立了以家庭养老为主体、社区服务为依托、机构养老为支撑的居家养老服务格局，即“9073”格局（王莉莉，2013），但这一格局已经开始发生变化，当前北京市的养老服务格局表现为超过 99%的老人选择在家中养老，而仅有不到 1%的老人选择了机构养老，这种新的服务格局被称为“9901”模式（张丽丽等，2023）。智慧居家养老借由互联网、人工智能、物联网等信息化技术更新了老年人与子女的互动机制，且可实现养老资源合理整合与配置。这是传统养老模式的延伸与发展，也让居家养老的“家”不再是一个简单的物理空间，将老年人的需求与国家、社会和市场资源巧妙地连接在一起，使得老年人足不出户就能享受到高质量的养老服务，同时为中国智慧健康养老产业高质量发展提供了新动能、培育了新业态，带动了就业和经济增长。

三、社会方面（S）

社会方面的优势主要表现为产业发展格局初步显现。中国智慧健康养老产业发展迅速，截至 2023 年底，全国共有 557 家单位入选智慧健康养老应用试点示范名单，其中包括 198 家示范企业、63 个示范基地、3 家园区以及 293 个示范街道。根据应用试点示范名单进行分析，示范企业主要分布在华东地区的江苏省、浙江省、山东省和上海市以及华北地区的北京市；示范街道（乡镇）和示范基地主要分布在西南地区的四川省，华东地区的浙江省、上海市、山东省和安徽省，华北地区的河南省（见图 3-1）。总之，各省份积极推进智慧健康养老产业发展工作，试点示范单位主要集中于浙江省、四川省、山东省和上海市，为产业进一步协调布局与模式推广奠定了基础。

四、技术方面（T）

技术方面的优势主要表现为信息技术赋能产业发展。随着 5G、人工智能、互联网、物联网等新一代信息技术在智慧健康养老产业中的深度融合应用，养老服务效率显著提高（温晓君等，2020）。例如，AI 机器人可作为医生诊断病情与护士照护患者的辅助工具；物联网能通过智能终端采集用户信息；大数据、云计算可整合用户数据，并运用算法分析预测老年人的动态需求；互联网可实现信息传输与共享，有效监控老年人的生理、安全和日常活动情况；而 5G 移动网络大大提高了数据传输速率，可进行大数据量传输等。

技术集成创新丰富了智慧健康养老产品的种类，实现了智慧健康养老服务供给的优化及质量和效率的提升。工业和信息化部、民政部、国家卫生健康委分别于 2018 年、2020 年和 2023 年发布了三版《智慧健康养老产品及服务推广目录》，截至 2023 年底，累计有 228 款智慧健康养老产品、204 项智慧健康养老服务先后入选《智慧健康养老产品及服务推广目录》（见图 3-2）。

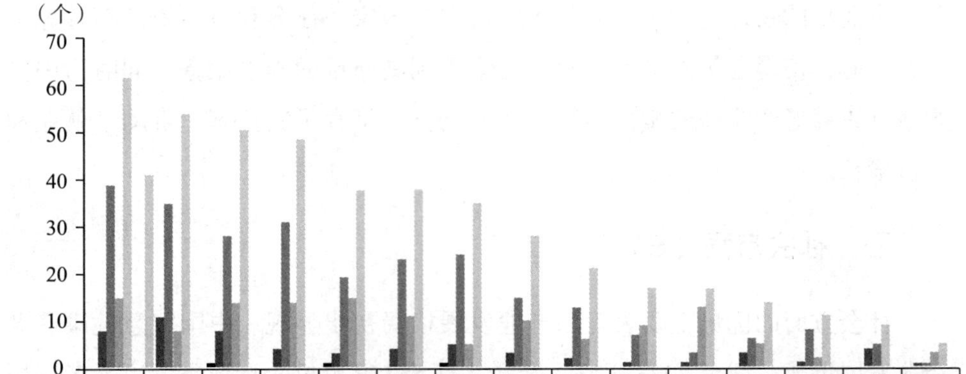

	浙江	四川	山东	上海	江苏	安徽	河南	陕西	广东	湖南	北京	湖北	江西	辽宁	云南
■园区	0	0	1	0	1	0	1	0	0	0	0	0	0	0	0
■基地	8	11	8	4	3	4	5	3	2	1	1	3	1	0	1
■乡镇	39	35	28	31	19	23	24	15	13	7	3	6	8	4	1
■企业	15	8	14	14	15	11	5	10	6	9	13	5	2	5	3
■合计	62	54	51	49	38	38	35	28	21	17	17	14	11	9	5
占比(%)	13.81	12.03	11.36	10.91	8.46	8.46	7.80	6.24	4.68	3.79	3.79	3.12	2.45	2.00	1.11

图 3-1　全国智慧健康养老试点示范单位分布（2017—2023 年）

资料来源：2017—2023 年全国智慧健康养老应用试点示范名单。

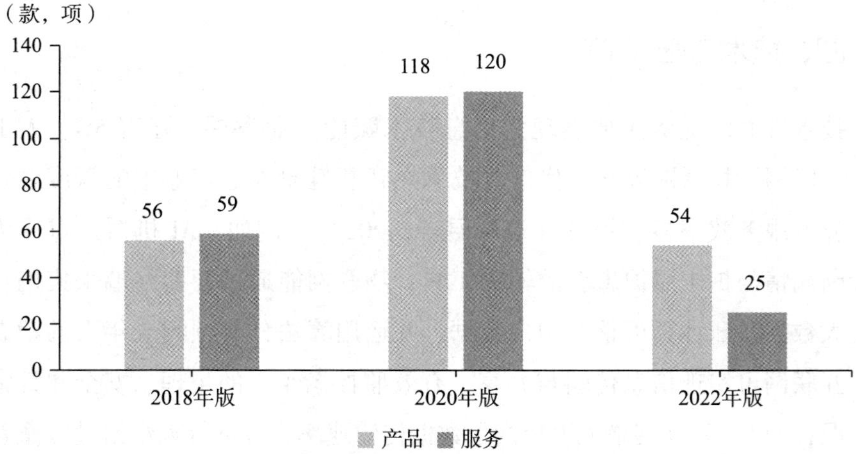

图 3-2　《智慧健康养老产品及服务推广目录》入选项目数量

资料来源：2018 年版、2020 年版和 2022 年版《智慧健康养老产品及服务推广目录》。

第三节　劣势分析（W）

劣势分析的核心目标是识别和理解组织或项目的内在弱点。这些弱点可能包括缺乏必要的技能或专业知识、资源或资产不足、品牌形象受损等。通过深入研究和分析这些劣势，组织可以更有效地找出需要改进的地方，并制定相应的策略来弥补这些缺点，从而提高其整体的竞争力。因此，本节通过分析智慧健康养老产业的发展劣势，来帮助产业明确自身的市场定位，对于优化产业结构、提升产业竞争水平等具有重要意义。

一、政治方面（P）

（一）主体内权力分散

智慧健康养老产业政策大多数由工业和信息化部、民政部、国家卫生健康委等政府部门联合发布，如《智慧健康养老产业发展行动计划（2021—2025年）》等，为产业的发展提供了方向和支撑，鼓励和引导社会资本参与养老服务业。然而，合作分工的形式虽使多部门之间增加了交流协同，但由于部门利益与职责分工协调等因素影响，各部门间信息无法完全共享，造成权力分散的局面，加剧了产业资源的碎片化和分散化。此外，智慧健康养老产业的发展需要跨领域的合作，包括医疗机构、教育机构、研究机构等，这种跨界合作进一步导致了权力的分散。

（二）政策间协调不足

国家层面出台的老龄事业发展和养老服务体系规划等政策，旨在构建兜底性、普惠型、多样化的养老服务体系。然而，在实际执行过程中，可能存在对老年人多层次、高品质健康养老需求的理解和满足程度不足，导致政策效果与预期存在差距。譬如地方政府在实施智慧健康养老项目时，可能会出现“叫好不叫座”的情况，即虽然有政策支持，但在实际操作中难以吸引老年人或其家庭的兴趣和参与，间接性政策与可操作性政策不完全匹配，最终会束缚产业整体的高质量发展。国家为营造良好的发展环境出台了财政支持、标准体系建设等相关政策措施，但是保障性和基础性政策明显少于科技创新与成果转化等策略性措施政策，人才培养、减免税费、服务外包等方面的政策相对较少，导致科技创新并未得到实质性提升（黄剑锋，2020）。比如，“人才培养”“资金支持”“金融支持”“税收优惠”和“合作交流”等方面的具体政策工具都需要强化提升（朱庆华等，2023）。

从近年智慧健康养老产业的政策分布来看，在2011—2023年颁布实施的策略性措施政策、人才培养政策、税收优惠政策和服务外包政策等相关产业政策比例严重失衡，智慧养老配套政策和具体举措不完善、政策协调不足的问题突出（黄剑锋和章晓懿，2020；王鸿宇和林盈吟，2023），仍面临着关键数字技术基础薄弱、老年人对智慧养老接受度低、智慧养老行业人才缺失等方面的困境（张利娜，2023）。

二、经济方面（E）

（一）先进模式转化不足

国家和地方政府本应以应用试点示范工程为抓手，大力宣传智慧健康养老理念，促进产品和服务大规模应用，加快典型单位的示范推广，推动产业基础较好地区建设应用示范区，完成价值的创造、转化与实现（温晓君等，2020），但由于各地发展水平不同，加之政府缺少推进的强力抓手，并未及时总结试点示范单位的发展模式与先进经验，也未能为全国各地提供可参考复制的运营与养老模式，导致先进经验与优势项目无法复制、推广与创新，无法达到应有的投入产出比。

（二）产业集聚效应未形成

产业集聚是指在某一特定地理区域内，生产相似产品或相互关联的不同类企业以及配套的上下游企业和相关服务业高度密集地聚集在一起，企业之间既存在竞争关系，也存在资源互补、专业分工的协作关系（冉庆国，2009；徐丹和于渤，2024）。产业集聚能有效推动有限资源聚集，通过提升创新水平、实现规模经济、促进专业分工、降低交易成本等途径提高战略性新兴产业的生产效率、创新效能和高质量发展水平（任继球等，2024）。目前，中国智慧健康养老产业仍存在小而散、造血能力差、自主品牌少等问题，众多企业各自为政，资源未得到合理利用，无法形成产业集聚效应。

三、社会方面（S）

（一）需求的覆盖面太小

目前，智慧健康养老服务与产品的供给多侧重于满足老年人生理指标管理、安全监护与医疗照护等基础性需求（贾玉娇和王丛，2020），缺乏对老年人的情感关怀、自我实现等高层次需求的关注，而这些需求的满足程度对提高他们的幸福感具有较高的效用价值。目前，智慧健康养老产品与服务市场细分不够，针对性不强。智慧健康养老供给应坚持以老年人实际需求为导向，细分老年人的特殊需求和消费结构（杨芳，2019）。本书调查发现，智慧健康养老产品和服务（见表3-2）所涉及的种类较多，但还是不能满足老年人对精神心理、社会关系、自我价值与社会价值等方面的需求。

表3-2　社区供给智慧健康养老产品与服务

类别	产品/服务类别	产品名称/服务内容
智慧健康养老产品	健康管理类可穿戴设备	健康手环、便携式血压检测仪、定位仪、心率监测仪、体温测量仪
	便携式健康监测设备	乐佳便携式血糖分析仪、中频理疗仪、电子血压仪
	自助式健康检测设备	健康秤、一体机
	智能养老监护设备	电子围栏、防走失设备、监控器、GPS定位器、智能轮椅
	家庭服务机器人	扫地机器人、洗碗机
智慧健康养老服务	慢性病管理	电子档案、签约医生、疾病筛查、健康科普、针灸理疗
	居家健康养老	吃药提醒、定时巡回检查、紧急救助、助餐、志愿服务、助洁
	个性化健康管理	健康教育、健康普查、就医指导、糖尿病监护、用药指导
	互联网健康咨询	服务中心咨询、网络问诊、公众号宣传、预约挂号、在线咨询、健康科普讲座

续表

类别	产品/服务类别	产品名称/服务内容
智慧健康养老服务	生活照护	老年保姆、老年家政、老人看护、上门打扫、照料老人、居家照护
	养老机构信息化	电话关爱、老年公寓系统、统计老人信息、智能检测、健康知识讲座

资料来源：2021—2022 年吉林、山东、河南和陕西四省“健康老龄化与智慧养老”专项调查。

（二）城乡协调不足

在中央政府的高度重视下，各地区也不断努力推动智慧健康养老产业高质量发展，当前虽取得一定成效，但仍存在区域协调不足的问题。首先，城乡养老协调发展是未来中国推动智慧健康养老产业高质量发展的重点与难点所在。2020 年 11 月召开的全国农村养老服务推进会指出，农村存在设施不健全、资源碎片化以及养老服务运行可持续性和监管不足等问题，目前仍是我国智慧健康养老产业发展的短板。2024 年 1 月召开的全国民政工作会议再次强调完善农村养老服务，实现城乡养老协调发展等。其次，区域差异也是当前产业发展中存在的挑战之一，各省份之间经济发展差异较大，且各区域内老龄化程度与资源能力不同。

四、技术方面（T）

（一）核心竞争力不足

中国智慧养老产业的发展相对较晚，从 2007 年提出“数字化养老”概念开始，到 2012 年全国老龄办首次提出“智慧养老”的概念，智慧养老理念才逐渐形成并得到发展。在这个过程中，科技适老化产品应运而生，但中国智慧健康养老产业的整体数字化水平较低，市面上多以低端智能产品为主，中高端智能产品较少，且相关产品和技术的应用普及程度还有待提高。部分传统领域虽有突破转型，但还未形成产业核心竞争力，也未形成中国优质的智慧养老品牌。此外，还存在人才培养与市场需求脱节等问题。中国应加快养老产业与新兴产业融合，以科技创新驱动发展，攻克核心技术，扩大优质产品供给，以校企合作培养专业人才，满足市场需求。

（二）智慧化程度不高

针对养老与新技术的融合，各地过度地强调技术创新，认为智慧就是拥有信息化养老技术，却忽略了老年人群的实际需求与其对智慧养老的认知程度上的差异。这导致老年人成为智慧健康养老产品与服务的被动接受者，大大降低了老年人的主观能动性。结果出现供给与需求不匹配的情况，产品市场体系失去了反馈与响应的重要一环，使得很多产品与服务得不到认可，老年人甚至对产品产生“不愿用”和“不好用”的负面印象。

为了提高智慧健康养老产业的智能化程度，应加大技术研发和应用、推动数据共享和整合、制定行业标准和规范、培养专业人才、优化用户体验、加强政策支持和社会宣传等，做出多方面的努力。通过这些措施，可以逐步提升中国智慧健康养老产业的智能化水平和老年人对智慧健康养老产品与服务的认知水平，更好地满足老年人的健康和生活需求。

第四节　机遇分析（O）

机遇分析的核心目标是识别和理解组织所面临的有利外部环境，可能包括市场的发展趋势、政策的变化、技术进步等。通过深入研究和分析，组织可以更好地抓住这些机遇，从而提高效率，增加市场份额。市场机会的分析还涉及找到竞争对手、了解客户群体、发现潜在风险。机遇分析不仅可以帮助组织发现并抓住机遇，提升自身的竞争力，还可以提供有价值的反馈信息，帮助组织更好地制定战略和决策，从而实现持续的发展和成功。因此，分析智慧健康养老产业的机遇对于制定产业政策、规划发展策略等具有重要意义。

一、政治方面（P）

政治方面的机遇主要表现为产业标准体系建设进入新阶段。国家已陆续出台多个产业标准，从多个层面丰富了养老产业各环节的标准建设，提升了产业管理水平，促进了产业有序化高质量发展（见表 3-3）。由上海无线电设备研究所、上海恩谷信息科技有限公司等 18 家企事业单位共同起草和制定的团体标准《智慧健康养老标准体系建设指南》（T/SIOT 310—2020）于 2020 年 12 月 29 日正式发布，标志着智慧健康养老标准的体系化建设步入新阶段（陈体强，2021）。2021 年 1 月 1 日起实施的《基于人工智能语音交互的养老服务平台要求》是国家首个产业服务平台标准，它从平台基本要求、智能语音交互技术要求、服务内容要求、服务供应商准入要求、数据安全要求等层面丰富和完善了各大养老服务平台内容（中国电子工业标准化技术协会，2020），提升了信息平台的管理水平，促进了产业有序化高质量发展。

表 3-3　智慧健康养老产业相关标准梳理

序号	标准名称	类型
1	《智慧家庭健康管理腕式可穿戴设备技术要求》	行业标准
2	《智慧家庭健康养老产品分类及描述》	行业标准
3	《智慧家庭健康养老服务平台参考模型》	行业标准
4	《智慧家庭老人手环（手表）技术规范》	行业标准
5	《养老服务智能化系统技术标准》	行业标准
6	《智慧养老建设规范》	地方标准
7	《社区智慧养老服务导则》	地方标准
8	《养老机构智慧养老建设规范》	地方标准
9	《居家养老智慧化建设规范》	地方标准
10	《智慧养老服务平台建设总体要求》	地方标准
11	《传感器网络个人健康状态远程监测》	国家标准
12	《智慧健康养老居家养老安全监测规范硬件产品基本要求》	团体标准
13	《智慧健康养老社区居家养老上门服务物资装备及消毒要求》	团体标准
14	《基于人工智能语音交互的养老服务平台要求》	团体标准
15	《智慧健康养老医养转诊数据接口要求》	团体标准
16	《智慧健康养老社区食堂（老年助餐点）智能设备与系统配置要求》	团体标准

续表

序号	标准名称	类型
17	《智慧健康养老标准体系建设指南》	团体标准
18	《互联网+社区居家养老综合服务管理规范》	团体标准
19	《养老机构智慧化运行管理与服务规范》	团体标准
20	《移动终端适老化测试方法》	团体标准
21	《移动终端适老化技术要求》	团体标准
22	《智能电视适老化设计技术要求》	团体标准
23	《移动互联网应用适老化设计要求》	团体标准
24	《移动互联网网站适老化通用设计规范》	团体标准
25	《移动互联网应用（APP）适老化通用设计规范》	团体标准
26	《智慧养老家居产品通用技术要求》	行业标准

资料来源：根据中华人民共和国中央人民政府网站资料整理。

二、经济方面（E）

中国以智能制造为核心的新一代信息技术与制造业加速融合，形成了一批成熟的、可推广的智能产品和智慧服务。从事产品与服务研发的企业也逐渐增多，在工业和信息化部公示的《智慧健康养老产品及服务推广目录（2022年版）》中，有263家企业入围，共计250家企业入围产品类，13家企业入围服务类。入围产品类的企业大多从事智能养老监护设备与便携式健康监测设备的研发生产，入围服务类的企业大多从事居家健康养老与生活照护。

另外，企业当前智能制造与研发优势凸显，可结合多种硬件资源和各类服务资源，提供从线上到线下的服务与产品，从而提升自身经济效益。在小米、华为等企业的带领下，国产健康管理类可穿戴设备的市场份额不断上升，市场渗透率持续增长，有效推动了智能硬件设备的普及（温晓君等，2020）。高需求低使用的健康监测类产品如智能手环和其他健康监测设备、安全预警类产品烟雾报警器、紧急救援类产品智能紧急呼叫设备等有巨大的市场发展潜力（朱晓，2024）。在线上服务环节，有很多知名企业，如好大夫在线医疗平台、丁香医生、微脉、叮当快药等APP，涵盖在线问诊、疾病自查、预约挂号、送药到家等一系列智慧服务。

三、社会方面（S）

社会方面的机遇主要表现为多元需求助力产业转型。中国老年人口规模长期居世界首位，老年人口比例逐渐进入亚洲乃至世界前列，预计 65 岁及以上老年人口数量将在 2040 年之前超越所有发达国家总和（杜鹏和李龙，2021）。同时，老年人慢病患病率居高不下，且带病生存寿命不断增长，中国目前有 4000 多万失能、半失能老年人（魏强和吕静，2021）。老年人慢病占比较高的主要是高血压、肠胃炎、糖尿病。

当前，中国人口平均预期寿命已达较高水平，但老年人口生命质量不高、整体健康状况不佳的问题仍较突出，老年人有 8 年多的时间处于带病生存状态（魏强和吕静，2021）。日益加深的人口老龄化程度与不断增长的老年人带病生存时间使得智慧健康养老产业规模和市场需求不断扩大。同时，由于老年人需求多元化，传统养老模式发展出现困境，推动着养老产业不断转型升级，成为新的经济增长点。

四、技术方面（T）

技术方面的机遇主要表现为产业数字化优势凸显。中国智慧居家养老服务体系建设还处于起步阶段，要依靠创新驱动发展，优化老年人与科技的关系，完善产业信息平台建设，进一步形成低成本、广覆盖、高质量的服务体系。以人工智能、互联网、大数据、物联网、5G 为代表的新一代信息技术，对推动智慧健康养老产业发展有着重大意义。

结合新一代信息技术可实现精细化、精准化服务供给，为老年人提供包括心理干预、生活方式调节、健康指导、虚拟陪伴等在内的全方位、多层次的养老服务。比如情感陪护机器人，通过传感器技术可与老年人进行情感交互。通过数字化信息平台分析用户的生活及健康数据，可挖掘和预测老年人动态的多样化养老需求，实现供需精准对接。比如四川安公智慧居家养老试点将主动健康感知器安装在老年人卧室，通过收集实时作息数据，并进行后台大数据分析，得到“需关爱指数”，利用物联网与子女和社区共享，从而提供精准关怀服务，更好地应对老年人消费需求升级。

第五节　威胁分析（T）

威胁分析的核心目标是识别和理解智慧健康养老产业可能面临的不利外部环境，这些环境可能阻碍智慧健康养老产业达成其目的。竞争市场趋势的变化或者政策法规的调整都可能对智慧健康养老产业的发展产生影响，成为潜在的威胁。威胁分析为智慧健康养老产业提供了重要的决策依据，有助于智慧健康养老产业更好地应对未来的挑战和变化。因此，分析智慧健康养老产业发展威胁可以帮助智慧健康养老产业提前预见潜在风险，制定针对性的应对措施，从而提升竞争力和适应能力。

一、政治方面（P）

中国智慧健康养老产业链、供应链呈现出安全性、稳定性不足的问题，主要有以下两方面原因：

一方面，部分资源受制于人。产业发展涉及的基础硬件、终端设备、软件产品、系统集成和应用服务等基础性设备部分还依赖进口，关键核心技术和重要零部件仍受制于人。近年来，中国与美国在AI、芯片、集成电路等关键领域的合作陆续被限制，“卡脖子”问题有待解决（盛朝迅，2021）。

另一方面，各环节协同不足。产业各环节之间缺乏交流，信息开放共享不足，虽已建有不少信息平台，但仍存在“多而散”的问题。各环节资源整合与优化能力不足，缺乏沟通互补与协同发展的顶层设计，且数据安全与标准体系尚不完善。

二、经济方面（E）

经济方面存在的威胁主要表现为人力资源不足，具体体现在以下三个方面：

一是现在的家庭结构大多呈现“四二一”或“四二二”模式，老年人普遍患慢性病且部分老年人存在生活不能完全自理的情况。而子女出于工作或婚姻迁移等原因，无法完全履行赡养老人的责任，也无法满足空巢老人的精神需求。

二是社区对养老工作的建设尚未规模化，没有设置专门的老年人照护岗位，也没有足够的相关专业人员。

三是机构人员工作强度高，工资待遇差，职业社会声望低，导致岗位流动性大，留不住人才（魏强和吕静，2021）。

三、社会方面（S）

社会方面存在的威胁主要表现在以下两个方面：

首先，信任危机造成“不想用”。受传统观念影响，老年人对互联网持有不相信、不愿尝试的态度，对智慧健康养老产业的接受度更是不高。一方面，老年人对智慧健康养老认知不足，缺乏相关操作知识和智慧化养老思维；另一方面，老年人缺乏互联网安全意识，容易在互联网中受骗，而国家对数据安全的保障力度不够，也影响老年人接触智慧健康养老的积极性。

其次，数字鸿沟导致“不会用”。随着科技飞速发展，在新技术智能化的同时却忽略了产业智慧化。目前老年人的文化程度普遍不高，随着年龄的增长，老年人的学习和接受能力也开始下降。在缺乏新技术操作方法与数字化新知识科普的情况下，老年人因难以熟悉和掌握信息化技术而被隔离在智慧生活之外，由此形成了“数字鸿沟”。本书调查显示，老年人不愿意购买智慧健康养老产品或服务的主要原因是操作能力不好、感觉网络不靠谱和个人隐私没保障（见表3-4）。

表3-4　老年人不愿意购买智慧健康养老产品或服务的原因

原因	不同意（%）	一般同意（%）	同意（%）
使用效果不好	22.42	48.57	29.01
操作能力不好	13.63	42.20	44.18
支付能力不够	21.54	34.95	43.52

续表

原因	不同意（%）	一般同意（%）	同意（%）
没有提供我要的服务	30.33	46.37	23.30
我不喜欢智能产品	24.84	40.22	34.95
社区远，不方便	26.15	42.42	31.43
网络不靠谱	16.70	44.84	38.46
网上支付不靠谱	18.24	39.34	42.42
个人隐私没保障	14.51	43.96	41.54

资料来源：2021—2022 年吉林、山东、河南和陕西四省“健康老龄化与智慧养老”专项调查。

四、技术方面（T）

技术方面存在的威胁主要表现在以下两个方面：

一方面，缺乏统一的数据平台。由于现有养老技术平台、信息平台不统一，管理部门分散化，众多机构主体各行其是，老年人获取完整的养老服务可能要下载使用多个软件程序，无疑加重了老年人的使用负担。同时，信息平台不够开放，数据与反馈无法及时共享，导致资源利用低效及分布碎片化，大数据的规模效应不能完全发挥出来，成为建立高质量的智慧健康养老体系的阻碍。

另一方面，轻视预测系统。国家注重促进新技术与养老产品融合应用以及养老信息平台建设，却忽略了养老数据智能分析系统的建设。运用大数据技术和机器语言可分析老年人的基础数据与反馈信息并预测未来养老需求，由此实现供给与需求有效匹配，节约资源，提高效率。而当前分析预测系统搭建不完善与技术运用不足，导致无法精准及时地应对老年人需求升级。

第六节　本章小结

本章运用 SWOT-PEST 分析法，从优势、劣势、机遇和威胁等方面梳理智慧健康养老产业发展现状与困境。通过学习本章内容，可以发现：

（1）从优势来看，政治方面，中国营造良好的政策制度环境。经济方面，产业规模不断扩大，发展前景光明。社会方面，产业发展格局初见雏形，领先地区有上海、浙江等省市。技术方面，产业数字化优势凸显，为老年人提供多样化精准化养老服务。

（2）从劣势来看，政治方面，产业政策发布主体权力分散，政策间协调不足。经济方面，产业模式不成熟，不具备集聚效应。社会方面，产品和服务供需不匹配，区域不协调。技术方面，产业优质产品较少，缺乏核心竞争力。

（3）从机遇来看，政治方面，产业标准体系建设进入发展新阶段。经济方面，产业研发制造更加多样，供给能力不断提升。社会方面，不同程度失能失智老年人养老需求多元促使产业持续升级转型。技术方面，产业结合新一代信息技术可实现精准关怀服务。

（4）从威胁来看，政治方面，产业各环节协同度不高，资源整合不足。经济方面，人力资源不足，复合型人才缺口较大，岗位的流动性较大。社会方面，老年人群对产业认知有限，数字鸿沟也阻碍老年人购买使用产品与服务的意愿。技术方面，产业缺乏统一数据平台和预测系统等技术支撑。

案例：国内城市与农村智慧健康养老产业发展模式

本章案例将介绍中国城市与农村智慧健康养老产业发展模式，以更完整地了解中国智慧健康养老产业发展模式整体状况。

城市案例：浙江省杭州市：建设“智慧养老”综合信息平台，康养联合体建设解决“最后一公里”难题。

杭州市位于浙江省，地处钱塘江下游杭州湾西端。截至 2023 年，60 周岁及以上人口占比约 19.6%，65 周岁及以上人口占比约 14.8%，杭州市人口老龄化态势明显，养老和医疗保障的需求量大，社会保障面临较大压力，老年人健康养老服务体系有待完善。为了提高养老服务的质量和效率，更好地满足老年人对养老和医疗保障等服务的需求，杭州市通过建设市级统一的“智慧养老”综合信息平台（见图 3-3），提升服务的智能化水平（李倩等，2023）。

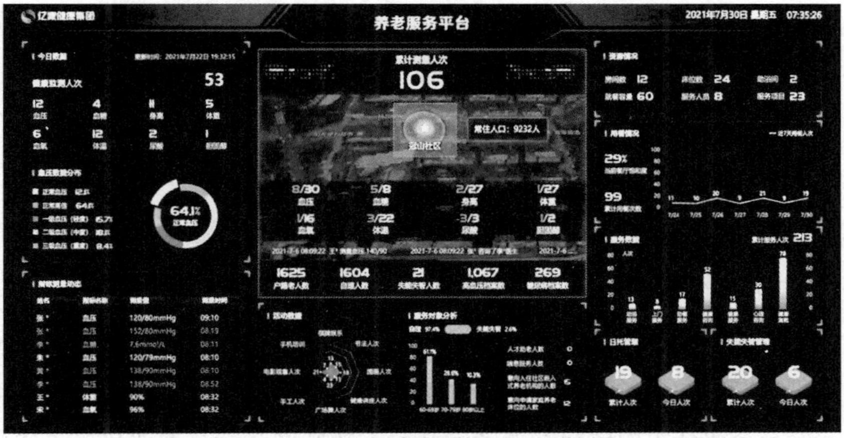

图 3-3　杭州市“智慧养老”综合信息平台

杭州市统一“智慧养老”综合信息平台的建设过程涉及养老服务智能化、设施标准化、顶层设计以及监管考核等多个方面。服务智能化：杭州市通过搭建市级统一的“智慧养老”综合信息平台，实现了服务的智能化。设施标准化：在智慧养老的推进过程中，注重设施的标准化建设，以确保服务质量和安全性。顶层设计：《杭州市居家养老服务条例》的实施，对智慧养老服务平台的功能架构及服务内容进行了明确，从顶层设计上丰富了智慧养老的内涵。监管考核：杭州市采取了全市统一搭建智慧养老监管平台的方式，向各区开放权限，市区两级联合进行监管考核。这有助于提升智慧养老综合服务监管效能和水平。总的来说，杭州市在推进“智慧养老”综合信息平台的过程中，不仅注重技术和设施的建设，还强调了服务的智能化和监管的有效性。

康养联合体建设解决“最后一公里”难题。杭州市作为人工智能社会实验养老试点，率先试点开展康养联合体建设，充分利用物联网、云计算、大数据、智能硬件等新一代信息技术产品，为老年人及其家属提供高效便捷的服务，打造了以居家养老为基础、线上线下相结合的智慧化养老模式，进一步完善老年人健康养老服务体系，实现医疗、康复、养老“最后一公里”的有效覆盖，以满足老年人多样化的健康和养老需求（吴超和赵晓思，2020）。

农村案例：安徽省南陵县："村嫂"搭载"智慧养老云平台"，"三位一体"解决散居老年人监护难题

南陵县位于安徽省芜湖市，地处皖南丘陵向沿江平原过渡地带。截至2023年，60周岁及以上人口在全县总人口中占比约23.81%，65周岁及以上人口占比约18.97%，全县老龄化严重，农村地区家庭空心化现象突出，供养困难老人居住分散。为解决"老年难养老，中年难就业"问题，南陵县通过运维设计先行，构建智慧养老云平台、物联网终端、专业化服务团队"三位一体"养老服务体系，最大限度地降低运维成本，为全县6000多位分散供养困难老年人提供安全监护和生活照料服务，减少老年人居家意外安全事故发生（熊江和戴元兵，2022）。

政府与企业合作构建智慧养老云平台、物联网终端、专业化服务团队的"三位一体"散居困难长者养老监护项目。由当地民政局建设本地居家养老服务中心与智慧养老服务平台，企业参与运营管理与技术维护。将民政部门提供的数据和现场实际采集数据相结合，为特困残疾及高龄老年人发放设备，利用运营商基站网络进行数据通信，且具有语音通话功能。为分散居住的特困残疾老年人安装床头紧急报警和无生命探测装置，为特困高龄老年人配备可穿戴监护手表，能自动推送报警提醒，减少意外事故发生的概率，也方便服务人员随时救助。本地养老服务中心收到求救信号将跟老年人确认是否有危险，老年人未接听时，将立刻联系应急人员，同时下发救助工单，并时刻跟踪救助过程。若发生遗漏或平台无人值守时，二级保障守护中心将介入处理，由此实现对处于紧急情况老年人的双重保障。同时，在智慧养老云平台上，服务、救助等过程都可回溯，能够形成常态化管理，确保补贴资金使用到位，督促各项救助、服务工作按质按量完成（冯政，2022）。

"村嫂"服务模式同时解决养老与就业问题。村嫂作为"本地人"，可利用地缘优势和文化优势提供就近救助、就近服务，利用语言相通、文化相通优势减少服务中的沟通障碍和长者戒备心理，同时提供了农村留守妇女人力资源转化和职业化培训机会。服务工单通过智慧养老云平台发送到村嫂的手机APP上，服务完成后通过智慧养老云平台对提交的服务完结工单进行核查。

拓展：产业发展现状的研究方法

产业发展现状的研究方法多种多样，主要包括但不限于以下几种：

（1）实地调研与考察：通过走访企业和项目地区，进行基础条件、产业基础以及规划调研，初步了解项目地的发展现状和周边产业情况。

（2）功能定位分析：研究特定产业的构成及体系、类型、历史沿革及趋势特征，以及产业链运作机制。

（3）生命周期评估：根据市场增长率、需求增长率、产品品种等指标，识别产业所处生命周期的阶段（导入期、成长期、成熟期、衰退期），并分析其特征。

（4）目的性研究：有目的地进行行业研究，提出假设并通过事实论证，或从特定方向如商业模式、IT 转型等着手深入探讨。

（5）综合分析：对行业框架、市场分析、产品研究、竞争格局、监管政策及其他影响因素的全面研究。

（6）案例对比分析：将某地区的产业与其他地区产业进行横向比较，通过案例对比分析得出结论。

（7）数据分析：运用图表分析、矩阵分析、流程图、抽象示意图等多种方式进行数据的可视化表达，使研究过程及结果更清晰直观。

（8）专家交流：与该行业的资深人士进行交流，获取第一手资料和深入的见解。

（9）桌面调研：利用已有的文献、报告、数据库等二手资料进行研究，以收集各方对产业发展的看法和建议。

（10）五力模型：分析行业的竞争强度和盈利能力，包括供应商的谈判能力、买家的谈判能力、新进入者的威胁、替代品的威胁以及行业内的竞争程度。

（11）预测模型：使用统计和经济模型预测产业的发展趋势和市场规模。

综上所述，产业发展现状的研究是一个多维度、多方法的综合过程，需要根据实际情况选择合适的方法和工具进行分析。通过这些方法，研究者可以对产业的发展现状有一个全面而深入的了解，为产业规划和决策提供科学依据。

思考题

1. 中国智慧健康养老产业面临的机遇与挑战是什么？

2. 选择一个国内外优秀智慧健康养老企业，分析该企业的优势和劣势。

3. 结合本章内容，思考政府未来可能出台哪些政策，以缓解智慧健康养老产业面临的困境。

推荐阅读资料：

[1] 韦艳，王欣宇，徐赟. 智慧健康养老产业高质量发展的战略导向与实现路径［J］. 西安财经大学学报，2022，35（3）：65-77.

[2] 高鹏飞，高向东. 智慧健康养老产业高质量发展的现实困境与突破：基于马克思公共性思想的解释框架［J］. 兰州大学学报（社会科学版），2022，50（5）：66-76.

[3] 索智杨，祝小静. 面向智慧养老场景的数据资源分类体系框架构建研究［J］. 图书与情报，2023（2）：127-136.

[4] 钟仁耀，王怀月. 城市社区智能居家养老服务模式探讨［J］. 理论探索，2023（3）：90-97.

第四章 智慧健康养老产业发展的关键技术及数据共享

本章导读：智慧健康养老产业发展离不开新兴技术，这些技术在智慧健康养老产业发展的环节中各司其职，使智慧健康养老产业更加规范、更加便捷。一些技术在前端与用户进行交互，直接影响着用户体验；另一些技术则在后端处理数据、维持设备运行，间接地发挥其作用。本章将介绍智慧健康养老产业发展过程中运用到的关键技术以及数据标准化探索，并回答以下问题：智慧健康养老产业的发展主要运用了哪些关键技术？目前智慧健康养老产业发展的关键技术有哪些应用？智慧健康养老技术有哪些标准？

第一节 智慧健康养老产业发展的关键技术

智慧健康养老产业技术的应用可以为老年人提供更加个性化、便捷化的养老服务，并通过实时监测提高养老服务的质量和效率。大数据技术成为洞察老年人需求和偏好的重要工具，为提供更精准的养老服务提供了数据支撑；云计算技术则打破了地域和行业的界限，实现资源的有效整合与信息的即时共享，极大地提升了养老服务的效率与便捷性；人工智能技术的引入，为养老服务带来了智能化、个性化的全新体验。本节将围绕大数据、云计算、人工智能等介绍智慧健康养老产业发展的关键技术。

一、数字资源：大数据

（一）大数据

大数据是一种新的数据共享、处理技术，能够从海量、多样、复杂的数据中快速获取有价值信息。其特征被概括为3V，即数据的海量（Volume）、高速生成（Velocity）和多样化（Variety）。大数据最早应用于信息技术行业，2008年末，计算机业界组织“计算社区联盟”发表了一份影响力巨大的白皮书《大数据计算：在商务、科学和社会领域创建革命性突破》，标志着大数据开始进入社会的视野（孟小峰和慈祥，2013）。目前，成功的大数据应用主要发生在大型互联网公司，政府部门虽然拥有大量数据，但建立有效的数据共享机制仍存在困难且进程缓慢。不过，随着越来越多的地方政府设立大数据局，促进各部门之间的数据互联互通，数据孤岛的现象正逐渐减少。

（二）大数据在智慧健康养老产业中的应用

精准的养老服务匹配是大数据的重要应用。基于多维度的主观及客观数据，大数据技术通过数据清洗、数据分析、数据挖掘等构建个人需求动态监测模型，为老人提供疾病预防、精神慰藉、安全预警等多方面“主动服务”，实现服务的精准供给。此外，新一代老年人的消费习惯和生活需求都已发生变化，这些变化很难从以往老年人的需求中总结出来，大数据则提供了及时洞察和捕捉老年人新需求的可能性，通过对老年人需求数据进行挖掘，个性化推荐老年用户喜爱的读物、电影、音乐、戏曲等内容，极大地便利了老年人的生活，提高了老年人的获得感和幸福感。

大数据还可用于构建老年人的用户画像。通过收集老年人的基础数据、设备数据、服务数据、监管数据、社交数据，将这些数据整合进行相关性分析，获取数据显示的某种规律，基于此建立某一类老年人的虚拟代表，其本质是建立在真实数据上的数学模型，用数据刻画一个真实的用户。通过用户画像更易掌握某类人群的集体特征以便于针对性地设计服务，以满足多元化的养老需求。大数据在未来老年人生活的核心领域将大有可为，为老年人提升晚年生活质量提供技术保障。

二、数字设备：云计算

（一）云计算

云计算是一种通过互联网将计算资源以服务的形式提供给用户的技术。在这种技术指导下，计算资源被集中存储在大规模的数据中心，并通过互联网按需分配给用户。云计算服务模式有软件服务、平台服务和基础设施服务三类。软件云计算的商业应用可以追溯到 2006 年，亚马逊 CEO 贝索斯（Bezos）在全球新兴科技峰会上宣布了亚马逊将投资和创立云计算的伟大计划（巨贝贝，2023）。阿里云是中国云计算商业应用的先驱，自 2009 年创立以来一直致力于云计算服务，目前已成为中国最成熟、规模最大的云计算服务商。

相较于传统的服务器计算，云计算能够更有效地组织和分配计算资源，其核心是虚拟化技术和对计算资源的动态分配。这使得计算资源可以实现高度共享，从而提高效率并降低计算和维护成本。为了拓展云计算服务市场，云服务商将越来越多的计算服务，如数据库服务、存储服务、运行监控服务等，包装成标准的云服务，极大地减少了用户将应用迁移到云端所需的开发工作。

（二）云计算在智慧健康养老产业中的应用

云计算已经被广泛应用于电商、游戏和社交平台等各种场景，这些平台的后台都由云计算支撑。在养老领域，云计算可以实现用较低的成本提供强大的计算和存储能力，帮助养老服务机构实现数据的集中管理和共享。同时云计算技术被用于整合居家老年人以及与老年人相关的一切要素，使其构成一个强大的物联网，更有利于构建起一个大数据网络分析老年人的复杂需求。

目前许多智慧健康养老企业已经运用了云计算，智慧养老云平台就是云计算的典型应用，包括智能腕表、老年人安全看护系统以及面向老年人的多种教育平台和社交平台等，它们的后台都部署在云端。这种云平台专为智慧养老企业提供可以适应其应用场景的系统模块。不同于传统的平台，养老企业只需要在网页中登录账户即可使用标准化的平台，获取信息共享、按需取用服务，解决了智慧养老系统以往重复开发、功能不一、运维费用过高等问题。在数据储存方面，云平台也可以较好地应对多源异构大数据的存储及查询问题，弥补传统数据库运行效率、存储能力方面的缺陷。

三、数字传输：物联网

（一）物联网

物联网是指通过互联网等传统信息技术实现万物互联的技术，这是一个动态的、不断扩展的领域。物联网通常是由传感网、通信网和后台处理器组成的“传感—通信—分析”三级信息处理系统（秦志光等，2015）。其中传感网用于识别物体、采集信息；通信网用于传递和处理信息；后台处理器用于完成信息的处理与决策。物联网的概念最初由美国麻省理工学院的凯文·阿什顿（Kevin Ashton）教授于1999年提出。2008年，IBM提出了智慧地球的战略，紧接着又在2009年8月发布了《智慧地球赢在中国》计划书，这在中国引发了第一波物联网热潮，催生了大量物联网示范项目（许晔和郭铁成，2014）。尽管其中许多项目并未取得预期的效果，但这促进了全国性的物联网知识普及。在过去的十年中，传感技术、通信技术和计算技术都取得了显著的进步，价格也有了大幅的降低，这为物联网在养老领域的应用奠定了坚实的基础。

（二）物联网在智慧健康养老产业中的应用

随着传感器价格、网络通信成本和计算成本的下降，物联网正逐渐渗透到生活的各个方面。在智慧健康养老领域，许多新型应用都基于“传感—通信—分析”模型，通过各类传感器收集老年人的生理参数、运动数据、环境数据等，将收集到的数据通过通信技术传输到云端或管理平台，并在后台进行进一步的处理和分析。这个过程保证了数据的实时性和准确性，使得老年人及其家属、医疗机构等能够随时了解老年人的健康状况。

智能手环、睡眠监测仪是典型的应用产品，已在市场上普及。利用传感器实时监测老年人健康数据，并通过网络传输给家属、医生、社区工作者，为老年人健康管理、疾病预警提供了基础信息。物联网在智慧养老领域的应用还包括针对老年人夜间室内行走安全问题的感应夜灯，能够方便地、及时地提供夜间照明；针对老年人对温度敏感性降低的智能水龙头，能够防止水过热导致烫伤；协助管理老年人吃药的智能药箱；等等。

四、数字信息：区块链

（一）区块链

区块链是一种结合了分布式数据存储、点对点传输、共识机制加密算法等多种计算机技术的新型数据处理技术，是利用块链式数据结构来验证与存储数据、利用分布式节点共识算法来生成和更新数据、利用密码学方式保证数据传输和访问的安全、利用由自动化脚本代码组成的智能合约来编程和操作数据的一种全新的分布式基础架构与计算范式。区块链最初作为比特币的底层技术，由中本聪（Satoshi Nakamoto）在 2008 年提出。

区块链结合云计算、大数据和人工智能，可以提高识别精准度、施策科学性和成效显著性。历史数据的收集、总结、分析和实时存储共享对于精准照护康复和医疗护理具有重要价值，区块链可以对个体和机构群体的数据进行收集和分析，为政府部门、养老相关机构和企业提供精准的大数据服务，解决养老健康数据在传输和保存过程中的安全问题以及数据共享问题，实现健康数字资产全生命周期的完整记录及永久保存（曾大水，2021）。

（二）区块链在智慧健康养老产业中的应用

随着新产业、新业态和新模式的涌现，数据传输与数据共享过程中数据的开放性、隐私性、可追溯性以及多方共同参与的标准性的实现都需要借助区块链技术。在智慧健康养老领域，传统的信息存储技术存在老年人个人信息泄露、健康数据泄露、检测数据错乱以及跨行业跨领域跨机构服务监管困难等问题，区块链为养老服务业的数据难题提供了有效的解决方案。

第一，区块链能够提升数据安全性。区块链的不可篡改性和分布式特性，使得养老数据可以永久保存且无法被篡改或删除。第二，它能够优化服务流程。区块链通过智能合约技术，自动执行服务协议，提高服务效率和质量。第三，它能够增强信任度。区块链的透明性和去中心化特性，便于养老服务的各方建立可信任的关系，减少信息不对称和信任成本，在养老金融、补贴发放等相关经济行为中，区块链可追溯、难以篡改、公开透明等特性可以帮助降低交易成本，保护老人隐私。第四，它能够促进数据共享。在养老医疗领域，医疗机构、监护家属、养老机构等多个节点可以通过数据上链的形式记录和查看老人的医疗数据，进一步打破信息孤岛，实现数据共享。保障数据安全。其中，涉老资产管理属于个人隐私信息，养老机构与金融机构间需要达成数据共享，此时信息的记录与共享采用区块链技术可以有效地保证老年人的隐私安全。同理，涉老补贴、老年人缴费、老年人公证等各类敏感信息，都需要采用区块链技术进行传输共享。

五、数字智能：人工智能

（一）人工智能

人工智能（Artificial Intelligence，AI）通常指研究、开发能以与人类相似的方式做出反应的智能机器。自 AI 诞生以来，其理论和技术越来越成熟，应用领域也不断扩大。传统的人工智能主要模仿人的智能，但是现在的人工智能不仅是模仿人的智能，还是机器智能，它可以基于大数据利用数据特征实现机器智能，这是人难以实现的。1956 年夏季，人工智能最早由以麦卡赛、明斯基、罗切斯特和申农等为首的一批科学家共同提出，随着 IBM 公司“深蓝”电脑击败了人类的世界国际象棋冠军，人工智能技术展现出勃勃生机。

目前人工智能应用领域十分广泛，在机器视觉、智能识别、博弈规划、语言与图像理解、智能搜索等领域都进行了实际应用。虽然当前人工智能受到科学界的广泛关注，但是依然面临着诸多问题。首先是算力问题，人工智能技术需要构建大模型，因此对于海量数据的处理速度与处理能力十分依赖。当前人工智能所学习的内容受到算力的影响还无法达到与人类近似的程度。其次是隐私与安全问题，随着人工智能技术越来越成熟，可能会出现不可控问题，甚至人工智能产生自主意识违背人类意愿，对人类造成伤害。但总的来说，人工智能的发展可以极大地解放生产力，提高工作效率，以及快速帮助人类做出正确决策。

（二）人工智能在智慧健康养老产业中的应用

人工智能在智慧健康养老产业中的应用经历了多样化的探索，且发展迅速。通过智能化的数据处理和分析，人工智能能够为老年人提供更加个性化、精准的服务。无论是健康管理、生活照料还是心理咨询，人工智能都能快速响应老年人的需求，并提供及时、有效的支持。

比如通过老人康复训练数据，结合步态分析算法，可以对老人进行个性化训练，提高康复效率和效果；通过对老人动作的捕捉识别，在老人跌倒时准确报警；通过与老人语音交互，可以为老人提供情感陪伴。这些是产业界较多探索的场景。此外，人工智能的深度学习技术还能够用来进一步理解人类衰老的机理，寻找和开发延缓衰老和治疗衰老相关疾病的药物；使用脑电波信号控制外部设备的技术也能够帮助肢体障碍的老年群体进行康复训练。

六、数字制造：机器人

（一）机器人

机器人是一种能够半自主或全自主工作的智能机器，能够通过编程和自动控制来执行诸如作业或移动等任务，它的主要任务是协助或取代人类的部分机械或危险的工作。世界第一家机器人公司是由乔治·德沃尔（George DeVall）和约瑟夫·英格柏格（Joseph Ingberg）于 1956 年成立的 Unimation 公司；1959 年，他们发明了世界上第一台名为 Unimate 的工业机器人；1961 年，Unimation 公司生产的世界上第一台工业机器人在美国新泽西州特伦顿市的通用汽车公司安装运行，用于组装汽车的部件，从而开启了工业机器人的规模化应用（王田苗和陶永，2014）。但目前机器人技术还停留在较为简单的重复性劳动方面，其需要与人工智能相结合才能迸发出新的生机。不过机器人可以代替人完成危险性的、有毒的或需要无菌操作的各种任务，降低了人们的工作难度。

（二）机器人在智慧健康养老产业中的应用

机器人可以不受时间和人力的限制，随时确保老年人得到关注和帮助。目前，用于养老服务的机器人主要有间接应用于养老的机器人和直接应用于养老的机器人。

间接应用于养老的机器人主要应用于医学领域，类似于达芬奇的精密手术机器人能够降低老年人手术的风险。此外，还有一类不局限于老年人但大量应用于老年人的微型机器人或纳米机器人，能够进入人体内部进行治疗，例如能够清理血管壁上斑块的微型机器人。这种机器人可以用来取代目前放置心脏支架和心脏搭桥手术等心血管病治疗方式，从而大大提高治疗成功率并减少治疗后的恢复时间。

直接应用于养老的机器人主要分为两大类：陪伴机器人和服务机器人。陪伴机器人的主要功能是满足老年人的情感需求，以及提供提醒、娱乐等“非接触式”的日常生活辅助服务。服务机器人的主要功能是为特定类型的老年人提供“接触式”的日常生活辅助服务。陪伴机器人是能够为老年人提供情感回应和日常生活活动提醒等功能的信息系统或玩具，它们的形态可以是一个智能音箱、一个电子宠物或者一个平板电脑。服务机器人则通常具备行走功能和简单的机械手臂等，用以协助老年人完成一些简单的但难以自行完成的动作。

目前在国内，能够独立为老年人提供服务的机器人的普及面临着一些非技术的、不易逾越的障碍。由于独立服务的机器人常常与老年人独处，并在没有其他人监督的情况下为老年人提供服务，这实际上存在一定的风险。比如，如果老年人发生了意外，很难确定是老年人自己发生的意外还是由机器人导致的意外。

第二节　智慧健康养老数据标准化探索及数据共享

智慧健康养老数据标准化对智慧健康养老产业发展起着至关重要的作用。它不仅为智慧健康养老数据传输、存储与共享提供重要支撑，更是推动智慧健康养老产业进步的关键因素。推动智慧健康养老关键技术和产品的研发，需要明确智慧健康养老所需的标准类别，并对复杂的智慧健康养老标准体系进行系统化和结构化处理。这将有助于实现养老服务、公共卫生、医疗保健和综合管理等应用系统的信息互联互通，从而为老年人提供更优质的养老服务。近年来，随着智慧城市成为未来社会经济发展的热点，各种智慧应用的标准化也引起了广泛的关注，本节将围绕智慧健康养老领域的标准展开论述。

一、基础类标准

基础类标准是智慧健康养老数据标准领域的通用标准，是其他类标准的基础，可分为术语与编码、通用要求和体系结构三个类目。

术语与编码类标准定义了智慧健康养老领域中一些共性的、基础性的专有名词和编码方法，适用于该行业基础类标准的标准化工作。该类标准下包括标识与溯源术语、安全监护术语、健康监护术语和健康相关物品定位术语四个子类别（陈健，2020）。

通用要求类标准定义了智慧健康养老领域的通用技术、系统运行和评价标准，该类标准下包括智慧健康养老通用技术要求、智慧健康养老工程建设要求、智慧健康养老系统运行要求和智慧健康养老总体评价要求四个子类别。

体系结构类标准为智慧健康养老领域的架构类标准，该类标准下包括智慧健康养老概念模型、智慧健康养老应用系统参考体系结构、智慧健康养老通信参考体系结构和智慧健康养老信息参考体系结构四个子类别（雷晓康和汪静，2020）。

二、感知类标准

感知类标准是智慧健康养老数据获取与使用的相关规定，主要包括数据采集标准、数据处理和服务支撑标准。

数据采集标准是针对采集目标对象信息的相关标准，需要综合考虑老年人的需求和隐私保护，同时也需要与智慧健康养老服务的其他相关标准相协调。

数据处理和服务支撑标准又可分为协同处理标准、节点中间件通信标准和服务支撑标准。其中协同处理标准规定了分布式计算系统中多台计算机分担数据处理或服务支撑的要求，以确保在网络上处理分配负载、共享数据文件和内存竞争时，能够保持信息的同步安全性、一致性和准确性（王杰和董少龙，2021）。节点中间件通信标准，便于运行在一台或多台计算机上的各类软件通过网络进行无障碍交互。服务支撑标准定义了共性业务系统的研制和对外接口标准。共性业务系统是将底层共性功能从整个系统中抽离出来进行单独定义和研制的，这样能够使整个系统适应不断发展变化的状况，提高应用的扩展能力和适应能力。

三、传输类标准

传输类标准是智慧健康养老数据传输的相关规定，分为网络传输标准和数据交换标准。

网络传输标准主要针对近距离通信与自组织网络以及接入网等内容进行定义，规定了智慧健康养老领域中数据传输的网络通信协议、接口、安全性等方面的要求（王杰和董少龙，2021）。

数据交换标准主要对数据交换内容、数据交换方法及数据交换格式进行定义，包括医疗健康数据的采集、存储、处理、共享和交换等方面的标准，保证不同系统之间数据的互通性和互操作性。

四、应用服务类标准

应用服务类标准是智慧健康养老数据分析与提供数据服务的相关规定，包括外部资源交换标准、集成服务标准、终端服务标准、数据分析与利用标准、功能与流程标准五个类目。

外部资源交换标准是智慧健康养老与其他外部系统进行资源交互的标准，包括资源交换流程和资源交换数据格式两个类目。

集成服务标准是指智慧健康养老为用户提供服务的平台或软硬件系统的标准，包括平台技术要求、平台接口规范等类目。

终端服务标准是指智慧健康养老中用户使用智慧健养老服务的平台或软硬件系统的标准，可分为用户终端要求、用户终端适老化和用户终端接口等类目。

数据分析与利用标准是为规范智慧健康养老需要协调统一的数据描述和共性服务支撑事项所制定的标准，包括数据处理、信息与业务协同两个类目。

功能与流程标准定义了智慧健康养老应用服务的基础框架，通过对功能与流程共性内容部分的标准化规范，制定智慧健康养老应用服务的组织结构分析、组织业务关系分析、业务功能分析和业务流程过程等调查的执行标准，从而提高整个智慧健康养老应用服务的效率和质量（王杰和董少龙，2021）。

五、共性类标准

共性类标准是智慧健康养老中共性技术标准的集合，包括安全标准、标识标准和管理标准。

安全标准考虑到老年人健康数据的敏感性和特殊性，分为通用安全和安全与隐私保护两个类目。其中通用安全标准主要针对智慧健康养老应用中的网络安全、数据安全等方面进行定义，以确保系统的安全性和可靠性。

标识标准主要对标识体系、标识解析和分类编码三个类目进行定义。标识体系标准规定了智慧健康养老领域中各种对象的标识方法，以确保不同系统之间的互通性和互操作性。标识解析标准则规定了如何对标识进行解析和处理，以确保数据的准确性和一致性。分类编码标准则对智慧健康养老领域中的各种对象进行分类和编码，以便于数据的存储、检索和处理。

管理标准包括设备与系统管理、用户管理、测试与认证管理和制度与规则四个类目。设备与系统管理标准主要针对智慧健康养老应用中的设备和系统进行定义，包括设备的接入、配置、控制等方面。用户管理标准则规定了用户的管理和使用方式，包括用户的注册、登录、权限控制等方面。测试与认证管理标准则规定了智慧健康养老应用的测试和认证方式。制度与规则标准则规定了智慧健康养老应用中的管理制度和规则，包括数据的采集、存储、处理、共享等方面，以确保系统的规范性和合规性。

第三节　本章小结

本章介绍了智慧健康养老产业发展的关键技术，回顾智慧健康养老产业关键技术的发展历程，阐述市场需求如何推动养老技术的升级，并介绍这些技术在智慧健康养老产业中的应用以及智慧健康养老数据标准化的探索。通过学习本章内容，可以发现：

（1）智慧健康养老产业是依靠物联网、云计算、大数据、人工智能、机器人、区块链等技术落地实现的，正是这些技术的发展，推动智慧健康养老产业不断发展。

（2）智慧健康养老关键技术的应用推动着智慧健康养老产业的发展，智能化设备和技术可实时监测和分析老年人的生活行为、健康状况数据，并能根据每位老人的不同需求提供个性化的服务方案。

（3）智慧健康养老标准体系主要包括基础类标准、感知类标准、传输类标准、应用服务类标准、共性类标准。在探索智慧健康养老的标准化过程中，相关主体需要注重标准的实施和监督，确保标准有效执行。

案例：隐形护理员助力机构与居家养老智慧化升级

本章案例将介绍腾讯隐形护理员智慧养老视频分析系统居家养老智慧化方案。阅读本案例，能够了解人工智能和大数据在居家养老中的应用。腾讯隐形护理员智慧养老视频分析系统利用人工智能、大数据技术采集老年人活动数据进行分析，通过比对模型监测异常情况，能够及时提示险情，帮助机构护理员进行紧急救护。

隐形护理员以跌倒检测为特长，并兼有电子围栏、轨迹还原、火灾检测等其他风险报警功能。隐形护理员的跌倒检测结合视频识别和 TOF 技术，能第一时间识别老人的跌倒情况，通知护理员前往现场，有效利用黄金抢救时间。目前隐形护理员的跌倒检测识别率达到了 90% 以上。在防范老人跌倒的同时，TOF 技术还能保护老人的隐私，最大限度避免老人对摄像头的不舒适感。针对老人容易走失的问题，隐形护理员的轨迹还原功能可以对老年人经过和停留区域进行轨迹回放，给出准确的行动轨迹、停留时间，辅助护理员进行分析。火灾报警功能可通过摄像头监控发现火情并报警，保障机构内的消防安全。

相对于养老机构，居家场景更为复杂，不仅每个老人居家环境各不相同，还要兼顾居家隐私的保护，这对隐形护理员居家版的打造提出了更高的要求。面向居家场景的特殊要求，隐形护理员居家版开发了“呼救词检测”功能，通过捕捉老年人说出的“呼救词”触发警报，通知给亲人和社区、医院。另外，隐形护理员居家版还特别设计了双向语音，老年人可以通过隐形护理员居家版直接与亲属进行语音对话，提升沟通效率。未来，隐形护理员居家版还将与社区服务联动，为老年人匹配合适的助老服务。

拓展：科技在智慧健康养老领域的积极尝试

本拓展内容主要展示科技在智慧健康养老产业中的积极尝试。①

据智慧健康养老产业联盟统计，2021 年中国智慧健康养老领域新申请专利共 1116 项，其中发明专利 513 项，覆盖老人生命周期方方面面，并正逐步从单一技术应用迈向多技术融合。如图 4-1 所示，通过整理全球智慧健康养老行业专利及学术研究关键词，可管窥近 10 年我国养老科技的“主要成分”。

一方面，不同类型信息技术在智慧健康养老领域的应用程度存在差别，互联网、物联网和云计算相对用途广泛，5G、大数据、人工智能处于尝试探索阶段，而虚拟现实与区块链技术还主要处于研究与讨论阶段，不同技术在养老领域的渗透速度差异较大。另一方面，这些技术在智慧养老领域的应用一般存在较高的关联度，具体来说，人工智能依赖于不同养老场景中数据的规模和质量，而物联网大量的计算节点和终端，为海量数据采集提供了可能。物联网获得海量数据后，需要对这些数据进行清洗、计算，此时就需要借助大数据技术的算力和方法。大数据的储存和挖掘在边缘侧很难实现，需要云计算技术及平台。最终，大数据提供资源，云平台提供算力，人工智能技术进行不断的学习和训练，反馈相应的产出结果，辅助进行设备控制及决策实施。在此过程中，5G 技术的高效传输保证海量数据在交互传输中的安全性和可拓展性（见图 4-2）。

① 腾讯 SSV 银发科技实验室及腾讯研究院．隐形的守护：银发科技蓝皮书 2022［R］．深圳：腾讯 SSV 银发科技实验室及腾讯研究院，2022.

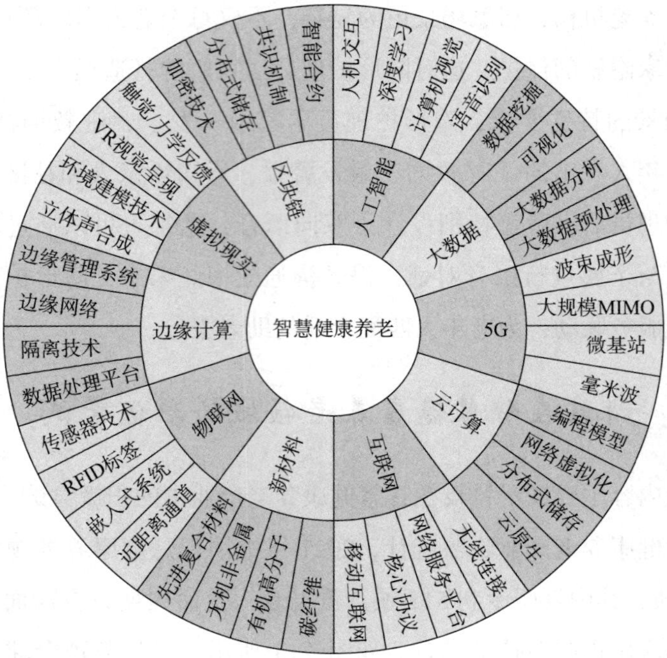

图 4-1　智慧健康养老科技图谱

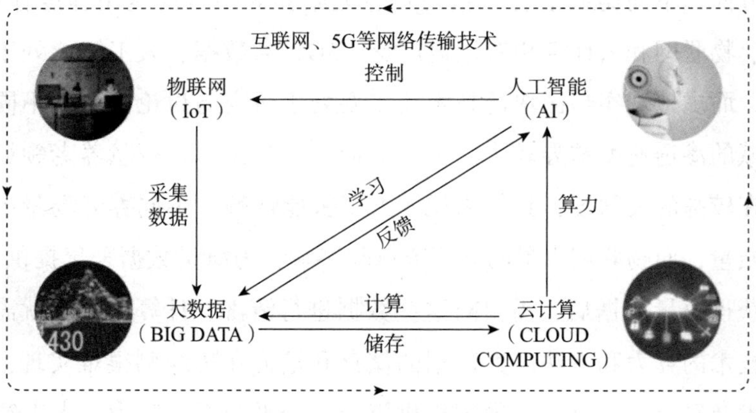

图 4-2　智慧健康养老技术关联图

思考题

1. 智慧健康养老产业的发展主要运用了哪些关键技术？
2. 人工智能技术能够应用在智慧健康养老产业的哪些领域？

3. 智慧健康养老领域的标准主要有哪几种？

推荐阅读资料：

[1] 王杰，董少龙．智慧养老技术及落地应用指南/物联网在中国［M］．北京：电子工业出版社，2021.

[2] 杜鹏，韩文婷．互联网与老年生活：挑战与机遇［J］．人口研究，2021（3）：3-16.

[3] 屈芳，郭骅．“物联网+大数据”视阈下的智慧养老模式研究［J］．信息资源管理学报，2017（4）：51-57.

[4] 贾妍，蓝志勇，刘润泽．精准养老：大数据驱动的新型养老模式［J］．公共管理学报，2020（2）：95-103.

第五章　智慧健康养老产品与服务

本章导读：智慧健康养老产品与服务发展的关键在于实现技术与产品的高度融合和有效衔接，推动新一代信息技术在养老服务领域应用。以互联网、大数据、物联网和人工智能为代表的新一代信息技术，能够从“需求—生产—供给”三个环节发力，解决传统养老产品与服务存在的问题，提升养老产品与服务的精准化、专业化和智能化水平，更好地满足老年人多层次多样化的养老需求。本章将回答以下问题：智慧健康养老产品与服务包括哪些类型？各类型具体有什么产品和服务？针对不同老年人群体，智慧健康养老产品与服务如何满足他们的需求？

第一节　智慧健康养老产品

智慧健康养老产品是紧密结合新一代信息技术，且具备信息化和智能化特征的智能终端养老产品。2021 年，工业和信息化部、民政部、国家卫生健康委联合发布的《智慧健康养老产业发展行动计划（2021—2025 年）》将智慧健康养老产品分为健康管理类智能产品、康复辅助器具类智能产品、养老监护类智能产品、中医数字化智能产品和家庭服务机器人五类。本节将结合国内典型案例，对这五类产品进行介绍。

一、健康管理类智能产品

健康管理类智能产品领域重点发展具备血压、血糖、血氧、体重、体脂、心电、骨密度等检测监测功能的可穿戴设备、健康监测设备、家庭医生随访工具包以及社区自助式健康检测设备。下面介绍几种典型产品。

（一）骨密度监测仪、糖尿病监测仪

陕西康荣信智慧医学系统股份有限公司生产的骨密度监测仪，利用先进的超声技术非侵入性地测量骨密度。通过与眼球控制技术相结合，这款监测仪能够快速、准确地评估骨折风险，从而为预防和治疗骨质疏松提供精确的数据支持（见图 5-1）。糖尿病监测仪是一款便携式设备，可以快速、准确地测量血糖水平（见图 5-2）。通过无线连接，这款监测仪可以将数据实时传输到智能手机或电脑上，方便医生进行远程监控和管理。

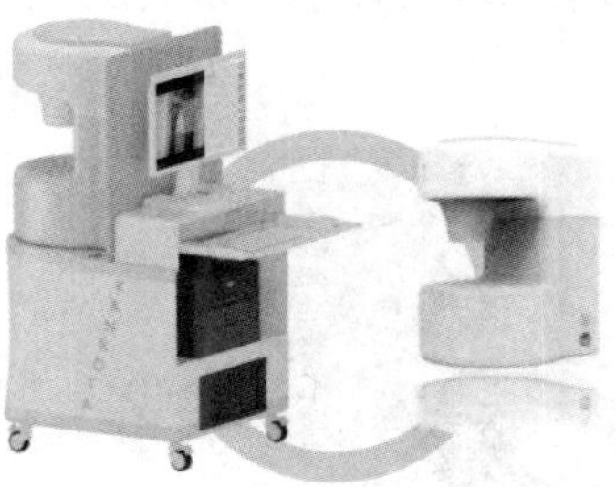

图 5-1　数字化双能 X 射线骨密度仪

图 5-2　无创糖尿病及并发症早期风险筛查仪

（二）智能体脂秤

广州云康健康科技有限公司推出的智能体脂秤采用了高精度的生物电阻抗技术，能够全面、快速地检测人体多项健康指标，如体脂率、肌肉率、水分含量等。结合先进的大数据分析技术，这款体脂秤不仅能够为用户生成个性化的健康报告，还能提供科学合理的饮食和运动建议。

二、康复辅助器具类智能产品

康复辅助器具类智能产品领域当前重点发展外骨骼机器人、康复评估、

肢体康复训练等康复训练类设备以及智能轮椅、助听器、助行器等功能代偿类设备。下面介绍几种典型产品。

（一）脑机接口认知康复训练系统

西安臻泰智能科技有限公司上下肢康复训练系统与认知康复训练系统，利用脑机接口技术为功能障碍老年人带来更好的康复治疗效果。脑机接口（Brain Computer Interface，BCl）是在人脑与计算机之间建立的直接交流和控制通道。通过这种通道，用户可以直接通过大脑思想来表达想法或操纵设备，而不需要语言或动作。这可以使被动训练转换为患者的主动运动，实现患者自身“意念控制”上下肢的主被动协同康复训练，进一步提高患者的主观能动性，并在患者受损的中枢神经中形成实时监测与反馈，大幅提高康复疗效。脑机接口实现可以分为四步：脑电采集→信号获取及处理→信号输出/执行→反馈。目前该公司产品有脑机接口上下肢康复训练系统（见图 5-3）、脑机接口手功能康复训练与评估系统、脑机接口认知康复训练与评估系统（见图 5-4）三大类。

图 5-3　脑机接口上下肢康复训练系统

（二）轻质下肢助行外骨骼

安徽三联机器人科技有限公司推出的轻质下肢助行外骨骼设备（见图 5-5），是一款专为腿脚乏力老人设计的助行工具。该产品采用智能助力算法，可根据老年人实际使用场景自动响应用户的起、停等动作，左右腿力矩单独可调。

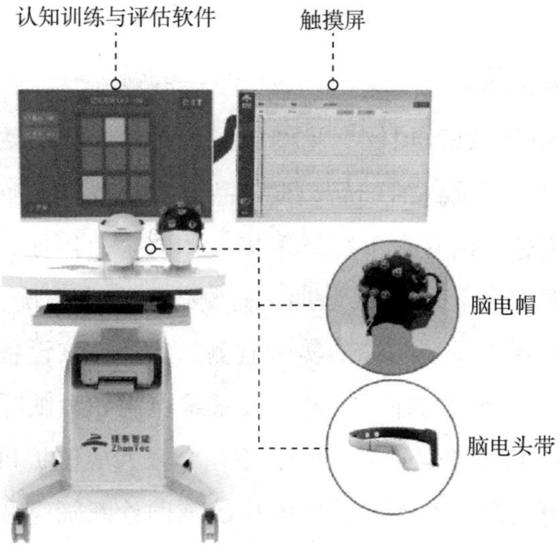

图 5-4　脑机接口认知康复训练与评估系统

该设备还支持两种助力模式，分别为固定力矩模式下的输出和动态模式下的智能力输出。动态模式能够在行走过程中为下肢助力，根据老年人的身高、体重等体征参数实现动态力矩输出，帮助老年人恢复或增强行走能力，提高其生活质量，并减少跌倒风险。

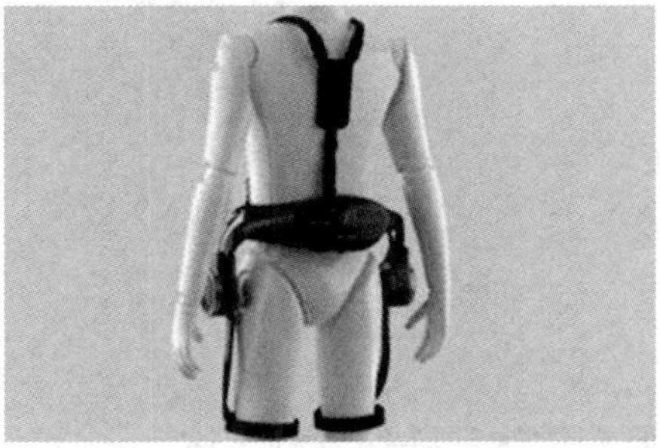

图 5-5　轻质下肢助行外骨骼

三、养老监护类智能产品

养老监护类智能产品领域当前重点发展防跌倒、防走失、紧急呼叫、室内外定位等智能设备，鼓励发展能为养老护理员减负赋能、提高工作效率及质量的搬运机器人、智能护理床、智能床垫、离床报警器、睡眠监测仪等智能看护产品。下面介绍几种典型产品。

（一）睡眠监护仪

睡客智能推出的睡眠监护仪（见图 5-6）是国内第一款可在睡眠期间实现无感知心脑血管疾病筛查的产品。该产品通过放置在床单或床垫下方的传感部分，在用户无感知的状态下持续采集人体的生命体征数据。睡眠监护仪不仅能评估睡眠质量、记录睡眠分期、监测体动翻身情况，还能进行心率、呼吸率等心血管和呼吸系统指标的实时监测。此外，该设备还能进行心脑血管疾病如房颤、心衰等的初筛，以及呼吸系统疾病如睡眠呼吸暂停综合征的筛查。通过 SlaapLekker 平台或者 APP，用户、家人或监护机构可以随时全面地跟踪用户的健康状况，并接收各类疾病的辅助诊断筛查和风险预警。该设备荣获 DIA 中国设计智造大奖铜奖等多项荣誉。

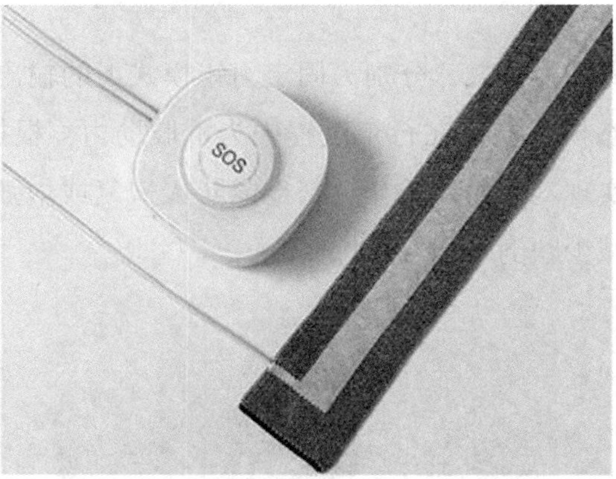

图 5-6　睡眠监护仪

（二）生命体征监测雷达和跌倒监测雷达

清雷科技推出的生命体征监测雷达和跌倒监测雷达，是基于清华大学智能雷达实验室近 20 年毫米波雷达技术积累的创新产品。生命体征监测雷达（见图 5-7）能够全天候、非接触式地监测用户的呼吸、心跳、体动等生命体征数据，不仅具备高精度和医学金标准准确度，还实现了对极微弱信号的检测与识别，为医疗诊断提供可靠依据。而跌倒监测雷达（见图 5-8）则采用毫米波雷达技术，能够穿透云雾、水雾，实时感知环境与人，识别多种跌倒姿态并进行告警通知，适用于卫生间等隐私且意外多发的环境。这两款雷达产品不仅能够提高健康照护水平，同时极大地增强了老年人的安全保障。

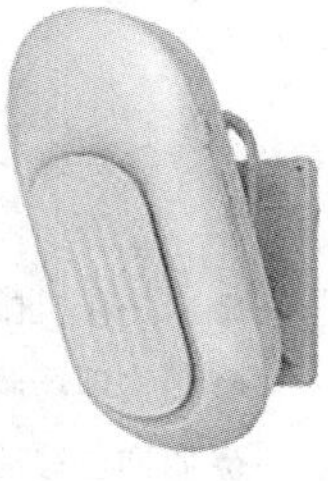

图 5-7　毫米波雷达生命体征监测仪

图 5-8　跌倒监测雷达

四、中医数字化智能产品

中医数字化智能产品领域当前重点发展具有中医诊疗数据采集、健康状态辨识、健康干预等功能的智能中医设备。下面介绍几种典型产品。

（一）数字中医循经治疗机器人

中科尚易健康科技（北京）有限公司生产的数字中医循经治疗机器人（见图 5-9）将特色中医经络疗法与人工智能相结合，依托全景 AI 视觉系统，运用经络腧穴的视觉仿生定位，对人体进行多视角图像采集、融合与重建，1 秒内完成全身处方路径规划与提取，并将数据反馈给双臂机器人，持多物理场调理头模拟人的双手，在人体两侧完成精准调理。多物理场调理头采用了高速激振技术、恒温热场和磁疗技术，作用于人体表面，循经运行，激活人体自愈力，整体调控人体机能，解决各种健康问题。该产品在 2023 年入选工信部《人工智能医疗器械产业》白皮书“人工智能医疗器械典型应用产品”。

（二）智能六轴艾灸机器人和中医四诊仪

深圳作为科技有限公司推出的智能六轴艾灸机器人和中医四诊仪，是中医与现代科技融合的产品。ZW006 智能六轴艾灸机器人（见图 5-10）采用明火直灸方式，提供真实、自然的艾灸体验，并通过智能控温技术确保温度的舒适。此外，该产品特有的六轴驱动技术使其能够自由调整位置和角度，实现精准穴位治疗。同时，ZW006 智能六轴艾灸机器人还具备无烟设计，保证

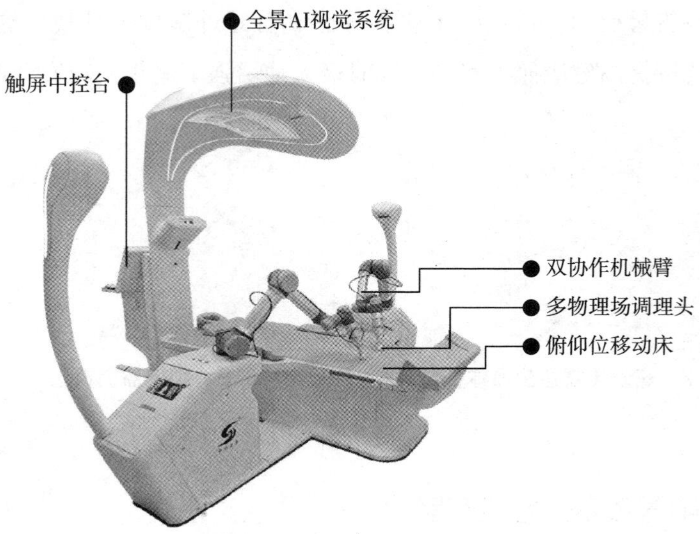

图 5-9　旗舰型数字中医循经治疗机器人

使用环境的清新，且安全稳定。

ZW938 中医四诊仪（见图 5-11）则是一款融合中医四诊（望、闻、问、切）的智能医疗设备。该产品利用高清晰度摄像头、语音识别技术、压力传感器等先进设备，实现了中医诊断的自动化和智能化。通过舌象、脉象、面色等信息的采集和分析，该产品能够为老年人提供个性化的健康状态辨识和干预调整建议，提高中医诊断的准确性和效率。

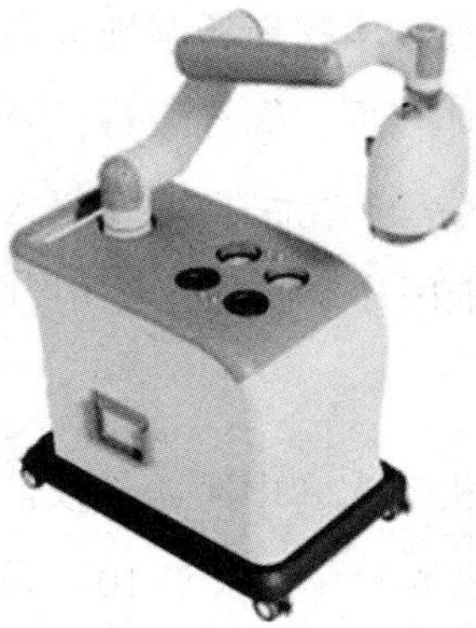

图 5-10　ZW006 智能六轴艾灸机器人

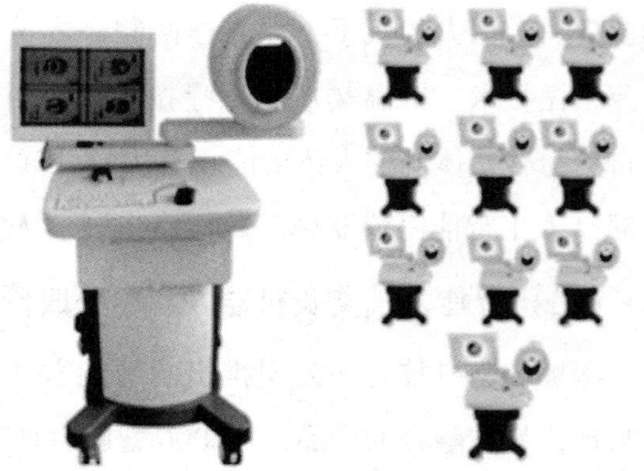

图 5-11　ZW938 中医四诊仪

五、家庭服务机器人

家庭服务机器人领域当前重点发展满足个人和家庭家居作业、情感陪护、娱乐休闲、残障辅助以及安防监控等需求的智能服务型机器人，它能提供轻松愉快、舒适便利、健康安全的现代家庭生活，提高老年人生活质量。下面介绍两种典型产品。

（一）家庭服务人形机器人

乐聚（深圳）机器人技术有限公司推出的家庭服务人形机器人是其在人工智能领域的一项重要创新。其中，KUAVO（夸父）就是一款具有代表性的家庭服务人形机器人（见图 5-12）。它已经具备了全向行走、跳跃的能力，并开始进入家庭学习洗衣、浇花、插花、晾衣服等家务，展现了从下肢运动性能到上肢操作性能的全面完善。在技术上，乐聚机器人自研的一体化关节，峰值扭矩可达 300Nm 以上，扭矩密度达到了 200Nm/kg 以上，充分满足了机器人高动态、高爆发、高精度的需求。同时，通过对关节结构和热管理模型的优化，大幅提高了电机散热效率，增强了稳定性，并延长了机器人的工作寿命。

（二）服务机器人

京大（北京）技术有限公司推出的小京安心服务机器人（见图 5-13），是一款出色的针对老年人的陪伴式机器人。它集健康管家功能于一身，能进行膳食营养管理、口腔功能自我测评以及慢病服药管理等；同时具备社区居家康复运动功能，提供认知和身体机能测评与训练课程；还可实现远程视频养老监护，家属能通过手机端进行远程操控以实现视频会话和一键报警等；其智能陪伴方面的功能也很多，有语音交互、聊天、回忆相册、文化娱乐等；此外，其在居家养老日常生活管理上也非常出色，采用大画面漫画提示、语音提醒、触屏应答等方式，还通过漫画、图片、语音和音乐等形式为老人提供相关服务。

图 5-12　KUAVO 机器人

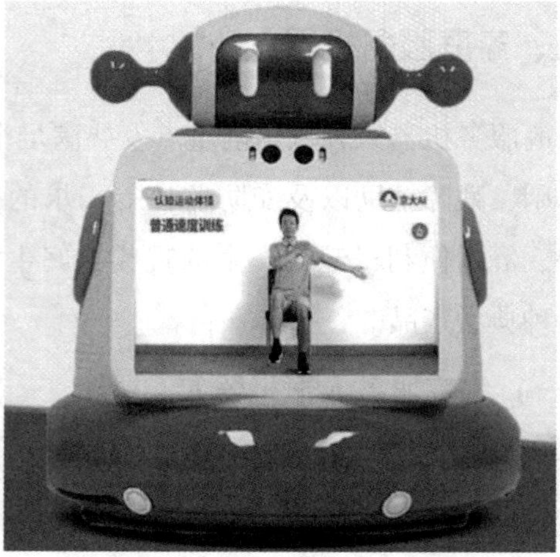

图 5-13　小京安心服务机器人

第二节　智慧健康养老服务

智慧健康养老服务是一个综合性的体系，主要包括远程医疗、个性化健康管理、互联网+护理服务、互联网+健康咨询、互联网+健康科普五个方面。这些服务项目的综合性和个性化，使得智慧健康养老服务体系能够更好地满足老年人的各种需求。从事智慧健康养老服务的企业在结合当地产业发展情况的基础上，发挥自身优势，各自形成了具有特色的服务模式。这些服务模式不仅提供了更为丰富多样的选择，也为所属地区的养老服务产业的发展注入了新的活力和动力。

一、远程医疗

远程医疗是指鼓励医疗机构应用 5G、超高清视频、医疗机器人等新一代信息技术及智能设备，开展远程会诊、远程康复指导等医疗服务，助力医养结合发展。下面介绍两个典型案例。

（一）远程手术

远程手术是指医生不在手术现场的情况下，借助远程控制技术，跨越地理距离，为患者进行手术。借助先进的远程手术技术，医生们得以跨越地域的隔离，实现手术经验的共享，这不仅极大地提升了医学教育的质量和效率，更确保了患者能够接受到更为精准、及时和优质的医疗服务，从而达到更好的治疗效果。

2024 年 1 月，解放军总医院第一医学中心普通外科医学部主任杜晓辉教授团队，利用国产多孔腹腔镜机器人远程手术系统，实时操控 3000 多公里外的手术机械臂，为海军某部一名军属成功实施直肠癌根治手术。远程手术的价值，不仅在于它能够为偏远地区的患者提供高质量的医疗服务，使得那些原本无法享受到优质医疗资源的人们，也能得到及时、有效的治疗；更重要的是，远程手术还是一种极具价值的医学教育工具，为年轻医生提供了更多的学习和实践机会，帮助他们更快地成长和进步。

（二）远程会诊

远程会诊是一种通过现代通信技术实现的医疗服务模式，它使患者即便身处不同地点，也能与医生进行实时交流并接受诊断。通过远程会诊，患者能够突破地域限制，获取更广泛的医疗资源和专业意见，达到更好的治疗效果。

2024 年 1 月，上海市静安区中心医院与新疆喀什巴楚县人民医院展开了一次深度合作。这次合作目的是更好地服务巴楚县的患者，提升当地的医疗服务水平。两家医院共同启动了远程会诊项目，通过现代通信技术和远程医疗技术，实现上海与巴楚县之间的医疗资源共享。在远程会诊过程中，上海的专家们利用先进的远程医疗技术，与巴楚县的医疗工作者进行了实时互动。他们共同探讨疑难病例的治疗方案，分享诊疗经验，为巴楚县的患者提供了更权威、更专业的治疗建议（见图 5-14）。这种跨地区的医疗合作，不仅弥补了巴楚县在医疗技术方面的短板，还提升了当地医生的诊疗水平，为当地患者带来了更为先进和全面的医疗服务。

图 5-14　远程会诊

二、个性化健康管理

个性化健康管理是指鼓励医疗机构或企业应用健康管理类智能产品，开展信息采集、体征监测、趋势分析、风险筛查、健康计划、预防保健、慢病管理、紧急救助、康复指导等服务。下面介绍两个典型企业。

（一）健康管理机构

爱康国宾是国内知名的健康管理机构，专注于为用户提供全面、专业、个性化的健康服务。爱康国宾率先引入 AI 技术，将 AI 运用到健康管理中，赋能传统体检，构建了“爱康 AI 矩阵”。这一矩阵覆盖眼底、乳腺、心脏、脑血管、牙齿、骨骼等多个领域，推出了 10 余款人工智能产品，为用户提供更全面、精准的健康管理服务。为便于用户随时随地获取实时与既往的体检信息，爱康国宾将近 6000 万的体检大数据搬到云端，形成了包括体检云、影像云、心电云和检验云在内的全方位健康数据管理系统，覆盖检前、检中、检后全部环节。这一举措不仅为用户提供了可便捷获取的实时和历史体检信息，还为医疗团队提供了更多的数据支持，促进了医疗服务的精准化和个性化。

（二）县域养老中心

洋县新健康医养产业集团有限公司依托智慧养老平台，凭借新健康医养产业集团丰富的子公司资源，实现“五联动”，即养老公寓与新健康医院、日间照料中心、培训学校、健康管理中心、长者家庭联动；打造“六精准”服务，即生活照料、医疗服务、康复服务、健康教育、中医服务、心理慰藉的精准服务。同时该公司为洋县民政局搭建居家养老服务平台、家庭养老床位改造监管平台和居家养老服务呼叫中心（见图 5–15），为老人的上门服务提供记录、监管服务，为失能老人的家庭养老床位智能化改造提供依托与支撑（见图 5–16）。目前已经形成了以医院为支撑，以老年公寓托管日间照料和居家上门服务连锁经营为载体，以互联网、物联网+智慧养老公司化管理为运行模式，以职业培训学校为人才培训基地，大力发展医养结合和智慧养老，为县域老年人提供集医疗、康复、养生、养老等功能于一体的新型养老服务体系。

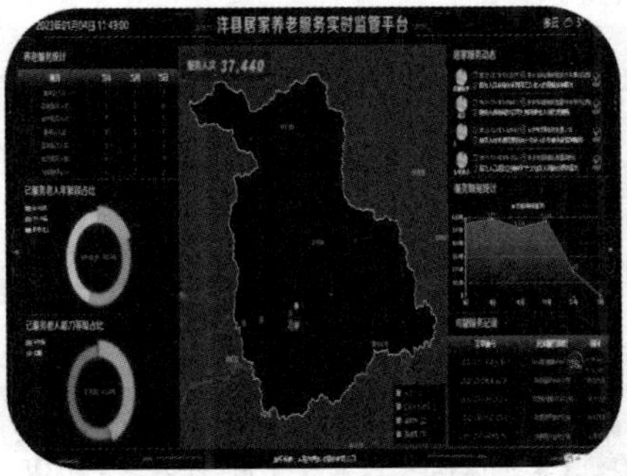

图 5–15　洋县居家养老服务实时监管平台

图 5–16　康养上门服务专车

三、互联网+护理服务

互联网+护理服务是指鼓励医疗机构选派符合资质和能力条件的护士，以“线上申请、线下服务”的模式，为出院患者或罹患疾病且行动不便的特殊人群提供护理服务。下面介绍两个典型平台。

（一）燕尾帽互联网+护理服务平台

西安燕尾帽医疗科技有限公司开发的燕尾帽互联网+护理服务信息平台，

旨在为出院患者或罹患疾病且行动不便的特殊人群提供护理服务（见图 5-17），主要有以下应用和服务功能：①助力医院护理信息化建设，提供患者、居家康养老人与机构医护关系的延续、信息沟通平台；②为出院患者提供诊后术后护理管理指导、慢病管理、护理培训、健康管理宣教；③为居家康复、养老的患者或老人提供“线上预约+线下服务”的护士上门护理服务；④扩展其他连续性护理照护服务等内容，例如护工照护、药品配送等。燕尾帽平台目前已与全国范围内百余家医疗机构达成合作，线上注册执业护士 8000 余名，用户达数万人。为满足用户的延伸需求，平台在“护理上门”业务成熟后，又先后上线了护工服务和药品配送业务。

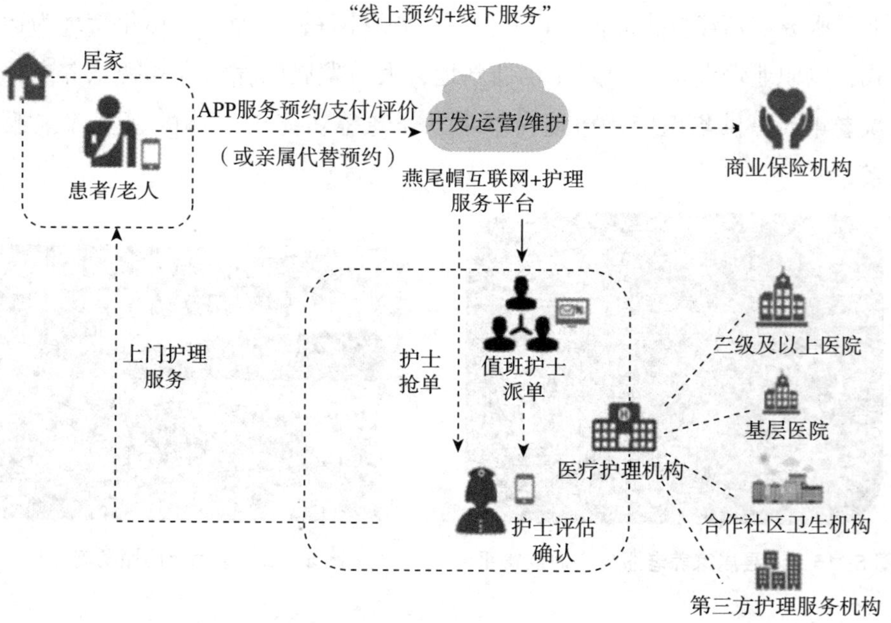

图 5-17　燕尾帽互联网+护理服务平台运营模式

（二）金牌护士互联网+护理服务平台

北京美鑫科技有限公司推出的金牌护士以其独特的“护士上门”服务特色，致力于为大众提供家庭和社区场景下的专项服务，深受大众欢迎。在金牌护士 APP（见图 5-18）上，用户可以方便地选择多种服务，如护士上门护理、居家康复、就医陪诊、健康体检等，满足了不同用户的需求。无论是需要日常的护理照料，还是需要专业的康复指导，金牌护士都能为用户提供专业的服务。

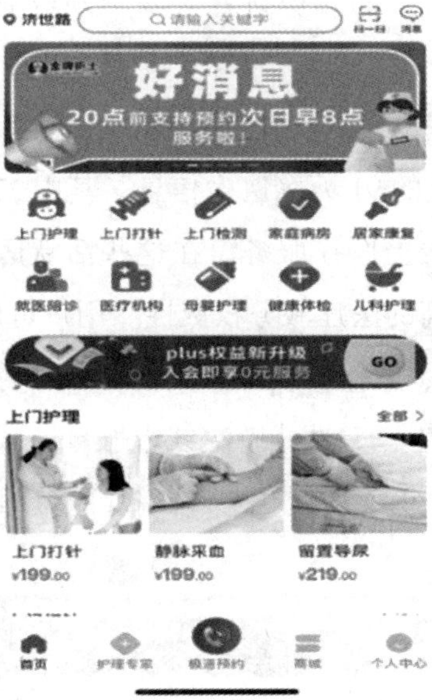

图 5-18　金牌护士 APP 界面

除了为大众提供优质的护理服务，金牌护士还致力于为企业客户提供定制化健康服务解决方案。无论是机构、集团还是企事业单位，金牌护士都能根据客户的需求，提供护理康复、长期照护、安宁疗护等服务，帮助企业客户解决员工健康管理方面的难题。金牌护士的目标是打造一个以疾病护理为主，以康复服务为辅，以医疗服务、养老服务为补充的“医护康养”一体化综合上门服务平台。通过践行“互联网+护理服务”的创新发展之路，金牌护士将不断推动护理服务行业的升级与发展，为更多人带来健康和福祉。

四、互联网+健康咨询

互联网+健康咨询是指发展在线咨询、预约挂号、诊前指导、紧急救助、诊后跟踪、康复指导等服务。下面介绍两个典型平台。

（一）好大夫在线互联网医疗平台

北京新医强国科技有限公司推出的“好大夫在线”互联网医疗平台是中

国领先的医疗平台之一，致力于改善百姓的就医流程。好大夫在线已经在医院/医生信息查询、图文问诊、电话问诊、远程视频门诊、门诊精准预约、诊后疾病管理、家庭医生、疾病知识科普等多个领域取得显著成果，受到了医生、患者的广泛信赖。

好大夫在线拥有数量众多的优质医生群体，截至 2023 年 7 月，共收录了国内 10000 余家正规医院的 91 万名医生信息，其中 27 万名医生在平台上实名注册，直接向患者提供线上医疗服务。在这些活跃医生中，三甲医院的医生比例占到 73%，具有很高的医疗服务权威性。用户可以通过好大夫在线 APP、PC 版网站、手机版网站、微信公众号和微信小程序等多个平台，方便地联系到 27 万名公立医院的医生，一站式解决线上服务、线下就诊等各种医疗问题（见图 5-19）。截至 2023 年 7 月，好大夫在线已累计服务超过 8400 万名患者。

图 5-19　好大夫在线网页

（二）春雨医生互联网医疗平台

北京春雨天下软件有限公司推出的春雨医生互联网医疗平台（以下简称春雨医生），是中国移动互联网医疗开创者，“互联网+医疗健康”领域的知名企业。截至 2022 年 5 月，春雨医生已积累 1.5 亿名用户，超过 66 万名公立医院执业医师入驻平台，累计服务患者超 4 亿人次，积累了 3 亿多条健康档案数据，日均问诊量超 39 万，客户满意度达到 98%。春雨医生已成为国内为数不多的大型互联网医疗服务提供方、健康保险与健康管理提供方和整合式数字医疗平台，智能化、一站式、有温度地为用户提供覆盖全科、个性化、全生命周期医疗健康解决方案，也将越来越多的创新型优质医药与服务合规、便捷、高性价比地提供给用户。打造以用户为中心的整合式医疗模式，“深度连接医患，让健康触手可及”（见图 5-20）。

图 5-20　春雨医生平台页面

五、互联网+健康科普

互联网+健康科普是指推动健康知识的在线普及，强化数据检索、科普宣传、健康教育等信息服务。下面介绍两个典型平台。

（一）健康上海 12320 公众号

上海卫生健康委员会推出的健康上海 12320 是一个专门针对健康科普领域设立的微信公众号（见图 5-21）。该公众号致力于满足广大人民群众日益增长的健康需求，向公众传播健康防病知识和公共卫生政策、法律法规，解答公众健康问题，传递疾病预防保健方法，引导公众的健康行为，帮助人们建立健康生活方式。该公众号不仅定期发布各类健康知识和科普文章，还根据季节变化和市民的实际需求，不断更新内容，确保信息的时效性和实用性。

健康上海 12320 的内容十分丰富，无论是常见疾病的预防与控制，还是健康生活方式的培养，抑或是心理健康的维护，都能在这里找到相关的知识和建议。此外，该公众号还拥有一支专业的编辑团队，他们具备深厚的医学背景和丰富的编辑经验，能够确保发布的内容既科学又易于理解。除了线上发布文章，健康上海 12320 还积极举办线上线下活动，通过举办健康讲座等形式，与市民进行互动交流。这种互动形式让健康上海 12320 更加贴近市民，为市民提供了更直接、更个性化的健康服务。

图 5-21　健康上海 12320 公众号

（二）健康中国网

国家卫生健康委员会推出的健康中国网，致力于宣传和普及健康知识，提高人们的健康素养和自我保健能力。为了更有效地传递健康知识，健康中国网采用了多种多样的形式和渠道来发布内容。它定期发布深度文章，解析医学前沿知识，让民众能够了解最新的医学进展；同时，还制作了一系列生动有趣的视频，以直观的方式展示健康知识和生活技巧；此外，健康中国网还利用直播形式，邀请医学专家在线讲座，与民众实时互动，解答健康疑问。

健康中国网的内容涵盖了广泛的健康领域，既有关于常见疾病的预防与控制的专业指导，也有关于健康生活方式的培养的实用建议。它关注每一个人的健康，从儿童到老人，从生理到心理，全方位地守护人们的健康。健康中国网的使命是建设一个真正意义上的健康中国，为人民提供全方位、全生命周期的健康服务。它通过发布权威、专业、实用的内容，向人们传递健康理念和知识，帮助人们树立正确的健康观念，养成良好的健康习惯。无论是通过线上的内容传播，还是线下的健康教育活动，健康中国网都在积极推广健康教育，让更多的人了解健康知识，提高人们的自我保健能力（见图 5-22）。

图 5-22　健康中国网

第三节　本章小结

本章主要详细阐述智慧健康养老产品的多种基本类型和多种服务内容，包括智慧养老产品和服务的各种典型代表，以及这些产品和服务的功能和优点。通过学习本章内容，可以发现：

（1）智慧健康养老产品分为健康管理类智能产品、康复辅助器具类智能产品、养老监护类智能产品、中医数字化智能产品和家庭服务机器人五大类。智慧健康养老产品主要指的是结合了物联网、大数据、人工智能等先进技术，为老年人提供健康管理和养老服务的产品，有助于实现个人、家庭、社区、机构与健康养老资源的有效对接和健康养老资源的优化配置。

（2）智慧健康养老服务是一种基于物联网、大数据、云计算、人工智能等新一代信息技术的新兴服务模式。智慧健康养老服务主要包括远程医疗、个性化健康管理、互联网+护理服务、互联网+健康咨询、互联网+健康科普等。它深度融合了健康管理和养老服务，以满足人民群众对健康及养老的需求为出发点和落脚点。

拓展：《关于发展银发经济增进老年人福祉的意见》政策解读

银发经济是向老年人提供产品或服务，以及为老龄阶段做准备等一系列经济活动的总和，涉及面广、产业链长、业态多元、潜力巨大。发展银发经济，需要做好以下两方面的工作：

（1）在加大优质老年用品供给方面：

第一，先后发布了两批老年人用品产品推广目录，主要聚焦老年服装服饰、陪护机器人、智能监测仪、多功能护理床等631个优质产品。

第二，先后编制了9批升级和创新消费品指南，加大了对老年用品的倾斜力度，也推广了一批非常契合老年人需求的创新产品。

第三，鼓励支持地方培育传统优势食品产区和特色食品产业，特别是加大了老年食品、特色食品的供给。适合老年人的高钙奶粉、维生素矿物质片等营养膳食和保健食品有效满足了老年人的营养需求。

（2）在充分运用数字技术赋能银发经济、便利老年人生活方面：

第一，培育壮大智慧健康养老产业。重点面对互联网+医疗健康、智慧养老院、智慧社区等场景，会同有关部门持续开展智慧健康养老应用试点示范遴选和动态管理。截至目前，评选出了199家示范企业、293个示范街道、80个示范基地、3个示范园区。发布了三版《智慧健康养老产品和服务推广目录》，鼓励企业开发和推广适老产品和服务。

第二，解决老年人数字化产品和服务的应用难题。印发实施《促进数字技术适老化高质量发展工作方案》，组织开展专项行动，完成 2577 个老年人常用的网站和手机 APP 的改造。组织制定移动终端、智能电视等产品的适老化标准，推动超过 1.4 亿台国产智能手机和智能电视适老化改造。

第三，加大数字助老惠老宣传力度，让老年人真正享受到数字化成果。

思考题

1. 在智慧健康养老产品中，你认为哪些类型的产品具有较大的市场潜力？
2. 谈谈智慧健康养老产品和服务未来可能的发展方向。
3. 试就一种智慧健康养老服务，谈谈它的核心内容和实施方式是什么。

推荐阅读资料：

［1］［美］王杰，董少龙．智慧养老技术及落地应用指南［M］．北京：电子工业出版社，2021.

［2］左美云．智慧养老：内涵与模式［M］．北京：清华大学出版社，2018.

［3］张运平，黄河．智慧养老实践［M］．北京：人民邮电出版社，2020.

第六章　智慧适老化场景解决方案

本章导读：老年群体的需求正在日益展现出多元化趋势，如何为其打造更智能、更贴心的适老化环境，进而提升其生活质量与幸福感，已成为当下亟待解决的问题。本章将探讨智慧适老化场景解决方案，全方位展示智慧技术如何助力老龄化社会的可持续发展。首先，本章将对各种智慧适老化场景的基本概念进行阐述，明确其在现代社会中的重要意义。其次，本章将进一步剖析不同场景下智慧技术的具体应用方式，以及这些应用如何满足老年人群体的多样化需求。本章将解答以下问题：典型的智慧适老化场景有哪些？在不同的场景下，智慧技术是如何被具体应用的？

第一节　家庭养老床位

家庭养老床位是智慧适老化场景解决方案的重要组成部分。推广家庭养老床位是关键民生工程，是满足老年人需求、提升养老质量的重要举措。家庭养老床位解决方案，使居家老人能够得到实时监测、专业照护和医疗上门服务。本节将介绍家庭养老床位的基本概念及其在智慧养老中的应用。

一、家庭养老床位的基本概念

家庭养老床位是指依托烟雾传感器、门磁传感器、红外传感器、智能床垫等智慧健康养老产品，提供紧急呼叫、环境监测、行为感知等服务，满足居家老年人享受专业照护服务的需求。

对于老年人来说，家庭养老床位节省了机构养老的床位费，可以在自己熟悉的环境中接受专业化的服务。从养老服务的供应方来说，节省了机构养老要进行的建设和土地的费用。

二、家庭养老床位在智慧养老中的应用

（一）家庭养老床位平台

北京思杰佳通信息技术有限公司推出的家庭养老床位平台，是一个专为老年人提供全面养老服务的创新平台。该平台致力于通过先进的技术手段，提供全方位的健康监测、一键呼叫及安全监护服务，确保老年人在家中也能享受到贴心的照护和及时的应急响应。

该平台的服务管理中心实行 24 小时不间断监护，一旦老年人出现任何异常或应急需求，平台将立即提供及时响应，有效避免意外事件的发生。此外，通过智能化的大数据分析，平台还能对辖区内的老年人进行深入的统计分析查询，为政府制定更为精准的养老政策提供有力的数据支持（见图 6–1）。

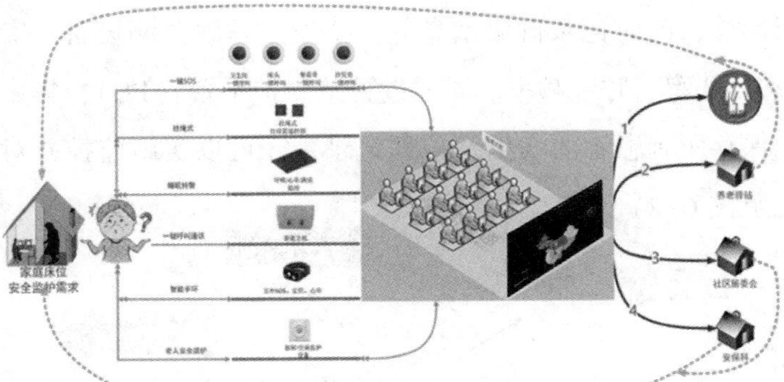

图 6–1　家庭养老床位运行

该平台具备以下核心功能：①床位预订：用户可轻松在平台上预订家庭养老床位，享受由专业团队提供的个性化养老服务。②健康管理：平台提供全面的健康管理服务，包括实时监测、综合评估及个性化健康干预等，确保老年人的健康状况得到妥善管理。③生活照料：平台提供贴心的生活照料服务

务，涵盖餐饮服务、清洁服务及康复服务等，让老年人的生活更加便捷舒适。④娱乐休闲：平台为老年人提供丰富多彩的娱乐休闲活动，如看电影、听音乐、玩游戏等，让他们的晚年生活更加充实愉悦。⑤安全保障：平台通过安全监控和紧急救援等措施，为老年人提供坚实的安全保障，让他们在家中也能安心享受晚年时光。

（二）家庭养老床位解决方案

深圳壹零后信息技术有限公司提供的家庭养老床位解决方案，通过健全的养老服务体系，促进了机构、社区与居家养老服务融合发展。该方案有效破解了老年人居家养老难题，使得老年人特别是中、重度失能老年人在家也能享受专业的养老机构服务。

该方案缓解了医院病床紧张的问题，加快了病床的周转率；解决了社区家庭医生资源少、上门频次低的问题；实现了集约化管理，诊断数据保存时间长；利用大数据分析，让数据更好地服务医生和患者。同时，该方案还具备以下功能：①通过多参数监护设备能够实时监测生命体征，包括心电、心率、体温、血氧、血压。②通过床旁交互智能设备，与医生互联互通，随时对病情进行问诊，同时记录健康信息等。③通过睡眠监测设备，实时监测在床/离床状态、心率、呼吸频率。④通过智慧照护平台（PC），集中管理所有病床信息，保存所有患者的病例及护理记录。⑤可以实施监控并对报警信息远程巡诊（见图6-2）。

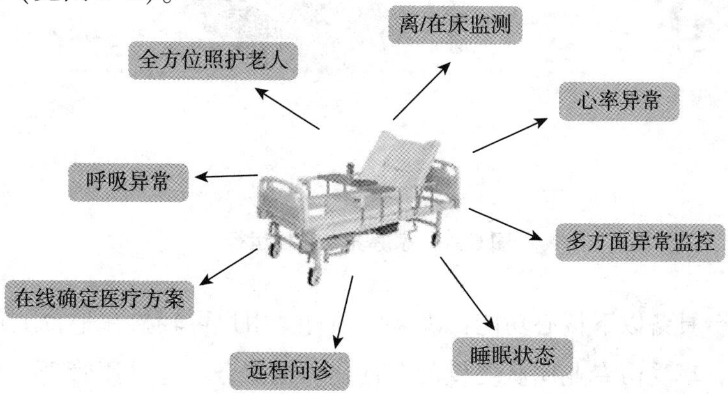

图6-2　家庭养老床位功能

第二节　智慧助老餐厅

发展老年助餐服务是重要的民生工程，是支持居家社区养老、增进老年人福祉的重要举措。通过引入智能化设备和服务，餐厅不仅提供了多样化的菜品选择，还实现了自动化点餐、营养配餐等功能，大大提升了老年人的生活质量。本节将介绍智慧助老餐厅的基本概念及其在智慧养老中的应用。

一、智慧助老餐厅的基本概念

智慧助老餐厅是指面向社区养老助餐场景，集成应用互联网、人工智能等技术，提供线上订餐、刷脸支付、精准补贴、膳食管理、食品安全监管等服务。

针对就餐老人数字鸿沟大、就餐需求多样等问题，智慧助老餐厅采用智能就餐、智能支付的模式，为老年人打造“刷脸结算坐等就餐”智慧场景。智慧助老餐厅采用人脸识别支付方式，将老人身份、人脸与账户绑定，一次绑定可永久使用，无须手机、饭卡等介质，食堂通过大屏叫号系统，方便老年人了解自己的用餐信息，减少老年人排队。

二、智慧助老餐厅在智慧养老中的应用

（一）智慧养老助餐平台

合肥盛东信息科技有限公司推出的养老助餐平台，遵循“智能终端+服务闭环+数据监管”的理念，融合了智慧助餐、智慧管理、智慧监管和智慧测评四大核心功能，构建了一个全面且高效的应用场景。该场景不仅为老年人提供了智能便捷、多种多样的助餐服务体验，还通过一网覆盖、数据联动的监管保障体系，确保了服务的透明度和质量。该平台不仅提升了助餐服务的整体水平，还加强了监管补贴的落实力度，使老年助餐服务得以向智能化、标

准化、规范化、智慧化的方向迈进。

智慧助餐管理平台的使用，使得管理者能够更加科学直观地了解辖区内老年食堂（助餐点）的区域覆盖度以及覆盖的老人数量。这为政府跟进老年食堂（助餐点）的规划建设进度、实时了解运营管理规范达标情况提供了有力支持。

此外，平台还能够及时收集并反馈助餐服务的整改意见和整改后的效果考评等内容，确保了服务质量的持续提升。通过排名机制，还能够激发运营机构的区域竞争力，增强优胜劣汰意识，从而为老年人创造更高品质的就餐环境，保障助餐机构的长远发展（见图 6-3）。

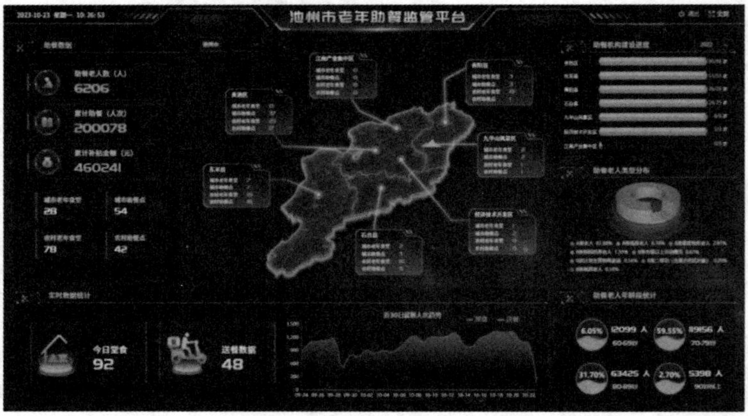

图 6-3　盛东信息智慧养老助餐平台

（二）e 食无忧

浙江省温州市洞头区推出的“e 食无忧”智慧助老餐厅，是该地区积极应对人口老龄化、推动智慧养老的一项重要举措。该餐厅充分利用现代科技手段，为老年人提供便捷、安全、健康的餐饮服务，实现了从传统助餐模式向智能助餐模式的转变。

首先，“e 食无忧”智慧助老餐厅采用了线上点餐、线上支付、刷脸用餐或送餐服务等智能化功能。老年人无须到餐厅现场，只需通过手机或其他智能设备，就可以轻松完成点餐和支付过程（见图 6-4），为老年人提供了方便，减少了他们因行动不便而可能遇到的困难。同时，刷脸用餐或送餐服务也为老年人提供了更加便捷的就餐方式，他们无须携带现金或餐卡，只需通过刷脸识别，就可以享受餐饮服务。

其次，“e食无忧”智慧助老餐厅建立了阳光厨房监管模式，实现了对餐厅后厨的实时监控和动态管理。这一模式不仅保证了食品的安全卫生，也让老年人吃得更放心（见图6-5）。同时，餐厅还提供了精准发放就餐补助的服务，政府补助资金与用餐人数直接挂钩，通过资金补助一键达平台直接发放，实现了补助资金的精准性。

图6-4　洞头老年食堂订餐界面

图6-5　洞头老年食堂管理界面

最后，“e食无忧”智慧助老餐厅注重老年人的健康膳食管理。各老年食堂用餐区域和后厨区域均装有视频监控，通过与市场监管部门的阳光厨房数据共享，相关部门可以随时查看各老年食堂的运行情况，确保老年人的餐饮安全。同时，餐厅还接入了卫健部门的数据库，对用餐老人的健康状况进行识别，如遇到有高血压、高血糖等疾病的老人，系统会自动预警，提示食堂工作人员为这些老人提供低盐低脂菜品，以满足他们的特殊饮食需求。

第三节　智慧养老院

建设智慧养老院是提升养老服务水平、增强老年人幸福感的重要途径。借助智能化系统，养老院能够实现对老年人生活起居的全方位照顾，包括健康监测、智能护理、紧急救援等。同时，智慧养老院还重视老年人的精神需求，通过提供多样的文化娱乐活动，丰富他们的晚年生活。本节将介绍智慧养老院的基本概念及其在智慧养老中的应用。

一、智慧养老院的基本概念

智慧养老院是指养老机构集成应用智慧健康养老产品及信息化管理系统，提供入住管理、餐饮管理、健康管理、生活照护等运营智慧化服务，提升养老机构运营效率。

智慧养老院可以为老人提供更优质的服务，让养老机构的管理更加规范化、人性化。例如，通过信息化系统，养老机构可以更方便地管理老人的入住信息、饮食偏好和健康状况，提供更加个性化的服务。同时，智慧养老院还可以借助智能健康养老产品，如健康监测设备、紧急呼叫系统等，实时监测老年人的身体状况，及时发现问题并采取相应措施，保障老年人的安全和健康。

二、智慧养老院在智慧养老中的应用

（一）智慧养老院

国投健康产业投资有限公司（以下简称国投健康）推出的智慧养老院是全方位健康养老解决方案的重要组成部分。国投健康从解决失能失智高龄老人养老刚需入手，积极探索人民需要的、面向大众的和适合中国国情的健康养老模式，打造经营连锁化、布局网络化、服务标准化的养老服务体系，提供“健管、预防、康复、照护、乐享”五位一体的健康养老服务。

在智慧养老院的建设中，国投健康重视以下几个方面的工作：①智能化的设施和服务：养老院配备了智能化的设施和服务，如智能呼叫系统、智能照护系统、智能健康监测设备等，以满足老年人在生活中的各种需求。②个性化的健康管理：通过对老年人的健康状况进行全面评估，制订个性化的健康管理计划，提供针对性的健康指导和干预措施，帮助老年人更好地管理自己的健康（见图 6-6）。③智能化的医疗服务：通过与医疗机构的紧密合作，实现医疗资源的共享和优化配置，为老年人提供及时、高效的医疗服务。同时，通过智能化的医疗管理系统，实现医疗数据的实时监测和分析，为医生的诊断和治疗提供有力支持。④人性化的照护服务：通过引入专业的照护团队，为老年人提供全方位的照护服务，包括生活照料、心理关怀、文化娱乐等，让老年人在温馨、舒适的环境中度过晚年时光。

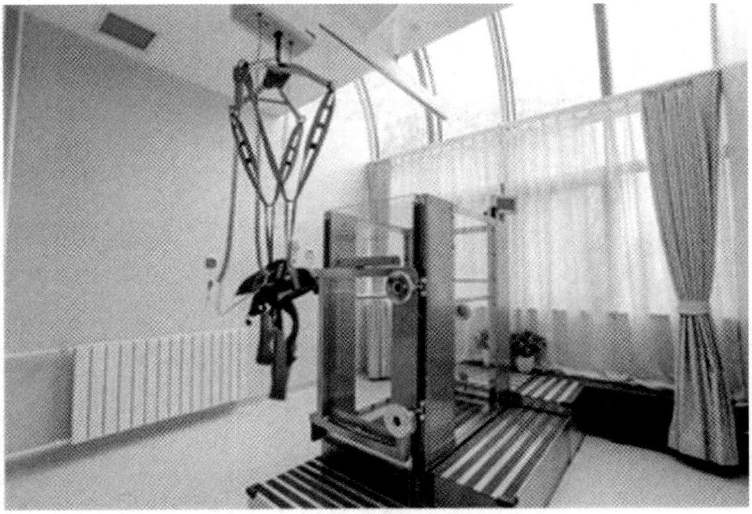

图 6-6 国投健康智慧康复区

（二）智慧养老服务平台

上海祥福颐养院推出的智慧养老服务平台致力于让每一位入住的老年人都能享受到温馨、贴心的关怀，安享晚年生活。

上海祥福颐养院的智慧养老服务平台主要有以下功能：①智慧入住管理：

通过毫米波生命体征监测雷达、智能跌倒监测雷达等设备，实时监测老年人的生命体征和活动情况，提供智能化的入住管理服务。②智慧餐饮管理：通过数字医养可视化一体机、智能床垫（见图6-7）、床头屏等设备，为老年人提供智能化的餐饮管理服务。③智慧健康管理：通过与同仁医院联手推出的互联网医院，为老年人提供在线挂号、线上咨询、远程医疗等服务。互联网医院还提供智能诊疗系统，对老年人的病情进行初步评估，并给出初步诊断意见。通过视频通话，医生可以远程诊疗和监测，为老年人提供远程指导和专家会诊等服务，方便疾病管理和治疗，大大提高患者就诊的便利性和效率，为患者提供智能化、个性化的医疗服务。④智慧生活照护：通过智能手表、人脸识别仪、高拍仪等设备，为老人提供智能化的生活照护服务。

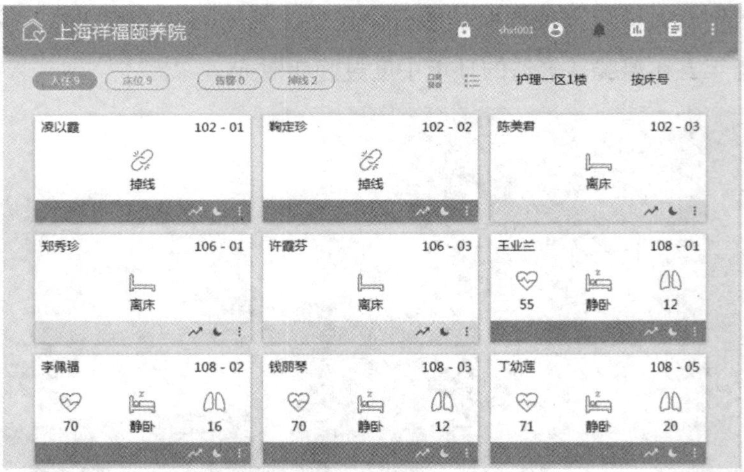

图6-7　智能床垫平台

第四节　智慧化康复中心

智慧化康复中心是医疗科技发展的前沿领域，它以智能化、个性化为特点，为患者提供高效、精准的康复服务。打造智慧化康复中心是重要健康工程，是提高康复效果、提升患者生活质量的重要手段。本节将介绍智慧化康复中心的基本概念及其在智慧养老中的应用。

一、智慧化康复中心的基本概念

智慧化康复中心是指利用信息化服务平台及智能康复设备，实现康复过程流程化、信息化、体系化以及康复训练的科学化，提高康复训练效率及质量。

在智慧化康复中心，通常会配备各种智能设备和系统，如康复训练机器人、远程监测设备、大数据分析平台等。这些技术的应用能够实现个性化的康复方案制定、实时监测老年人康复进展、精准评估康复效果等功能，为老年人提供更加高效、精准、便捷的康复服务。同时，智慧化康复中心还注重康复环境的营造和康复体验的提升，以更好地满足老年人的需求。

二、智慧化康复中心在智慧养老中的应用

（一）康复医院

西安工会医院·西安康复医院是陕西省首家医养结合、康养一体创新复合型康复医院，始建于1953年。2017年5月，集医疗、康复、老年护理、健康管理于一体的西安工会医院转型运营。2022年1月，西安市卫健委批准西安工会医院加挂第二名称“西安康复医院”。

西安工会医院康复医学部是医院的重点科室之一，拥有先进的康复设备，例如Lokomat全自动机器人步态训练与评估系统（见图6-8）。该套成人步态驱动器配备四个驱动模块，分别实现驱动患者双侧髋、膝关节的活动，以髋、膝关节近端驱动带动踝关节远端运动。驱动模块提供的引导力可根据患者个体情况进行个性化调节，适合两侧下肢力量和损伤不对称的患者。该装置配有患者和治疗师显示屏，显示屏通过电脑中央处理和控制系统与步态驱动器连接。治疗师显示屏实时显示患者测试和治疗训练过程中的相关参数，患者显示屏实时显示患者训练时左右髋、膝关节的屈伸双方向用力情况的曲线和图形变化。

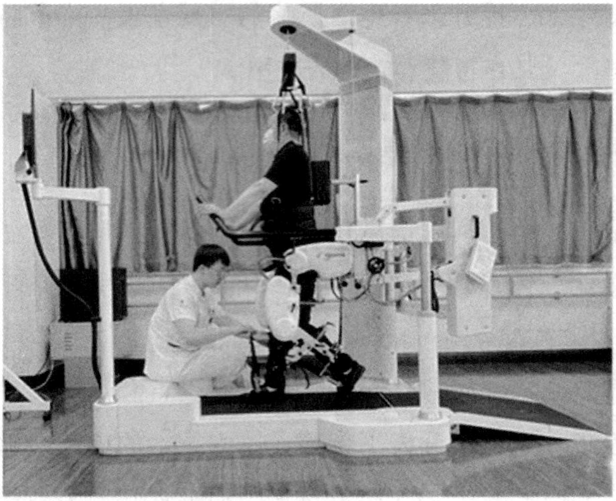

图 6-8　Lokomat 全自动机器人步态训练与评估系统

（二）康复中心

广东省人力资源和社会保障厅建设的广东省工伤康复中心（广东省工伤康复医院）在国内首创“以医疗康复为基础、职业康复为核心，实现医院、企业、社区（家庭）全方位无缝链接”的新型工伤康复服务模式。

广东省工伤康复中心的智慧化主要体现在以下几个方面：①智能康复设备：中心配备了大量先进的智能康复设备，如机器人康复训练系统（见图 6-9）、虚拟现实康复训练系统等。这些设备可以通过智能化的控制系统和传感器，为患者提供个性化的康复训练方案，提高康复效果。②智能化评估系统：中心采用了智能化的评估系统，通过对患者的身体状况、运动能力、认知能力等进行全面评估，为患者制订个性化的康复计划。③物联网技术：中心采用了物联网技术，实现了康复设备、患者和医生之间的互联互通。医生可以通过物联网平台实时监测患者的康复训练情况，并根据数据分析调整治疗方案。④大数据分析：中心通过对患者的康复数据进行大数据分析，为医生提供科学的决策依据，同时也为患者提供个性化的康复服务。⑤智能化管理系统：中心采用了智能化的管理系统，实现了康复设备、康复治疗、康复评估等方面的智能化管理，提高了康复治疗的效率和质量。

图 6-9　广东省工伤康复医院 AI 康复机器人中心

第五节　智慧药房

智慧药房是现代医疗与信息技术的完美结合，为病患带来了前所未有的便捷与精准服务。智慧药房不仅提升了药品管理的效率和准确性，更确保了患者用药的安全与合规。构建智慧药房是关键医疗工程，是优化药品管理、提升医疗服务效率的重要举措。本节将介绍智慧药房的基本概念及其在智慧养老中的应用。

一、智慧药房的基本概念

智慧药房是指利用互联网、大数据、人工智能等信息技术手段，实现无接触式 24 小时配药服务。

智慧药房是一种顺应时代发展的创新模式，运用先进的信息技术和智能化设备，实现了药品的精准管理和高效调配。患者在这里可以享受到便捷的服务，如在线问诊、药品配送等。同时，通过电子病历和药品追溯系统，能够对患者的用药情况进行精准掌握和跟踪，确保用药安全。智慧药房以数据为驱动，优化药品库存管理，提升服务质量，为人们带来更优质、更智能的医疗体验。

二、智慧药房在智慧养老中的应用

（一）医院智慧药房

重庆市中医院与康美智慧药房共同创建了智慧药房。该药房改变了传统药房的服务模式，免去了烦琐的患者排队缴费、取药和煎药的环节，从而极大地提升了患者的就医体验。

在智慧药房上线后，患者无须再为长时间的排队等候而烦恼，这大大缩短了他们在医院的停留时间，同时也降低了因长时间逗留而可能引发的交叉感染风险。智慧药房带来的改变主要体现在以下几个方面：①患者在就诊时，只需向医生提出需求，选择“中药代煎配送”或“中药饮片配送”服务（见图6-10）。②完成缴费后，他们只需前往“智慧医疗服务区”录入地址信息，便可安心回家等待药品送达。③智慧药房的运营全程采用信息化条码智能管理，确保每一步操作都可追溯。一旦电子处方被开出，系统将自动生成唯一条形码，实时记录药品的每一个状态，确保药品的安全与准确。④患者还可以通过“智慧药房”的官方公众号随时查询订单状态，了解药品的配送进度，实现信息的透明化（见图6-11）。这一“互联网+传统中医”的创新模式，不仅

图6-10　煎药员在智慧药房煎药

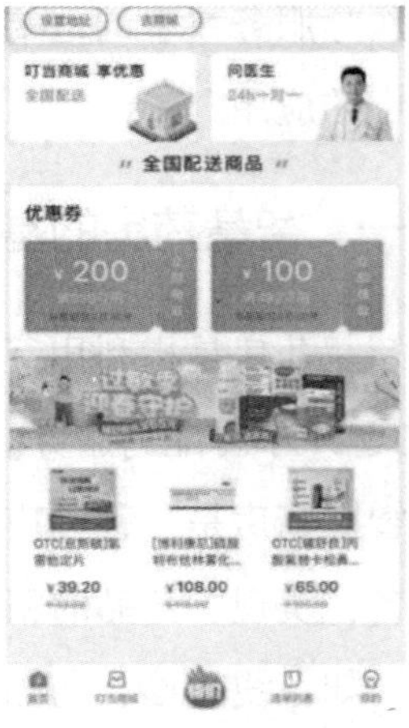

图6-11　“智慧药房”小程序

让患者享受到了更加便捷、高效的服务，还缓解了医院门诊的压力，有助于进一步改善医患关系，为构建和谐的医疗环境注入新的活力。

（二）自助智慧药房

新狮街道联合金华市民众医药连锁有限公司推出了智慧药房，具有在线视频问诊、无人自助购药、医保在线支付等功能，实现在线问药、就医、开方、下单等，打通医院、药店与家庭全场景、无接触、全天候、一站式服务。智慧药房还提供 24 小时“网订店送”服务，惠及该社区 1 万多名居民。

相比传统药店，智慧药房具有以下特点：①智慧药房打破时间限制，24 小时开放，为社区居民购药提供更多便利。②智慧药房采用全封闭式设计，药品储存条件符合 GSP（药品经营质量管理规范）规定，储存有儿童、皮肤、妇科等 158 种药品，均由定点零售药店统一采购、配送。③从选择商品、购物结算、扫码支付，到拿取商品，市民购买非处方药品只需 4 步，1 分钟即可搞定。如需购买处方药，也可随时接受 24 小时在线的互联网医院执业医生视频问诊开具处方，并经执业药师在线审核购买处方药。同时智慧药房可提供用药咨询和线上找药服务。④居民还可在浙里办 APP 中的“云享药房”进行选购，再到智慧药房取药，不仅保护了个人隐私，还可避免人群聚集。智慧药房线下对接民生药事服务站，线上以“云享药房”服务端为窗口，线上线下一体化开展民生药事服务工作，借助现代社区建设载体，将药事服务融入现代社区为民服务体系项目。⑤智慧药房和“云享药房”数字化应用完全对接，市场监管部门可在后台实时监管，如遇温湿度超标，后台立即预警，可以最大限度保证药品质量安全。

第六节　本章小结

本章通过举例法，研究智慧适老化场景解决方案的典型案例，分析了如何通过智慧技术的运用，为老年人创造更为便捷、安全的生活环境，从而提升其生活质量。通过学习本章内容，可以发现：

（1）智慧适老化场景是指利用现代科技手段，针对老年人的生理、心理和社会需求，打造一系列智能化、便捷化的生活场景，以满足他们在日常生活中的各种需求。智慧适老化场景主要有五类：家庭养老床位、智慧助老餐厅、智慧养老院、智慧化康复中心、智慧药房。

（2）在家庭养老床位方面，通过引入智能设备和系统，实现了对老年人在家中的全方位照护。在智慧助老餐厅方面，通过智能化改造为老年人提供了更加便捷、营养的饮食服务。在智慧养老院方面，利用物联网、大数据等技术手段，实现养老院的智能化管理与服务。在智慧化康复中心方面，通过康复医疗与现代科技相结合，运用智能康复设备、虚拟现实技术等手段，为老年人提供个性化的康复治疗方案。在智慧药房方面，通过运用先进的信息技术和智能化设备，实现了药品的精准管理和高效调配。

拓展：《智慧健康养老产业发展行动计划（2021—2025年）》政策解读

《智慧健康养老产业发展行动计划（2021—2025年）》是我国政府为应对人口老龄化趋势，推动养老服务业创新升级而制定的重要政策文件。该行动计划旨在通过技术创新和应用，提升养老服务的智慧化水平，满足老年人多层次、多样化的健康养老服务需求。《智慧健康养老产业发展行动计划（2021—2025年）》中提出要拓展智慧养老场景、提升养老服务能力、推动智能产品适老化设计、提升老年人智能技术运用能力、优化产业发展环境、提升公共服务能力六大重点工作任务及智慧健康养老产品供给工程、智慧健康创新应用工程和智慧养老服务推广工程三个专项工程。

关于拓展智慧养老场景、提升养老服务能力，该行动计划提出要通过实施智慧养老服务推广工程，推进新一代信息技术及智能设备在居家、社区、机构等养老场景集成应用，重点打造家庭养老床位、社区助老餐厅、养老院等智慧化解决方案，创新互联网+养老、“时间银行”互助养老、老年人能力评估等智慧养老服务。

关于推动智能产品适老化设计、提升老年人智能技术运用能力，该行动计划提出鼓励企业开发具有适老化特征的智能产品，开展与老年人日常生活密切相关的互联网网站、移动互联网应用适老化改造，持续优化老年人使用体验，同时开展老年人智能技术运用培训，提升老年人对信息技术产品的接受度。

关于优化产业发展环境、提升公共服务能力，该行动计划从科技创新、标准制定、检测认证、推广应用、创业孵化五个方面着手开展工作，通过建设技术协同创新中心、搭建标准及检测公共服务平台、开展行业交流活动、编制《智慧健康养老产品及服务推广目录》、设立智慧健康养老产业投资基金等手段，提升公共服务能力。

思考题

1. 智慧适老化场景解决方案的关键技术有哪些？
2. 未来智慧适老化场景的发展趋势是什么？
3. 智慧适老化场景解决方案如何进一步推广？
4. 你还能说出哪些智慧适老化场景？

推荐阅读资料：

[1] 杜鹏，韩文婷．互联网与老年生活：挑战与机遇［J］. 人口研究，2021（3）：3-16.

[2] 左美云．智慧养老的含义与模式［J］. 中国社会工作，2018（32）：26-27.

[3] 张运平，黄河．智慧养老实践［M］. 北京：人民邮电出版社，2020.

[4] 陈莉，卢芹，乔菁菁．智慧社区养老服务体系构建研究［J］. 人口学刊，2016，38（3）：67-73.

第七章　居家智慧健康养老

本章导读：居家智慧健康养老是一种具有广阔前景的新型养老模式，它利用先进的信息技术产品和服务，为老年人提供更加舒适、便利、个性化的居家养老服务，是养老行业的创新发展成果。本章首先介绍居家智慧健康养老的基本概念；其次分析老年人的居家智慧健康养老需求现状与供给现状；最后介绍居家智慧健康养老面临的问题与发展对策。本章将回答以下问题：居家智慧健康养老的内涵与特点是什么？目前老年人对居家智慧健康养老的需求如何？中国居家智慧健康养老服务发展现状如何？

第一节　居家智慧健康养老的基本概念

居家智慧健康养老是在传统的居家养老模式基础上结合“互联网+”技术，创新形成的智慧化养老服务。这一新模式突破了传统养老模式的局限，更加注重老年人的个性化需求。本节主要介绍居家智慧健康养老的内涵及特点。首先介绍居家智慧健康养老的内涵，其次对居家智慧健康养老的应用进行介绍，最后介绍居家智慧健康养老的特点。

一、居家智慧健康养老的内涵

（一）居家养老

居家养老概念的提出是对解决中国人口老龄化问题在思想认识上的一次

质的飞跃（王锦成，2000）。在中国养老问题日益严峻的背景下，居家养老服务模式因其独特的优势，成为全国各地普遍推行的一种养老模式（睢党臣和彭庆超，2016）。居家养老服务是为了弥补家庭养老服务能力不足产生的服务形式，主要是上门入户服务，通常由经过专业培训的服务人员上门为老年人开展照料服务。

随着中国人口老龄化进程加快，居家养老服务应运而生，其最大特点是能够解决社会养老机构不足的问题，调动社会和企业的力量出资建立家庭养老院，成为老人、养护员、政府等多方受益的良好模式。然而，现存的居家养老模式还不能完全满足老年人在健康、安全、精神娱乐等方面的需求，需要进一步完善和提升居家养老服务的质量和水平，为老年人提供更加全面、细致、人性化的服务。

（二）居家智慧健康养老

居家智慧健康养老通过物联网、云计算、大数据、智能硬件等新一代信息技术产品，能够实现个人、家庭、社区、机构与健康养老资源的有效对接和健康养老资源的优化配置，从而推动居家养老服务智慧化升级，提升居家养老服务质量效率水平。居家智慧健康养老服务是将智慧养老与居家养老服务结合在一起，形成的一种以智能化养老服务为主要服务内容的养老模式，它涵盖了健康监测与管理、智能照护服务、远程医疗服务以及社交娱乐服务等方面。

（1）健康监测与管理：通过可穿戴设备、智能家居等物联网设备，实时监测老人的生理指标、生活状态等信息，及时发现健康风险并进行预警和干预。

（2）智能照护服务：利用机器人、智能语音交互等技术，为老人提供日常起居、卫生清洁、饮食照料等方面的智能化照护服务。

（3）远程医疗服务：通过互联网医疗平台，为老人提供远程问诊、健康咨询、药品配送等医疗服务，方便老人及时就医和获取专业建议。

（4）社交娱乐服务：通过社交应用、智能电视等设备，为老人提供与家人、朋友的沟通交流渠道，以及丰富多样的娱乐内容，满足老人的社交和娱乐需求。

总的来说，居家智慧健康养老是一种创新的养老模式，它整合了多种技术手段和服务资源，旨在打破时间和空间的限制，为老年人提供更加便捷、高效、舒适和个性化的养老服务。

二、居家智慧健康养老的特点

居家智慧健康养老的特点主要体现在智能化服务提供、专业化服务团队、安全性保障预警等方面。这些特点使得居家智慧健康养老成为一种新型的、具有广阔发展前景的养老服务模式。

（一）智能化

运用互联网、物联网、大数据等现代信息技术手段，为居家老年人提供智能化的健康监测、生活照料、紧急救援等服务。通过在老年人家中安装智能安防设备，监测老年人居家安全数据；通过给老年人佩戴智能穿戴设备，对老年人外出安全进行监护；通过智能睡眠看护垫，对老年人身体健康指标实时监测；子女通过养老 APP 知晓老年人健康、安全、居家生活实时数据；这种服务能够实时响应居家老年人的需求，提高服务效率和质量，并且可以根据居家老年人的健康状况、生活习惯、兴趣爱好等个性化需求，提供定制化的服务方案。

（二）专业化

居家智慧健康养老需要专业化的服务团队来支撑。这些团队具备专业的医疗、护理、康复等知识和技能，能够为老年人提供专业化服务。与传统的养老模式相比，居家智慧健康养老更加注重家庭在养老服务中的核心地位。家庭成员可以参与到养老服务中，与老年人共同享受天伦之乐。居家智慧健康养老同时注重人性化关怀与照顾，为老年人提供更贴心、更全面的养老服务，使得老年人既享受到科技成果的便利，又感受到家庭的温暖。

（三）安全性

居家智慧健康养老的安全性是居家老年人生活无忧的重要保障。借助智能化设备和先进技术，老人的居家生活变得更加安全。智能监控系统全天候运作，实时监控家中状况，一旦发现异常情况，如老人摔倒，系统会立即发出警报，及时通知家人或紧急救援人员，确保老人得到及时救助。同时，智能健康监测设备能够实时监测居家老年人的身体指标，如心率、血压等，一旦数据异常，系统会立即提醒老人或其家人，有效预防潜在的健康风险。此外，紧急呼叫功能也为居家老人提供了重要的安全保障，当老人遇到紧急情况或需要帮助时，只需简单操作，即可联系到家人或紧急救援中心，确保老人得到及时有效的救助。

第二节　居家智慧健康养老的需求现状

家庭是社会中最基本的组织单位，家庭成员间的情感与物质纽带使居家养老成为中国老年人最普遍的养老模式。随着老年人身体机能退化，饮食、洗浴及家庭清洁等日常活动难免需要他人协助。在没有专业陪护的情况下，老年人难以独立完成慢性病追踪、大病重病护理及突发病急救等医疗照护行为。多种潜在风险催生了老年人与其家人对建立以居家智慧场景为圆心、以老年人智慧设备终端与智慧养老平台为延伸的多样化居家养老模式的强烈需求。本节主要介绍老年人对居家智慧健康养老的基本生活需求、医疗安全需求及精神慰藉需求。

一、基本生活照护需求

随着年龄的增加，老年人各项身体机能会出现不同程度的退化，生活中饮食供给、助浴助洁及安全防护等基本照护可以依托智慧化手段来完成。

（一）饮食供给

饮食供给服务是老年人生活照料服务中的首要需求，部分居家老年人由于年纪大、身体弱及记忆力减退，操作燃气电力等灶具时存在严重的安全隐患。同时受行动能力与思维观念的影响，老年人日常生活中会存在囤积食材与饭菜的行为，容易因长期食用不新鲜食物导致营养不均衡进而诱发其他疾病。政府与第三方企业提供的老年助餐服务能够满足居家老年人的饮食供给需求。从内容上看，其提供的菜品由专业厨师制作，兼顾食物的口味与营养搭配；从服务上看，线上菜品预订与上门送餐服务不仅为老年人免去了食材购买与制作流程，还解决了居家老年人的营养摄入与饮食安全问题。

（二）助浴助洁

助浴助洁服务满足了老年人，特别是失能半失能老年人在居家生活中最基础也最紧要的清洁需求。对于老年人而言，洗浴过程中的温度升高、水汽增加及地面湿滑等环境风险，与心血管疾病导致的心跳加速、四肢乏力及呼吸急促等身体原因均有可能会导致不慎摔倒，轻则会引起血肿、骨折，重则引发瘫痪等严重后遗症。对于身体状况不佳的失能半失能老年人，疾病导致的行动不便甚至卧病在床使得其无法进行淋浴、坐浴等常规洗浴，只能由照料人定期擦拭身体。老年人分泌的汗液、油脂及体液等无法完全清洁，长久如此不仅会产生异味，还会导致皮炎、褥疮、溃烂等皮肤问题。经智慧养老平台预约的护工助浴服务能够根据老年人的身体状况提供不同的助浴方式。例如，为身体可自行活动的老年人提供流动助浴车，为失能半失能老年人提供拼接充气式助浴床、轮椅式助浴椅等。

（三）安全防护

安全防护也是居家老年人的重要养老需求。老年人独居时易因记忆力差、注意力降低导致厨房火灾，在家中安装烟雾报警器、燃气泄漏报警器等厨房监测设备可有效避免此类危险。随着身体机能变差、骨密度降低及恢复能力下降，老年人跌倒易造成骨折、长期卧床甚至意外死亡等严重后果。跌倒报警器与人体红外感应摄像头等包含紧急报警功能的智能设备，可缩短救助时间、提高就医效率，有效避免病情恶化。对于高龄老年人与患心脑血管疾病等存在昏迷风险的老年人，能够监测睡眠中老年人呼吸、心跳、体温等生理指标的智能床垫与智能手环，可在指标超出正常范围时发出警示，子女可随时查看老年人生理状态，降低老年人发生意外的概率。

二、医疗安全照护需求

老年人易出现同时罹患多种慢性病和老年病的一体多病现象，也易由外界环境的突然变化引发疾病，日常需要专业的医疗护理追踪与及时的紧急救助服务。线上诊疗、上门护理及陪护就医是居家老年人日常智慧医疗安全照护的基础需求。

（一）线上诊疗

线上诊疗服务为老年人提供了“省事+省钱”的一站式医疗服务，满足老年人居家线上医疗的基础需求。除线上挂号类网络医疗服务外，服药指导、疾病咨询及复诊开方等轻医疗服务是在老年人群中普及最广、参与门槛最低及提供厂商最多的服务。许多老年人需要长期服药，但由于记忆力衰退，容易忘记正确的药物剂量或种类，线上用药指导能够为老年人提供实时指引，避免其漏服或错服药物。智能手机软件与5G网络提供的线上诊疗服务能够满足身体轻微不适就医、网上开方购药及慢性病病情发展追踪等医疗需求，避免了老年人的路途奔波，发挥了在家中进行基本治疗更有利于身体恢复与减轻老年人经济负担的优点。

（二）上门护理

上门护理服务打通了居家智慧养老医疗康复的“最后一公里”。由专业护士为术后出院老年人、重大疾病老年人及行动不便老年人提供医护服务，并对照护人进行照护培训，是提高老年人卧病在床期间照护质量的重要途径。由于老年人移动能力及恢复能力下降，胃管更换、造瘘护理及伤口护理等耗时短、耗材少但需要一定护理技术的医疗项目及其创口日常护理困扰着老年人及其照护人。照护人通过手机软件线上预约上门护理服务，减轻了陪护老年人往返医院的奔波与不便，避免了重大疾病老年人就医途中发生意外的可能性。在家中进行诊疗时，医护人员与老年人及其照护人的独处时间更长，根据老年人的日常照料环境向其照护人进行健康宣教，可提升照护人的护理知识。

（三）陪护就医

陪护就医服务是满足自理能力尚佳的老年人自主就医需求的有效方式。对于大部分老年人而言，前往医院自主就医意味着将遇到交通不便、识路困难、操作挂号机等自助设备困难、久站排队困难、多科挂号缴费困难等问题。线上预约的助医服务就能够解决以上问题，由专业人员保障老年人从家至医院的出行，提供线上挂号缴费、线下取药排队、记录医嘱、陪同回家等服务，能够有效缓解居家老年人就医困难的问题。

三、文娱精神慰藉需求

除了日常生理需求外，高层次的情感需求也是老年人健康生活的重要组成。随着年龄增长以及对相关社会资源的控制力逐渐减弱，孤独感成为老龄群体普遍的心理现象（孙乃娟和黄佳，2024）。对于子女不在身边的独居老年人而言，孤独感更为强烈，因此运动娱乐服务与心理援助服务是居家老年人的核心需求。

（一）运动娱乐

运动娱乐服务指为空闲时间较多、自理程度较高及身体状况较好的老年人提供老年课堂、跳舞健身、图书阅览等能够拓宽其生活娱乐范围的场所，以丰富其精神文化生活，增加其生活趣味性。同时，加入线上线下的心理健康课程不仅能够加强老年人对自身精神疾病的预防，还能加强老年人之间的交流与沟通，对记忆力衰退起到一定的减缓作用，有预防老年痴呆等疾病的作用。

（二）心理援助

心理援助服务指针对身患疾病或心理状态较差的老年人提供线上援助热线与线下社区帮扶。由于该类人群更容易因为睡眠障碍、死亡恐惧、自暴自弃等悲观消极情绪影响正常生活，更需要专业的心理健康咨询人员通过正确的方法引导，为老年人疏解情绪，让其以积极乐观的心态面对生活。同社区老年人之间共同话题更多、联络强度更高，与周围邻里加强沟通，能够满足老年人社交需求，降低其孤独感并保障其安全。

第三节　居家智慧健康养老的供给现状

居家智慧健康养老在中国的发展呈现出蓬勃生机。随着老年人养老问题受到社会普遍关注，老年人对养老服务的需求也在发生变化，社会提供的养老服务向居家智慧健康养老方向倾斜，养老服务解决方案更加完善。本节主要从国家政策、现有技术及养老服务三个角度介绍居家智慧健康养老的供给现状。

一、政策供给现状

政府和社会各界对居家智慧健康养老的关注度不断提高，出台了一系列政策措施来推动其发展。

（一）国家高度重视老龄事业发展

国务院印发的《"十四五"国家老龄事业发展和养老服务体系规划》中提到，要加强居家老年人巡访关爱。建立居家养老巡访关爱服务制度，实行普遍巡访和重点巡访相结合，采取电话问候、上门探访等多种形式，运用互联网、物联网等技术手段，为老年人提供紧急救援服务。通过"社工+邻里+志愿者+医生"相结合的方式，为特殊困难老年人提供身心关爱服务。

（二）地方政府和社会企业不断加大支持力度

一些地方政府将居家智慧健康养老纳入政府购买服务范围，为老年人提供更加全面、优质的服务。部分企业和社会组织也积极参与居家智慧健康养老产业的建设和发展，推出了各种创新产品和服务。各地积极开展智慧居家养老服务创新实践，例如浙江省建设"浙里康养"数字平台、上海市推广为老服务"一键通"、武汉市探索"互联网+居家养老"新模式等。此外，政府还加强了对居家智慧健康养老的监管和规范，确保相关服务的质量和安全性。政府通过制定相关标准和规范，对居家智慧健康养老服务机构进行监管和评估，确保老年人能够享受到高质量的服务。

二、技术供给现状

居家智慧健康养老依托现代信息技术、智能家居设备、人工智能技术等，需要多方技术支持。

（一）现代信息技术的快速发展为居家智慧健康养老提供了强大支撑

借助物联网、云计算、大数据等技术，老年人的健康状况、生活习惯等信息可以被实时采集、传输和分析，从而实现对居家老年人的全方位监控和精准服务。

（二）智能家居设备的应用为居家智慧健康养老提供了更多可能性

智能床垫可以实时监测老年人的睡眠质量，智能照明系统可以根据老年人的生活习惯自动调节室内光线，智能药盒则能够提醒老年人按时服药，避免漏服或误服的风险。此外，远程医疗技术也为居家智慧健康养老提供了重要支持。老年人可以通过智能设备与医生进行远程视频咨询，获取专业的医疗建议和治疗方案。同时，智能健康监测设备可以将老年人的身体数据实时传输给医生，便于医生及时了解老年人的身体状况，制订个性化的健康管理计划。

（三）人工智能技术的应用为居家智慧健康养老带来革命性变化

通过机器学习和数据分析，系统可以自动识别老年人的需求和偏好，为他们提供更加个性化的服务。同时，人工智能还可以预测老年人可能面临的健康风险，提前制定预防措施，降低其健康风险的发生概率。

三、养老服务供给现状

居家智慧健康养老为老年人提供更为便捷的养老服务，具有创新、高效等特点。居家智慧健康养老供给现状可以从全方位满足老年人日常生活需求、提供全方位多层次的关怀服务、注重与医疗机构建立合作、重视家庭成员的参与四个方面介绍。

（一）全方位满足老年人日常生活需求

居家智慧健康养老服务模式通过收集和分析居家老年人的生活习惯、健康状况、兴趣爱好等信息，能够为他们提供个性化的服务方案，无论是饮食搭配、运动计划还是健康管理，都能根据老年人的个人需求进行定制，满足他们不同的生活需要。

（二）提供全方位多层次的关怀服务

居家智慧健康养老服务系统可以提供基本的生活照料服务，还注重居家老年人的精神文化需求。通过智能设备的使用，居家老年人可以享受到在线学习、社交互动等多元化服务，满足老年人精神需求。同时，设备还能提供紧急救援服务，确保老年人在遇到突发情况时能够及时得到帮助。

（三）注重与医疗机构建立合作

更好满足老年人的健康需求。居家智慧健康养老服务系统与医院达成合作，通过线上平台为老年人提供更加高效的医疗服务，老年人可以进行在线健康咨询、远程医疗会诊等，避免长时间排队等待和不必要的奔波。

（四）重视家庭成员的参与

居家智慧健康养老服务依托智能摄像头、智能手环等设备，家庭成员可以实时了解老年人的生活状况、健康状况等信息，与他们保持更加紧密的联系，这种服务模式不仅能够减轻家庭成员的负担，还能增强家庭凝聚力和幸福感。

第四节　居家智慧健康养老面临的问题与发展对策

当前中国居家智慧健康养老行业发展速度快，市场融入逐渐加强，但仍存在部分现实问题。研究现存问题并积极采取有效措施加以解决，有利于改进行业状况，推动智慧健康养老服务的可持续发展。本节将深入探讨居家智慧健康养老当前面临的挑战，并相应提出应对这些挑战的路径。

一、居家智慧健康养老面临的问题

（一）社会认同度有待提升

居家智慧健康养老作为近年来出现的新型智能化养老模式，社会认可度不高。一方面是由于知识储备不足、思想观念和消费习惯陈旧以及社会宣传推广力度较小等，一些居家老年人对互联网缺乏正确认知及使用技能，数字鸿沟现象严重（纪春艳，2022）。另一方面是多数老年人收入来源匮乏，消费能力低且日常节俭。同时智慧健康养老市场设备及服务价格较高，使得老年人对其认可度不高，更削弱了老年群体对居家智慧健康养老服务的购买力度。

（二）服务配套制度和相关标准不健全

目前中国多数地区居家智慧健康养老服务尚未被纳入医保报销范围，老年人选择该类服务的意愿并不强烈。进一步拓宽老年人享受智慧健康养老服务保障的覆盖范围，有助于激发老年人消费潜力，推动智慧健康养老服务的市场化发展（孙月，2019）。在地理信息方面，不同的平台对同一物件用不同的标识，不同平台之间数据对接都得进行标识转换。医疗信息系统也存在标准化不够充分、专业名称的数字化描述不统一的问题，容易导致老年人的医疗专业数据错报、漏报、重复上报等，影响数据质量。同时，现有的居家养老服务平台功能单一，管理模式信息化程度不高，在信息搜集反馈、服务量核算、质量监督评价等方面仍有一些问题，未能实现传统居家养老模式的跨越式发展（纪春艳，2022）。

（三）信息平台及设备尚未普及

信息平台建设是实现居家智慧健康养老的关键，但目前我国智慧健康养老刚刚起步，相关信息技术应用较为落后，多数地区并未建立功能齐备的智慧健康养老信息服务平台。同时，信息平台需要一系列高科技设备的支持，这些设备的购买和维护成本相对较高，对于普通家庭来说可能难以承受。另外，智慧居家养老的基础设施和物理环境不完善，区级大数据平台尚不具备数据处理、数据多维分析、人工智能等方面的能力，数据分级保护、大数据算法方面的能力亟待提升，既有政务云计算平台不能满足养老大数据的存储及计算需求（朱耀垠，2023）。

二、居家智慧健康养老发展对策

（一）充分发挥政府主导作用

作为国家社会保障体系的一部分，居家智慧健康养老的发展需要稳定的人力、财力和技术支持，需要政府的大力推动。因此政府应支持居家智慧健康养老事业和产业协同发展，强化政策保障，鼓励社会力量参与，营造良好的市场环境，推动养老新业态的高效运转。同时，政府应协调各部门之间的合作，形成工作合力，共同推进居家智慧健康养老的发展，并且加强与养老、医疗、社保等相关部门的沟通协作，实现资源共享和优势互补。充分发挥政府的主导作用，有效推动居家智慧健康养老的快速发展。

（二）制定服务标准和规范

政府和相关机构应加快建立统一的服务标准，确保服务质量的稳定性和一致性。应鼓励行业协会和企业参与标准的制定，提高标准的科学性和实用性。同时，政府和相关机构应加大服务标准的执行和监督力度，确保各项标准得到有效落实。建立完善的投诉和反馈机制，及时处理和解决服务过程中出现的问题，成立智慧养老行业专业协会、权威组织、研究机构等，从多个层次鼓励有关各方共享数据和应用，切实提高对老人需求的服务能力。通过相关政策的制定和执行，有效提升居家智慧健康养老的服务质量和水平，推动居家智慧健康养老行业的规范化和标准化发展。

（三）推动信息平台及设备的普及

政府应出台相关政策，对居家智慧健康养老信息平台及设备的研发、生产、销售等环节给予一定的扶持和优惠，降低设备成本，提高普及率。同时，通过媒体、社区、医疗机构等多渠道宣传智慧健康养老信息平台及设备的重要性、功能和使用方法，提高老年人的认知度和接受度。通过政策扶持、技术创新、规模化生产等方式，降低智能居家养老设备的成本，使其更加亲民，并且制定严格的信息安全和隐私保护政策，确保老年人的个人信息和隐私数据得到妥善保护，防止信息泄露和滥用。

第五节　本章小结

本章主要介绍居家智慧健康养老的内涵及特点，同时结合相关研究，探讨老年人的居家智慧养老需求现状，并且围绕中国当前时代背景讨论居家智慧健康养老的发展现状及面临的问题与发展对策。通过学习本章内容，可以发现：

（1）居家智慧健康养老是在传统居家养老的基础上结合“互联网+”技术，将养老智能化，从生活照料、居家服务、健康管理、安全保障、精神慰藉等各方面为老年人提供专业化的服务体验。这种模式多以智慧养老平台为依托，以家庭养老床位解决方案为特色，为老年人提供更加智能化、更具安全性的服务。

（2）居家智慧健康养老作为新型的养老方式，得到越来越多的关注和应用。一方面，政府和社会各界的支持力度不断加强，同时随着科技的不断进步和应用，居家养老的技术不断升级；另一方面，社会结构的要求使得居家智慧健康养老的市场需求不断增长，企业为满足多样化需求，服务模式也不断创新。

（3）现有的居家智慧健康养老方式虽有诸多优势，但仍面临一些问题。例如社会认同度有待提升、服务配套制度和相关标准不健全、信息平台及设备尚未普及等；这些问题可以通过充分发挥政府主导作用、制定服务标准和规范、推动信息平台及设备的普及等方式加以解决。

案例：“医家通”居家智慧健康养老解决方案

本章案例将介绍“医家通”居家养老方案，阅读本案例，能够清晰当前中国智慧居家养老平台的主要服务内容和服务场景。“医家通”是北京华卫迪特健康科技有限公司打造的智慧养老品牌，目前已为全国 30 多个省 1800 多家养老机构提供了专业的企业级信息化服务，产品线涵盖居家养老、社区养老、家庭养老床位、机构养老、民政监管、医养结合、旅居养老、连锁养老、养老评估、养老实训室、社区食堂、高龄补贴等10余个类别。

“医家通”居家养老解决方案是一个智慧居家养老平台。其秉持着“从客户案例中来，为客户业务成功而生”的经营理念，致力于成为中国最大的养老基础设施提供商。该方案利用物联网、云计算、大数据和智能硬件等新一代信息技术产品，实现了个人、家庭、社区、机构与健康养老资源的有效对接和对健康养老资源的优化配置。“医家通”居家养老平台支持老人通过一键呼叫、手机APP、热线电话、微信公众平台等多种渠道，预约服务人员上门为其提供生活服务。每条服务工单自动记入系统，记录服务人员、种类、工时及老人评价。与智能设备实现数据对接，实现对老人全天候监测和实时定位。还可接入辖区内所有养老服务中心数据信息，监管各机构服务质量及服务环境。数据大屏实时概览，满足政府和集团性质监管需求（见图7-1）。

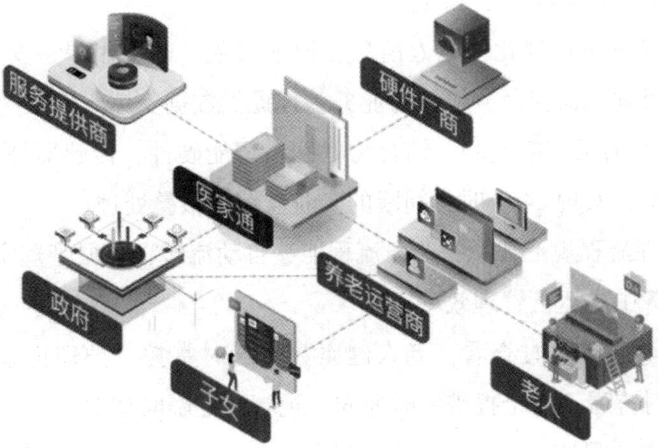

图7-1　医家通：居家养老管理系统

“医家通”居家养老方案的主要特点包括：

（1）服务工单管理：支持多门店及服务商一体化管理；实现电话、APP、微信、到店等多途径下单；派单形式灵活多样；支持扫码、刷卡签到签退；能够进行服务定位跟踪、服务质量评价等。

（2）居家安防监控：平台对接不同场景的安防设备，通过设备的报警触发机制，实现自动报警上报及处理，支持服务人员调取实时视频了解情况，及时安排上门服务。

（3）健康管理：支持各种物联网设备的健康数据自动采集、建立健康档案等，提供6类慢病17种健康干预方案，为老年人健康保驾护航。

（4）智能化的健康监测：通过智能手环、智能床垫等设备，实时监测老年人的健康状况，并将数据上传至云平台进行智能分析，及时发现异常情况并采取相应措施。

（5）便捷的医疗服务：老年人可以通过手机APP或智能终端享受预约挂号、在线咨询、远程医疗等服务，避免排队等待和烦琐的流程，提高医疗服务的效率和便利性。

（6）强力的安全保障：通过智能设备监测老年人的健康状况，及时发现异常情况并采取相应措施；同时为老年人提供紧急呼叫和一键求助功能，确保老年人在遇到紧急情况时能够得到及时救助。

“医家通”居家养老方案的优势：

（1）运营数据可视化：老人信息、护理服务、费用账单、安全报警等数据，能实现可视化监控及分析，为业务管理提供数据支撑。

（2）24小时无间断监测：结合物联网、智能硬件、传感器技术、数据可视化大屏技术，实现24小时无间断的实时监控及报警处理。

（3）管理流程规范智能：业务流程能够自动流转，数据管理实现智能化，提升养老服务中心运营管理效率。

（4）移动端可随时查看：老人健康数据随时掌控，护理记录随时查询，费用账单随时查看，安全报警实时通知，视频监控随时调取。

（5）工单质量监管：对服务人员进行GPS定位，服务现场照片上传，老人进行服务评价，机构针对工单进行回访。

（6）计划性实施项目：标记老人类型，在计划任务中批量添加老人和项目；关联服务人员，服务人员按计划完成任务；记录系统留痕。

拓展：《居家养老上门服务基本规范》

本章拓展内容为《居家养老上门服务基本规范》国家标准（GB/T 43153-

2023)。《居家养老上门服务基本规范》是中国在居家养老服务领域的一项国家标准，于2023年9月7日开始实施。这是中国首个针对居家养老上门服务发布的标准，旨在为合理界定居家养老上门服务范围、规范供给主体资质条件及供给流程内容要求等提供基本依据。该规范对于推动居家养老服务标准化、规范化、专业化发展具有现实意义。

《居家养老上门服务基本规范》对服务人员、服务内容、服务流程、服务场所和安全应急等都提出了具体要求。例如，应建立服务管理制度，包括安全管理制度、合同管理制度、财务管理制度、档案管理制度等；应配备与服务内容相适应的服务人员；应公开服务热线、服务内容、服务方式、收费标准、支付方式和服务监督方式，公开信息应真实、完整、有效；应对服务人员开展岗前培训，并定期开展岗中培训；服务人员应掌握基本的安全保护知识与应急处置方法；养老护理员、老年社会工作者等提供专业化居家养老上门服务的人员应取得相关资质或达到相应职业标准要求；服务场所应具备与提供服务相适应的资质与能力，应建立突发事件应急预案，定期进行安全应急演练，不断完善预案，并在服务前履行风险告知义务。

在服务内容方面，该规范涵盖了生活照料、基础照护、健康管理、探访关爱等多个方面，如助餐服务、助浴服务、助洁服务、助行服务、助医服务、助急服务，生活照护、排泄护理、护理协助、用药照护、康复护理，信息采集、健康监测、健康咨询、健康干预，以及上门探访等。

思考题

1. 谈谈居家智慧健康养老相较于传统居家养老的优势。

2. 居家智慧健康养老的发展现状如何？请从供给与需求角度回答。

3. 未来居家智慧健康养老将得到更广泛的应用和推广，谈谈其可能的发展趋势。

推荐阅读资料：

[1] 金昱希，林闽钢．智慧化养老服务的革新路径与中国选择 [J]. 兰州大学学报（社会科学版），2021，49（5）：107-116.

[2] 肖菲．智慧养老服务平台市场化运营瓶颈及策略研究——基于湖北省的调查 [J]. 湖北社会科学，2022 (5)：64-70.

[3] 睢党臣，刘星辰．人工智能居家养老的适用性问题探析 [J]. 西安财经大学学报，2020，33 (3)：27-36.

[4] 冯桂平，谢雨红，刘文静．服务链视角下的浙江省桐乡市乌镇智能居家养老服务模式 [J]. 中国老年学杂志，2019，39 (14)：3566-3571.

第八章　社区智慧健康养老

本章导读：社区智慧健康养老作为居家养老与机构养老之间的中介与桥梁，是解决传统养老问题的一种新型养老模式，在多方协同努力下，该模式为智慧健康养老服务提供有效可行的实践路径。本章首先介绍社区智慧健康养老的基本概念；其次分析社区智慧健康养老的需求现状与供给现状；最后总结社区智慧健康的养老服务现有的发展困境并提出优化对策。本章将回答以下问题：社区智慧健康养老的内涵与特点是什么？中国社区智慧健康养老的需求及供给现状如何？中国社区智慧健康养老服务未来将如何实现更好的发展？

第一节　社区智慧健康养老的基本概念

社区智慧健康养老利用大数据、云计算、物联网、移动互联等先进技术，将老人、老人家属、社区、服务机构、医疗机构、政府等各方紧密联系在一起，为老年人提供高效化、智能化的养老服务，已经成为智慧健康养老中的重要模式。本节主要介绍社区智慧健康养老的内涵及特点。首先介绍社区智慧健康养老的内涵，其次介绍社区智慧健康养老的特点。

一、社区智慧健康养老的内涵

（一）社区养老

社区养老是常见的养老方式之一，它不同于居家养老，是实现老有所养的重要形式。社区养老起源于英国20世纪50年代的“社区照料”。社区养老模式是通过整合包括社区养老驿站、养老日间照料中心、老年活动站、文化站、社区卫生服务中心、社区医院以及社区志愿者在内的社区资源，为老年人提供有效的全方位生活服务的一种模式。

该模式是将家庭养老和机构养老优点融合在一起的养老模式，具有投资少、费用低、服务广、收益大、见效快、能在短时间内迅速推广等特点。它是以家庭为核心，以社区为依托，以老年人日间照料、生活护理、家政服务和精神慰藉为主要内容，以上门服务、社区日托和邻里互助为主要形式，并引入养老机构专业化服务方式的养老服务模式。

（二）社区智慧健康养老

社区智慧健康养老是以老年人为中心，依托互联网和社区平台整合各类资源并实现老年人身心健康的服务方式，其实质是借助以互联网为支撑的智慧养老应用和以社区为媒介的平台资源对传统养老模式进行创新，为老年人提供精准化、个性化养老服务。社区智慧健康养老不仅关注老年人的物质需求，还重视他们的精神需求，通过为社区老年人创造一个安全、舒适、便捷的养老环境，让他们真正享受到老有所养、老有所依、老有所乐、老有所为的幸福生活。

社区智慧健康养老提供的服务内容广泛，包括紧急健康救助服务、远程健康管理服务、居家安全管理和生活服务、定位服务，以及社会交往及老年就业服务等。

社区智慧健康养老可以提供居家安防服务，如安装摄像头进行视频监控，使得老年人的家属可以通过智能终端随时了解老年人在家中的情况；连接家中的水电气开关、门窗开关，将危险信息发送到智慧社区养老服务平台（陈莉等，2016）；提供智能穿戴设备或智能一键式手机，对失智老人进行实时定位追踪，保证发生突发事件时及时向社区工作人员报警；提供健康医疗服务，包括健康智能检测、健康数据管理、远程医疗咨询、智能保健康复、家庭签约医生、智能送药上门等服务，打造“医康养结合体”的服务方式，使老年人在家门口就能享受到专业的医疗指导和服务。

二、社区智慧健康养老的特点

社区养老的特点在于老年人住在家里，在得到家人照顾的同时，也能得到社区的相关服务机构和人员提供的上门服务或托老服务。由于信息不对称，社区养老存在难以有效满足老年人需求的问题。随着“互联网+”时代的到来，以新一代信息技术、高科技智能产品为支撑的智慧社区养老使老年人或其家属可以在家中通过现代信息技术与线下相关机构建立起实时互联互通的关系，借助智慧社区养老服务平台去申请、使用社区的各种资源，获得各类上门服务。

社区智慧健康养老主要有以下特点：

（一）整合性

智慧养老可集合养老智能设备厂家、智慧居家养老系统公司、养老服务企业、社区居家养老机构、养老院、社区物业、家政服务机构和医疗机构等，将社区养老、居家养老和机构养老服务进行整合，老年人可在智能化养老系统中进行消费，享受医疗保健、护理保健、衣食住行、安全监护、生活文娱等方面的照护服务。

（二）全面性

社区智慧健康养老具有全面性的特点。它提供的服务涵盖了健康管理、安全监护、社交互动和生活服务等多个方面，旨在满足老年人多样化的需求。同时，通过远程技术采集和分析老人的身体数据和行为特征，可以精准了解老人的身体状况和生活习惯，从而制定个性化的服务方案，达到改善老人生活质量的目的。

（三）及时性

智慧养老设备可实时监测社区老年人身体健康状况，并在突发情况下，及时预警，向相关人员发出求救信息。如果老年人晚上突发心肌梗死，心率和呼吸率数据异常，心跳加快、呼吸急促等，智能监测设备可及时监测数据并进行分析，及时发送预警信息给多个相关人员；如果老年人跌倒，智能手表会及时给相关人员发送预警信息并自动拨打求救电话；如果老年人在家里测量的血压超高，血压监护仪会自动给负责医生发送健康预警信息，以便医生及时给出治疗方案等。

第二节　社区智慧健康养老的需求现状

社区作为最基本的治理单元，是居民在日常生活中互信互惠、开展集体行动及实现邻里互助的重要场所，也是居家养老场所的重要补充。一方面，老年人需要社区所提供的熟悉、安全、可信的生活照料和健康管理服务，如日间照料、健康咨询、康复服务等，满足其基本生活需求。另一方面，老年人家庭场景中的互动式智能化养老服务需要及时响应与定期维护，如智能家居设备、智能医疗系统等智慧产品服务，以实现远程健康管理、紧急救助、居家安全监控等功能，提高生活的便捷性和安全性。本节主要从生活服务类、医疗服务类、文娱精神慰藉三方面介绍老年人对社区智慧健康养老的需求。

一、生活服务类需求

社区养老作为家庭养老的补充，可以满足居家养老的老年人的助餐服务需求、便民维修服务需求及助行代办服务需求等，老年人在家门口就能一站式享受各类养老服务。

（一）助餐服务

助餐服务是在充分考虑老年人居家养老模式、身体状况、饮食特点及疾病限制后，以社区为平台解决老年人“就近吃、放心吃、营养吃”需求的最佳策略。家中无人烧饭或年龄偏大的老年人外出采购肉类、蔬菜等食品存在困难，容易出现饮食搭配不佳、常吃剩饭剩菜、食用过量盐油等饮食问题。即使子女闲暇时可代劳日常打扫等家务，但兼顾老年人的一日三餐难以实现，因此设立家门口的社区食堂非常有必要。社区食堂的自助点餐让老年人在享受优惠的同时还能获取充足的营养。一键结算、盐油摄入控制、慢性疾病患者个性化定制餐饮等服务提供了方便、健康的饮食。同时，社区食堂的线上配送服务能够为行动不便的老年人与半失能老人提供极大的就餐便利，避免出行带来的不便。

（二）便民维修服务

便民维修服务能够解决老年人生活区域适老化改造设备持续可用、燃气水电类安全报警器保持联网及屋内其他电器家具正常使用三大需求。老年人的生活区域适老化改造是一项复杂且长期的工程，在适老化设备安装完成后不仅需要定期对设备进行检修维护，还需要根据老年人的身体变化对设备进行调整。同时家中安装的各类报警器也需要定期检修、更换电池、测试网络连接状态，以保证在发生意外时能够正常运行，及时通知社区智慧平台及老年人子女。普通电器家具的日常维修需求多为突发情况，虽然对老年人来说这种突发情况不足以成为生活障碍，但会给其生活带来诸多不便。无法自己完成维修工作的老年人，对及时通过社区智慧养老平台获取便民维修服务具有迫切需求。

（三）助行代办服务

助行代办服务为解决老年人独自出门发生磕碰意外及突发意外时无人及时施救的问题提供了可行方案，以社区人员陪伴出门与社区人员替老人代办为主要帮助方式。受身体机能退化的影响，老年人生理上会逐渐出现视野变窄、听力下降及动作迟缓现象。对于外出活动需求未削减的老年人而言，独自外出容易因不能及时观察到周遭变化而发生意外，或在发生意外后未获得及时救护而导致严重后果。外出陪同或由他人代办就成为解决这一问题的最佳方式。由社区志愿者或养老服务人员陪同出行不仅能保证老年人的人身安全，也能降低其被骗风险。

二、医疗服务类需求

医疗服务是老年人最迫切的需求，其中联通社区智慧养老平台的紧急求救、基础医疗及健康宣教等服务需求较为突出。

（一）紧急求救服务

紧急求救服务指老年人在家中发生意外时通过家中安装或自身佩戴的一键求救按钮、跌倒报警器以及健康状态监测设备紧急联络社区人员，社区智慧养老平台迅速响应，派遣社区工作人员前往查看老年人状态，解决了老年人独居出现意外但无人及时发现而引起严重后果的问题。除紧急求救装置外，老年人对智能手表及智能床垫等健康监控设备也存在很大需求。与紧急求救装置相似的是，社区能够通过健康监控设备提供最及时的医疗救助，不同的是，紧急求救装置由老年人自主触发，健康监控设备由智慧后台实时监控，在老年人突发疾病而无法求救时，后台能够监测到老年人处于危险状态。该类设备的运用场景更广泛，对于生活无法自理、缺乏求救意识、突发重大疾病的老年人更有效。

（二）基础医疗服务

基础医疗服务包含社区医生与家庭医生看诊、基础身体体征检查等，能解决老年人的轻症状疾病诊断、日常体检及药物购买等轻医疗需求。老年人看病存在着距离远、挂号分诊难及陪护费用高等问题，社区医疗拥有到家距离近、看诊环节少及床位相对充裕的优点。同时由社区配备的家庭医生对老年人身体最为了解，在日常老年护理指导、基础疾病诊断以及定期巡诊中更有优势。因此老年人对常见的慢性病追踪、身体轻微不适看诊及基础项目体检等项目在社区完成需求较高。

（三）健康宣教服务

健康宣教服务指社区采取健康讲座、健康义诊、专家座谈及海报展板等方式向老年人及家庭宣传老年健康知识，能够满足老年人对老年疾病的防治需求。老年人因身体变化，心理负担加大，经常处在焦虑和惶恐的状况之中。社区提供的健康宣教服务能够结合老年人特点，为老年人普及各年龄阶段的身体变化、各类老年疾病自我护理要点、时令流行疾病防护及疫苗接种等内容。宣传适合老年人的科学运动知识，倡导科学运动预防失能及老年病。降低老年人面对身体变化时的不安与焦虑，排解老年人心中的郁闷情绪，缓解其压力并促进老年人社交。

三、文娱精神慰藉需求

除了基本生活与医疗服务需求外，精神关爱也是老年人重要的生活需求。老年人的精神孤独十分常见，缺少社交与专业疏解时容易发展成抑郁症、痴呆症等疾病。社区根据不同老年人居住类型提供精神慰藉服务，包含上门探访、定期家访及集体活动。

（一）上门探访

上门探访包含针对空巢老年人家庭探访以及老年人线上预约探访。亲人不在身边陪伴的空巢老年人及患有重大疾病的老年人容易产生孤独感与被抛弃感。社区带动邻里互助养老模式，由社区的专业心理辅导人员加邻里定期上门探望能够增加老年人心中的被关注度，疏解其对生活的负面情绪。提供线上或电话预约上门探访服务，帮助有主动寻求社区人员帮助意识的老年人疏解压力，提供心理慰藉。

（二）定期家访

定期家访指针对患有重大生理疾病老年人及存在心理疾病隐患的老年人提供定期探访与心理测评。长期患有重大疾病与存在心理疾病隐患的老年人会对生活产生失望感，严重时会对未来失去期待，产生对生命的消极看法，对疾病治疗与恢复有害。此类老年人需要社区工作人员的重点关注，在定期家访过程中为老年人进行心理状态测评，关注其生活中的重大变化，结合社区智慧养老平台进行心理健康状态追踪。

（三）集体活动

集体活动指社区在社区活动场所或小区内举办的各种安全课堂、心理健康讲座及节日活动，可以在为老年人提供来自社会关系方面的情感寄托的同时提升其心理疾病防治知识水平。在社区提供的老年人交流场所中，社区心理辅导人员与志愿者能够对老年人进行感情疏导，鼓励其积极参与社区建设，获取公共事务参与感，同时通过安全课堂宣传线下保健品诈骗、电信诈骗等诈骗方式，降低老年人被诈骗的风险，提高其安全警惕性，提高社区内居民与工作人员社交链接度。

第三节　社区智慧健康养老的供给现状

为全面了解全国智慧健康养老服务发展状况，推动智慧健康养老服务快速发展，本节使用“健康老龄化与智慧养老”专项调查数据和陕西省金宝美公司的“虚拟养老院”智能社区居家养老服务平台部分订单与用户数据，根据 118 份社区问卷和 18531 条养老服务订单数据从政策、技术、养老模式三方面介绍社区智慧健康养老供给现状。

一、政策供给现状

社区智慧健康养老政策涵盖了多个方面，旨在通过现代科技手段提升社区养老服务的质量和效率。下面分四点对社区智慧健康养老政策供给现状进行介绍。

（一）智慧健康养老设施建设方面

政府将投入资金，在社区内建设包括智能养老床、智能厨房、智能洗浴等在内的智慧健康养老设施，以提升老年人的生活品质和生活便利性。

（二）智慧健康养老服务推广方面

政策鼓励社区开展各类智慧健康养老服务，如智能健康管理、智能护理、智能安全监测等，以满足老年人多样化的生活需求，确保他们的安全和健康；政府将支持企业研发智慧健康养老产品，例如智能助听器、智能照明、智能家居等，通过科技手段提升老年人的生活质量和生活便利性。

（三）智慧健康养老人才培训方面

政策注重加强智慧健康养老人才的培训，提高养老服务人员的专业素质和技能水平，确保他们能够更好地为老年人提供专业的服务；对于智慧健康养老机构，政府会给予一定的政策支持，如减免房租、税费优惠等，以鼓励更多的机构参与到智慧健康养老服务中来。

（四）社会保障与补贴方面

政府还会制定针对老年人的社会保障和补贴政策，如医疗保险优惠、养老服务补贴等，以减轻老年人的经济负担，提高他们的生活水平。

二、技术供给现状

社区智慧健康养老相较于传统养老方式增设了多种智慧化设备和技术，如养老监护智能产品、中医数字化智能产品、个性化健康管理、远程医疗等。下面分别对社区拥有情况、老年人使用情况进行介绍。

（一）社区拥有情况

养老监护智能产品（如智能血压计、智能血糖仪、跌倒报警器）在社区内的分布较广，有 33.9%的社区拥有此产品，而家庭服务机器人仅分布在 1.7%的社区。同时，个性化健康管理（信息采集、体征监测、风险筛查）在 18.6%的社区实施，有 17.0%的社区开展了互联网+健康科普（在线普及健康知识），而仅有 3.4%的社区提供远程医疗（远程会诊、远程康复指导）。

（二）老年人使用情况

智慧健康养老产品中养老监护智能产品（如智能血压计、智能血糖仪、跌倒报警器）服务效果最好，其次是中医数字化智能产品（如中医体质辨识仪），获得 60.0%好的服务效果反馈。在提供远程医疗服务的社区中有 75.0%认为此项服务效果好，有八成的社区反馈互联网+护理服务（线上申请，线下服务，为出院患者或行动不便的特殊人群服务）效果不错。故社区可以增加中医数字化智能产品（如中医体质辨识仪）及远程医疗（远程会诊、远程康复指导）服务。

三、养老模式发展现状

中国现有社区智慧健康养老服务模式较以往有长足发展，下面分三点对社区智慧健康养老模式供给现状进行介绍。

（一）社区养老服务多样但覆盖率较低

整体来看，社区提供的养老服务项目较为全面，但是具体到每个社区的养老服务供给并不完善。其中老年人所在社区中有48.3%提供上门探访服务，28.0%提供老年人服务热线，19.5%提供法律援助，18.6%提供心理咨询。仅有11.9%和2.5%的社区分别提供日托站或托老所和帮助日常购物的养老服务（见表8-1）。

表8-1 社区养老服务现状

单位:%

养老服务	是	否
上门探访	48.3	51.7
老年饭桌或送饭	14.4	85.6
上门做家务	20.3	79.7
助浴服务	11.0	89.0
陪同看病	22.0	78.0
帮助日常购物	2.5	97.4
老年人服务热线	28.0	72.0
日托站或托老所	11.9	88.1
法律援助	19.5	80.5
心理咨询	18.6	81.4

资料来源：2021—2022年吉林、山东、河南和陕西四省“健康老龄化与智慧养老”专项调查。

（二）精神慰藉和生活照护服务需求相对较多

老年人的服务需求多元化，且主要集中在精神慰藉和生活照护方面。就社区八助服务总体情况来看，老年人最需要的服务是精神慰藉，占比为38.7%，其次是助餐服务，占比为17.1%（见表8-2）。

表 8-2　八助服务情况　　单位：%

项目	内容	第一所需服务	第二所需服务	第三所需服务
老年人所需服务	助餐服务	17.1	1.8	2.9
	精神慰藉	38.7	9.1	3.9
	助洁服务	10.8	16.4	7.8
	助浴服务	1.8	6.4	1.9
	助行服务	4.5	10.9	10.7
	助急服务	10.8	31.8	9.7
	助医服务	14.4	17.3	47.6
	康乐服务	1.8	6.4	15.5

资料来源：2021—2022 年吉林、山东、河南和陕西四省“健康老龄化与智慧养老”专项调查。

（三）智慧健康养老服务使用情况

所有被调查社区的智慧养老服务平台服务订单数据显示，养老服务中生活照料和心理慰藉服务是目前最受老年用户欢迎的服务类型，是未来智慧养老服务升级发展的核心业务。其中生活照料是重复使用最多的服务，选择过生活照料的用户都有较高再次使用的意愿，在调查的三个月内，最高重复使用送餐服务的次数为 43 次。心理慰藉服务呈现周期性使用特性，使用人数较多，说明用户间隔一定时间就会需要与外界沟通，舒缓心情。

第四节　社区智慧健康养老面临的问题与发展对策

社区是老年人最容易接触的一个智慧健康养老单元，也是老年人较为信任的一个群体，所以发展社区智慧健康养老是降低养老人工成本、高效利用能源、缓解养老压力、维护社会稳定和可持续发展的重要养老模式，但是现有社区智慧健康养老模式仍有诸多不足。本节将从科技、需求、人员等方面出发探讨社区智慧健康养老发展面临的挑战，并给出解决社区智慧健康养老发展问题的对策。

一、社区智慧健康养老面临的问题

（一）智能科技因老年人认知能力不足应用受限

智慧养老服务的实现需要借助大量的智能家居和科技设备，而中国现阶段的老年人多于20世纪五六十年代出生，文化水平整体偏低，且随着年龄的增长，对智能化产品的学习能力和接受意愿也大大降低。一方面，老年人对智能化设备和智能服务的接受度有待进一步培养。另一方面，智能养老设备有待进一步整合和开发。有些设备如智能手环、智能手表、电子保姆等提供的服务功能相似，都是简单的一键呼叫、GPS定位防走失等。而有些智能设备，如帮助失能老人进食的智能餐桌、帮助老年人翻身的智能床、智能洗浴车等在社区居家养老服务中应用很少。

（二）不同层次老年人的差异化养老需求不易满足

绝大多数的社区养老服务设施仍停留在满足老年人的基本生活需求层面上，工作人员以照顾老年人简单的饮食起居为主，老年人在社区或养老机构能够获得的娱乐休闲、康复护理特别是精神心理安抚等服务极少。此外，在社区养老设施方面，受资金投入和场地限制，不少社区养老场所提供的老年人健身、休闲、文化等相应的设施不齐全。老年人参与度低，导致养老服务利用率低，造成部分养老资源的实质性浪费。同时，不同社区之间的差别很大。部分社区养老服务设施缺乏保养和维护，存在安全隐患，导致有效利用率较低。

（三）社区居家养老服务队伍专业化水平较低

受传统观念、社会地位、工作待遇等因素的影响，从事养老服务的优秀人才较少。大多数年轻人不愿从事养老护理工作，现有的养老护理人员大多为农村进城务工人员，年龄主要集中在40岁以上，绝大多数没有经过专业的护理培训，职业化水平较低。从业年龄高、社会认可度低、待遇差、学历低、技能差是目前养老服务队伍整体表现出来的特征。此外，缺乏正规的职业培训也是导致养老服务从业人员服务水平不高的一个重要因素，当前养老服务人才正规培训较少。同时，政府、社会主导的行业职业技能培训也不多，少有的培训中又存在着重理论、轻实操的现象。

二、社区智慧健康养老发展对策

（一）强化智慧健康养老服务研发和推广

智慧健康养老服务的对象是老年群体，因此培育老年人智慧健康养老观念是必不可少的环节。政府应及时向社会进行成果展示，以养老机构、医疗机构和社区服务中心为依托，通过各种新闻媒体进行宣传推广。企业应尽快研发出满足老年人多元化需求的产品，并扩大基础产品对老年群体的覆盖面，打造出属于自己的优质智慧健康养老品牌，同时应尽力捕捉老年人需求的动态变化趋势，为老年人提供个性化可定制服务。企业还可以定期进行成果介绍与展示，加深老年人对智慧健康养老的了解与信任。针对价格较高、需求度高且流动性不强的产品，政府可以采用租赁的方式，合理定价，利用社区场地资源，设置租赁共享使用点，解决老年人经济能力不足的问题，同时制定相关管理办法，尽量降低产品折损率。

（二）打造个性化智慧健康养老社区

社区养老服务需以社区服务为依托，引入机构化专业化养老服务，打通老有所养“最后一公里”。具体可采用“菜单+清单”式养老服务，推行家庭养老床位签约制，老年人可以根据自己的需求签约不同的服务项目，形成专属的服务定制清单；可推动政企合作，鼓励社会力量兴办养老机构，共建15分钟养老生活圈，为老年人提供便利的养老服务；可以社区为依托，开展“义工银行”“银龄互助”“邻里守望”等互助养老活动，促进形成多方参与的智慧健康养老服务主体。应通过政策引导和社会支持，提升服务人员的工资待遇和社会声望，降低产业人才流动率。同时应壮大社区基层养老服务人才和养老服务志愿者队伍，注重培育和扶持相关社会公益组织及慈善机构，鼓励更多人加入队伍。

（三）加强社区智慧健康养老专业人才培养

政府应鼓励高校、职业培训机构等教育机构开设社区智慧养老服务相关专业，高校和职业培训机构应根据市场需求，提供系统的专业知识和技能培训，确保专业人才具备扎实的理论基础和实践能力。对于已经从事社区智慧养老工作的人员，可以通过组织专业培训、开展技能竞赛等方式，提升他们的专业能力和素质。还可以鼓励员工参加行业交流、学习先进经验和技术，以适应行业发展的需求，同时建立人才激励机制，通过设立奖学金、奖励计划等方式，激励更多的人才投身于社区智慧健康养老服务行业。此外，还可以建立行业内的荣誉体系，表彰在智慧健康养老领域做出突出贡献的人才，提升整个行业的形象和吸引力。

第五节　本章小结

本章主要介绍社区智慧健康养老的内涵及特点，分析老年人对社区智慧健康养老的需求情况，并利用“健康老龄化与智慧养老”专项调查数据，分析中国社区智慧健康养老供给现状，总结当前社区智慧健康养老面临的发展问题并提出相应发展建议。通过学习本章内容，可以发现：

（1）社区智慧健康养老将人工智能的技术优势与传统社区养老服务进行深度融合，寻找一种全面提升老年人生活体验的新模式。这种模式以社区为单位，通过人工智能相关技术学习老年人医疗护理知识，对老年人身体、情绪状况和其行为信息进行收集计算，并推断老年人所需要的服务。

（2）社区养老服务呈现出服务类别多样但覆盖率较低及老年人对精神慰藉和生活照护服务需求相对较多的特点，同时社区内养老机构数目少且无法满足不同健康状况老年人的需求，而智慧健康养老社区则呈现出智慧健康养老服务普及不足且现有推广渠道较为传统等特点。

（3）社区智慧健康养老面临的问题主要有以下三点：智能科技因老年人认知能力不足应用受限；不同层次老年人的差异化养老需求不易满足；社区居家养老服务队伍专业化水平较低。相应的对策为：强化智慧健康养老服务研发和推广；打造个性化智慧健康养老社区；加强社区智慧健康养老专业人才培养。

案例：“青鸟软通”社区智慧健康养老方案

本章案例将介绍“青鸟软通”社区智慧健康养老方案，阅读本案例，能够清晰当前中国社区智慧健康养老平台的主要服务内容和服务场景。青鸟软通是国内一家将软件开发与养老服务相融合的高新技术企业，其社区智慧健康养老服务以全域智慧康养为核心理念，致力于为老年人提供全面、便捷、高效的养老服务。青鸟软通以“颐养改变生活，科技成就梦想”为使命，定位为全域智慧康养综合服务提供商。公司结合先进的软硬件技术、人工智能算法和养老服务内容及流程，打造出高度垂直养老产业的智慧康养综合管理平台，全面助力养老企业优化作业流程，持续拓盈提效。青鸟软通在养老服务领域取得了显著的运营成果。截至目前，公司康养业务已在全国 20 余个省、60 余个地市、120 余个区县落地，服务覆盖人群超过 1200 万人。这些成果充分证明了青鸟软通在养老服务领域的专业实力和市场竞争力。青鸟软通的社区智慧健康养老服务以先进的技术为支撑，以多元化的服务内容和广泛的服务对象为基础，致力于为老年人提供全面、便捷、高效的养老服务。同时，公司凭借丰富的运营经验和显著的运营成果，在养老服务领域树立了良好的品牌形象和口碑（见图 8-1）。

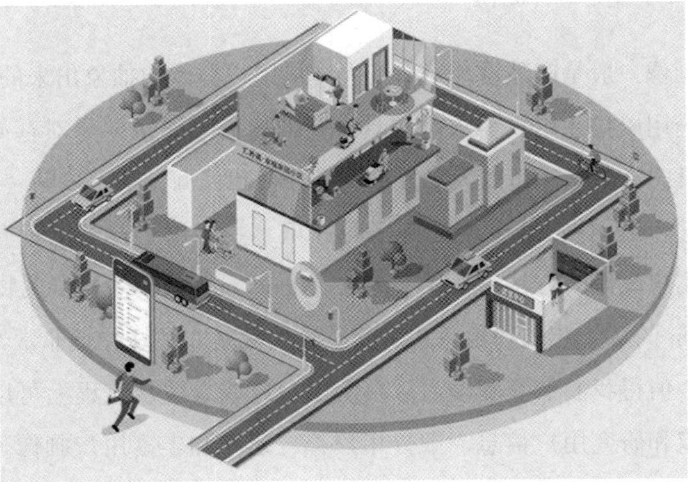

图 8-1　“青鸟软通”下“汇养通”社区居家养老服务系统

“青鸟软通”服务内容：

（1）多元化社区照料模式：青鸟软通以居家社区养老服务中心为基础，为老年人提供医疗、康复、护理、照料、助餐、助浴等多元社区照料模式。这种服务模式旨在满足老年人在不同生活场景下的多样化需求。

（2）主要功能区域：青鸟软通的社区智慧健康养老服务涵盖了多个主要功能区域，包括生活照料托养区、健康评估屋、康复理疗室、心理咨询室、文化娱乐广场、助餐及配餐食堂、居家养老调度室等。这些区域为老年人提供了全方位的生活支持和精神慰藉。

（3）服务对象：青鸟软通的服务对象涵盖了健康的自理老人（精神需求较大）、高龄自理老人、轻中度失能及轻度失智老人、中重度失能失智老人以及他们的子女、保姆和家属等。青鸟软通能够满足不同老年人的个性化需求。

（4）具体服务内容：青鸟软通提供的具体服务内容包括助餐服务、助浴服务、专业康复指导、短托临托“中途站”、心理慰籍和干预、健康教育和慢病管理、居家养老服务、文化娱乐和交友以及家庭照料增能和压力管理培训等。这些服务内容旨在提高老年人的生活质量，帮助他们更好地享受晚年生活。

拓展：用户画像方法

用户画像一般是产品设计、运营人员从用户群体中抽象出来的典型用户，本质是一个用以描述用户需求的工具。它的核心工作主要是对存储在服务器上的海量日志和数据库里的大量数据进行分析和挖掘，给用户贴“标签”，而“标签”是能表示用户某一维度特征的标识，主要用于业务的运营和数据分析。创建用户画像的方法有很多，比如 Alen Cooper 的“七步人物角色法”、Lene Nielsen 的“十步人物角色法”等，这些都是非常好并且非常专业的用户画像方法，值得我们借鉴和学习。事实上，这些方法从流程上可以分为 3 个步骤：获取和研究用户信息、细分用户群、建立和丰富用户画像。在不同方法中，这 3 大步骤最主要的区别在于对用户信息的获取和分析。下面介绍一种简单的构建用户画像方法。

（1）数据采集。构建用户画像是为了还原用户信息，因此数据为来源于所有用户的相关数据，分为静态数据、动态数据两大类。静态数据包括用户的人口属性、商业属性、消费特征、生活形态、CRM 五大维度。动态数据是指用户不断变化的行为信息。

（2）目标分析。用户画像的目标是通过分析用户行为，最终为每个用户打上标签，以及确定该标签的权重。标签表征了内容，表示用户对该内容有兴趣、偏好、需求等。权重表征了指数，即用户的兴趣、偏好指数，也可能表征用户的需求度，可以简单地理解为可信度、概率。

（3）数据建模。一个事件模型包括时间、地点、人物三个要素。每一次用户行为本质上是一次随机事件，可以详细描述为：什么用户，在什么时间，什么地点，做了什么事。

思考题

1. 简述社区养老和社区智慧健康养老的区别与联系。
2. 老年群体对社区智慧健康养老的服务需求分几类？请举例说明。
3. 社区智慧健康养老发展面临哪些问题？如何解决？
4. 谈谈社区智慧健康养老服务平台的发展前景。

推荐阅读资料：

[1] 魏玲，新悦．融合用户画像与协同过滤的知识付费平台个性化推荐模型［J］. 情报理论与实践，2021，44（3）：188-193.

[2] 徐薇，窦永香，李维博．考虑相似兴趣的科研人员群体画像构建方法［J］. 情报理论与实践，2021，44（11）：142，166-172.

[3] 何振宇，朱庆华，白玫．养老服务视角下城市老年人用户画像构建［J］. 情报杂志，2021，40（9）：154-160.

[4] 张博．“互联网+”视域下智慧社区养老服务模式［J］. 当代经济管理，2019，41（6）：45-50.

第九章　机构智慧健康养老

本章导读：随着老年人年龄的不断增长，慢性疾病的患病率也呈现出递增的趋势，同时多病共患的现象越发普遍，因此，老年人对专业医护人员的护理需求日益迫切。在这一背景下，机构所提供的智慧健康养老服务逐渐受到社会各界的广泛关注，成为发展的重点。机构智慧健康养老是一种利用现代信息技术手段，为老年人提供全方位、个性化养老服务的模式。本章将主要介绍机构智慧健康养老的内涵、特点以及老年人的需求现状，同时分析其发展现状和面临的问题，并提出相应的对策。本章将回答以下问题：什么是机构智慧健康养老？其发展如何？机构智慧健康养老所面临的挑战有哪些？未来如何改进？

第一节　机构智慧健康养老的基本概念

随着科技的不断创新，更多新型的智能技术被广泛应用于各个领域。在这一宏观背景下，机构智慧健康养老逐渐发展为智慧养老领域中的一大关键养老模式。该模式不仅致力于为老年人提供更为便捷、高效的养老服务体验，同时也有效地为社会分担了养老的重担。本节主要介绍机构智慧养老的内涵及特点。首先对其进行概述，随后详细介绍其所具备的独特优势。

一、机构智慧健康养老的内涵

（一）机构养老

机构养老是指养老机构为老年人提供饮食起居、清洁卫生、生活护理、健康管理和文体娱乐活动等综合性养老服务。这些养老机构可以是独立的法人机构，也可以是附属于医疗机构、企事业单位、社会团体或组织、综合性社会福利机构的部门或者分支机构。机构养老的特征在于其社会化水平和专业程度较高，能够推动我国养老事业的发展，保障老人的生活质量，并提高他们晚年的幸福感。大部分养老机构配有专门的看护人员，提供不同等级的护理服务，有些还针对有特殊需要的老人提供特别护理服务。

（二）机构智慧健康养老

机构智慧健康养老是指养老机构以智能化技术为支撑，通过对平台建设、养老设施、服务内容、管理方式等进行信息化、智能化升级改造，为机构内老年人提供便捷化、精细化、系统化、智能化、信息化、更为多样、更高质量的养老服务，同时实现养老机构的高效管理。此外，养老机构的智慧健康养老服务还包括由养老机构推出的，以互联网、物联网智能技术为依托，面向机构周边居家老人的养老服务。养老机构的智慧健康养老并不是脱离传统机构养老服务模式而单独存在，而是将智能化技术融合进现有的机构养老服务模式中并促使其升级，并借助互联网和物联网将养老机构的服务对象拓展至居家老人，实现机构养老模式与居家养老模式的联动。

二、机构智慧健康养老的特点

机构智慧健康养老的特点主要体现在集中化、个性化、专业性、可持续性等方面。这些特点使得机构智慧健康养老成为一种创新的、具有前瞻性的养老服务模式。

（一）集中化

机构养老采用了一种集中化的策略，将老年人统一安置在特定地点，并实施集中管理和服务供给，从而确保养老资源得到合理而高效的配置与利用。

这种策略不仅有助于提升服务效率，减少运营成本，还能为老年人带来更为全面且专业的养老服务体验。在这样一个集中化的环境中，养老机构能够更精准地响应老年人的需求，为他们量身定制个性化的服务方案，从而有效保障和提升他们的生活质量。

（二）个性化

养老机构熟悉每位老年人的独特需求和个体差异，因此能够为每位老年人精心打造符合其个性化需求的服务方案。这些方案不仅全面覆盖健康管理、生活照料，还延伸至休闲娱乐等多个层面。这样贴心、周到的服务，旨在精准满足老年人在不同生命阶段的特定需求，致力于提升老年人的生活品质。

（三）专业性

养老机构作为政府或社会资本所主导的服务机构，肩负着为老年人提供高品质、专业化服务的重任。为了达成这一目标，养老机构必须拥有一支训练有素、专业精湛的服务团队。这个团队会聚医疗护理、康复保健、心理咨询等领域的专家，不仅拥有深厚的专业知识，更积累了丰富的实践经验。正是这样一支全能型的服务团队，为老年人提供了全面细致的医疗护理服务，确保他们在晚年得到专业的照顾与关怀。

（四）可持续性

机构养老绝不仅仅是一种养老模式，其背后蕴藏着清晰的经济效益导向，主要源自两个方面：一是区域内养老需求的明确性与稳定性，这为机构养老提供了坚实的市场基础；二是机构养老自身运营所具备的盈利能力，这为其持续发展注入了强劲动力。为了机构养老模式能够持续、稳定地服务老年人，必须确保其经济效益的充分实现，从而为其稳健运营提供有力保障。

第二节　机构智慧健康养老的需求现状

对于生活自理能力较差或需要专业医疗护理的失能半失能老年人、独居老年人、高龄老年人等脆弱老年群体而言，机构养老是首要选择。机构养老能够提供饮食清洁、日常护理、生活照护等 24 小时综合服务，缓解家庭养老负担，降低老人独居意外风险。智慧养老设备、智能生命体征追踪平台、老年人生活服务数据库等智慧设施，能为选择机构养老的老年人营造安全、舒适、温馨的生活环境。本节将介绍机构智慧健康养老的需求现状，具体包含基本生活照料需求、医疗安全照护需求以及文娱精神慰藉需求三类。

一、基本生活照料需求

基本生活照料需求主要包括饮食照料和起居照料。

（一）饮食照料

养老机构需要配备专业的厨师与营养师承担老年人的一日三餐，可根据老年人自身身体状况安排其自行前往食堂就餐或由护工送餐上门。

（二）起居照料

完全自理的老年人无须护工 24 小时陪护，但需为其配备跌倒报警器、智能手表或一键呼叫铃等监护设备，动态监测老年人心率、血氧等生理指数，以保证在意外发生后可在第一时间进行救治；对仅能部分自理的老年人，除了配备报警器与智能手表外，还需要由护工提供协助用餐、晨晚间护理和定时查看身体状况等服务；对失能老人而言，护工需要为老年人提供洗头、洗澡、擦身、口腔清洁、如厕、翻身等服务（潘婷，2024）。在机构护工一对多服务模式下，数字化照护追踪系统等能够记录为老年人提供过的服务类型与次数，在下次需要翻身或擦身等护理行为时自动提示护工，可有效提升护工工作效率。

二、医疗安全照护需求

医疗安全照护需求包括定期身体状况监测及康复护理。

（一）定期身体状况监测

定期身体状况监测是由养老机构专业护工与医护人员定期评估老年人身体健康状况并进行电子归档。根据老年人既往病史，结合老年人个人能力评估，如自理能力、精神状态、社会参与能力、感知与沟通能力，及时转换老年人照护策略。

（二）康复护理

康复护理指由于老年人身体机能不断下降，需要对常见的老年病与慢性病如糖尿病、高血压、心脏病、四肢僵硬以及术后康复进行的日常追踪和定期检查。养老机构能够集合医护、医技医师和康复技师，联合对老年人的疾病发展状况进行监测，便于及时发现异常并进行治疗。老年人突发疾病时能够通过佩戴的智慧设备以及老年人活动区域加装的智能床垫、生命体征监测摄像头及时发现异常情况，由医护妥善处理并协助转诊，实现老年人机构内疾病发展状况全记录，为入院治疗提供帮助。

三、文娱精神慰藉需求

文娱精神慰藉需求包含心理疏导及运动文娱。

（一）心理疏导

心理疏导需求指老年人进入养老机构后难免会产生被抛弃感与孤独感，机构应定期推进社工情绪疏导工作，及时关注老年人的心理状态，维护养老机构内老年人与服务人员、老年人与老年人、服务人员之间的和谐氛围，指派专业心理辅导人员，为老年人提供环境适应、情绪疏导、心理支持等服务。同时与老年人家属定期联络，保障老年人心理健康，满足其与亲友联络的需求。部分老年人由于设备使用障碍，有与亲友线上交流的念头却无法实现，智慧养老机构需要积极提供亲友线上远程探视服务，为老年人配置线上交流设备并提供设备使用培训服务。

（二）运动文娱

保证多元化娱乐活动项目，建设适老化活动场地，满足老年人日常体育活动与社交需求，提供康体锻炼服务、电视电脑设备使用、时兴手机软件教学等，保证老年人获得多样化文娱服务。加强养老专业人才培训，提高养老护理人员专业素养。

第三节　机构智慧健康养老的供给现状

为全面、细致地了解机构智慧健康养老服务的动态发展，并进一步推动其迈向更高的水平，本节将从政策供给、技术供给和养老模式发展三方面分析机构智慧健康养老的供给现状，助力机构智慧健康养老服务创新和发展。

一、政策供给现状

国家发展改革委、民政部和国家卫生健康委出台《"十四五"积极应对人口老龄化工程和托育建设实施方案》（发改社会〔2021〕895号），指出要扩建改建公办养老机构，提升公办养老机构服务护理能力，支持养老机构转型。该方案为养老产业的健康快速发展提供了坚实的制度保障。中国对于机构智慧健康养老产业的扶持力度正持续加大，尤其是在资金支持和人才培养两方面。

（一）资金支持

国务院办公厅出台《关于推进养老服务发展的意见》（国办发〔2019〕5号），指出要积极引导社会资本注入，为服务失能、半失能老年群体的养老机构提供补助，设立专项基金，有效拓宽产业的融资渠道，为产业的稳健发展注入源源不断的强劲资金动力。除了资金支持，政府还高度关注智慧健康养老产业的技术创新，积极鼓励企业加大技术研发投入，通过创新，推动智慧健康养老技术的不断进步与突破。这不仅提高了机构养老服务的效率和质量，也提升了老年人的生活品质和幸福感。

（二）人才培养

政府鼓励高校开设智慧健康养老相关专业课程，为产业输送新鲜血液；通过举办培训班、引进国外先进经验等方式，不断提升机构养老中心从业人员的专业素质和服务水平。这些举措不仅为产业的持续发展提供了坚实的人才支撑，也为老年人提供了更加专业、贴心的养老服务。

二、技术供给现状

养老机构技术供给涵盖智能化设备、信息管理系统等先进技术。智能化设备实现生活照料与健康监测的自动化，提升服务效率；信息管理系统整合老年人信息，助力个性化服务。

（一）智能化设备

智能化设备能够减轻照料者的负担，同时提供更精准、个性化的服务。通过安装智能监控系统，机构可以实时了解老年人的生活状态和安全情况，确保他们的日常生活得到妥善照顾。同时，智能健康监测设备可以实时监测老年人的生理指标，如血压、心率等，为健康管理提供数据支持。

（二）信息管理系统

信息管理系统能够整合养老机构的各项资源，实现信息的集中管理和高效利用。通过构建老年人信息管理系统，智慧健康养老机构可以记录老年人的健康状况、生活习惯、兴趣爱好等信息，为个性化服务提供依据。同时，信息管理系统还可以实现服务流程的标准化和规范化，提高服务质量和效率。

三、养老模式发展现状

机构智慧健康养老多样化的服务模式不断涌现，致力于满足不同老年群体的个性化需求，让养老服务更加贴心、精细；在管理模式层面，充分利用现代化的技术手段，实现服务流程的优化与效率的提升，为老年人提供更加便捷、高效的养老服务。

（一）服务模式

机构智慧健康养老模式呈现出以机构照顾为主、家庭支持为辅的特点。机构智慧健康养老主要涵盖养老院、老年公寓和护理院等类型，这些类型养老机构在传统养老服务的基础上，依托先进的信息技术平台推出线上服务。其中机构智慧健康养老的线下服务考虑到老年人的实际需求，推出全托、半托和日托等服务模式，为老年人提供生活照料、康复护理、心理咨询等服务，老年群体可根据自身需求和偏好选择适合的养老方式。另外，机构智慧健康养老的线上服务以智慧服务平台为基础，为老年人提供线上健康管理、远程医疗、在线咨询、线上紧急救援等服务。

(二) 管理模式

机构智慧健康养老是将现代科技手段应用于传统机构养老服务的模式。该模式的核心在于机构养老利用物联网技术、人工智能技术和大数据技术等信息手段实现养老服务的智能化管理，并通过自主研发或积极引入第三方专业服务的方式，成功构建线上线下紧密结合的内部管理体系。这一管理体系注重通过数据分析，系统了解每位老年人的健康状况、生活习惯和兴趣爱好等，制定个性化服务方案；强调安全保障，提供智能化的监控和预警系统，实时监控老年人的安全状态，以便在发生紧急情况时及时处理。这不仅提升服务质量和效率，还为老年人及其家属带来更多的便利。

第四节 机构智慧健康养老面临的问题与发展对策

本节将深入分析机构智慧健康养老所面临的问题与挑战，并针对这些难题提出相应的解决策略和建议。通过分析机构在智慧健康养老领域的现状，可发现其中存在的问题，这些问题不仅在一定程度上削弱了智慧健康养老服务的品质与效率，更是其未来持续发展不容忽视的障碍。因此，全面认识机构智慧健康养老所面临的发展问题，并积极采取有效的措施加以解决，对于推动智慧健康养老服务的发展具有深远的意义。

一、机构智慧健康养老面临的问题

(一) 供应链发展存在缺口

目前智慧养老平台的建设较为完善。这些平台研发者从老年人的多元需求出发，给老年人带来科技养老的便捷体验。机构养老搭建线上平台实现养老便利化，但在用户实际应用中仍存在不少问题。养老服务产业链由于缺乏统一规范的管理体系，各参与方之间相对独立，信息共享程度低，导致养老服务资源的浪费和利用率低下。另外，养老机构很难实现这些服务和产品的全面覆盖，提供服务的平台供应链条往往跟不上平台快速发展的步伐，供应链的不成熟使得智慧养老平台在设计上虽然完善，但后续服务却难以跟上。

（二）多方主体协同缺位

智慧健康养老的蓬勃发展依赖于智慧养老供应链的完善，在智慧养老供应链中，人员、资金、监督等任一环节的缺失或滞后都可能导致供应链的断裂，进而阻碍完整的智慧健康养老生态圈的形成。当前中国的智慧健康养老机构在产业链方面确实存在缺口，其根源在于多方主体间的协同配合不够紧密。首先，机构智慧健康养老领域的专业人员保障与支持显得捉襟见肘。其次，智慧养老平台的监督支持明显不足。最后，机构智慧健康养老资源的利用效率亟待提高。尽管绝大多数平台和机构都在实时收集和监测老年人的基本信息，但部分平台运营者在收集到这些信息和资料后却未能充分利用，缺乏对老年人基本状况的深入分析。

（三）养老服务标准不统一

当前中国在智慧养老产业方面尚未形成统一的行业规范、明确的准入与退出标准以及服务基准，这使得老年人在选择服务时难以依据现有标准来评估养老机构的优劣，进而难以确保老年人及其家属以及相关企业的合法权益得到有效保障。除了标准缺失，部分养老机构还可能存在设施陈旧、更新不及时等问题，导致服务质量下降；同时，不同机构之间的服务标准存在差异，给老年人及其家属带来不便。另外，智慧养老行业还缺乏统一的监管机制，无论是对智慧产品的研发与投入使用，还是对众多养老机构提供的养老服务，都未能形成一个完善的监管体系。线上平台在方便收集老年人信息的同时，也潜藏着隐私泄露的风险，这可能给老年群体带来不必要的财产损失或其他损害。

二、机构智慧健康养老发展对策

（一）加大激励投入鼓励养老机构创新

为实现智慧健康养老产业的良性发展，政府必须不断完善激励机制并加大激励政策的投入，以鼓励养老机构积极参与创新研发。首先，政府应当加大对智慧健康养老的资金支持力度，为智慧健康养老机构提供土地、资金、税收等方面的政策扶持。其次，政府应当引导并鼓励养老机构在智慧健康养老相关领域进行深入的产品研发，推动养老、医疗、电商等多领域的融合创新，以完善相关的软硬件技术、产品和服务体系。最后，政府应创新宣传方式，结合传统媒体和新媒体手段，全面加强对智慧养老的普及宣传。通过制定“重实践，轻理论”的课程内容，帮助老年人更好地掌握智慧产品的使用技能，消除他们和家属的顾虑。

（二）协调多方主体参与健全机构智慧健康养老服务

从福利多元主义的视角出发，机构智慧健康养老多方主体的共同投入，才能确保逐步构建起完整的供应链，进而在积极老龄化战略的框架下，实现老年人的健康生活、充分保障和积极参与。医疗机构参与智慧健康养老平台，提供线上问诊、药物开具等服务，需医生及医疗资源的支持。此外，企业与市场的积极参与也至关重要，市场化发展模式和竞争机制能推动智慧健康养老的市场化、商业化，并满足老年人实际需求。同时，非营利性组织关注老年群体的心理健康，提供人文关怀，营造积极的社会环境。非营利性组织、政府和机构三者之间的紧密合作与协调，将进一步促进智慧健康养老的完善与发展。

（三）完善机构智慧健康养老制度体系和监督机制

机构智慧健康养老若想实现长远且健康的发展，离不开健全的制度体系和有效的监督机制。政府应完善法律法规，发布领导意见，为地方提供指导。地方政府应紧密结合自身养老机构的实际发展情况，灵活制定和调整政策，以适应不同区域和阶段的需求，为机构养老的发展营造有利的政策环境。同时，规范机构智慧健康养老服务准入机制和行业标准，制定统一的服务标准，明确准入条件和服务要求，建立奖惩机制。此外，应建立多方参与的监管机制，确保公正公平，及时解决问题，不定期检测服务质量和设施完备性，从而及时发现和解决问题，保障老年人的合法权益。

第五节　本章小结

本章介绍了机构智慧健康养老的内涵及特点，分析了机构智慧健康养老的发展现状，指出其中存在问题的同时，提出针对性的建议。通过学习本章内容，可以发现：

（1）机构智慧健康养老是一种现代化的养老服务模式，它充分利用了先进的信息技术和智能化设备，为老年人提供更加便捷、舒适和安全的养老服务。机构智慧健康养老具有以下显著特点：集中化、个性化、专业性、可持续性。

（2）机构智慧健康养老正处在快速发展阶段，政策支持力度持续加大，服务模式多样化发展，管理方式智慧化。这些因素共同推动了机构智慧健康养老的蓬勃发展，为老年人提供了更加舒适、便捷和安全的养老服务。

（3）当前，机构智慧健康养老虽然取得了一定的进展，但仍面临一些问题。这些问题主要表现在以下几个方面：供应链发展存在缺口、多方主体协同缺位、养老服务标准不统一。针对以上问题，提出以下建议：加大激励投入鼓励养老机构创新、协调多方主体参与健全机构智慧健康养老服务、完善机构智慧健康养老制度体系和监督机制。

案例："金宝美"机构智慧健康养老解决方案

本章案例将介绍金宝美虚拟养老院。阅读本案例，能够进一步了解中国机构智慧健康养老的主要服务内容和服务场景。金宝美虚拟养老院是由陕西金宝美养老产业服务有限公司倾情打造的智慧健康养老机构，利用大数据赋能，推动智慧健康养老产业发展。

金宝美养老公司经过广泛市场调研，在全市率先创建了以信息技术为平台、以居家养老对象为会员、以涵盖各类服务加盟商为支撑的没有围墙的养老院——虚拟养老院。公司自主研发的智慧养老服务平台，利用互联网+智慧养老服务理念和运营模式，向老年人提供最适合的养老服务方案，包括居家和社区养老服务、机构养老服务、智慧养老服务、居家适老化改造、家庭照护床位、时间银行、区域养老服务体系构建、健康管理等。为老人提供便捷可靠、优质高效的互联网+智慧健康居家养老服务。

该养老机构运用“互联网+”思维，将互联网、物联网、云计算、大数据与养老服务相结合，以手机移动端+呼叫中心+虚拟养老院网络平台为载体，整合政府、养老服务机构、家政服务机构、为老服务机构等资源，构建起以“呼叫救助、服务调度、居家照料、健康服务、安全防范”为服务内容的智能社区居家养老服务体系，通过线上线下有效衔接，将老年人个性化的养老需求和分散的养老服务资源有机结合。截至目前，平台线下引入服务商户达 863 家，接入并提供安全监测、医疗陪护、健康咨询、家政保洁、居家改造、维修服务、代购服务、餐饮配送、辅助器具等 21 大类 261 项服务。

虚拟养老院运营流程：

（1）构建电子档案：养老机构在老人入住时建立健全老人档案，包括基本信息、健康信息、评估信息、护理信息、家属信息、餐饮信息、医护信息等内容，实现信息化管理。

（2）推行智慧照料：照护人员根据老年人的喜好及日常习惯为老年人提供膳食定制、健康管理、定时提醒、康复计划制订、文娱活动和心理慰藉等服务。

（3）提供自营服务：通过数字化和信息化改造，采取中央厨房带动 N 个流动餐车的专业化、标准化、品牌化的可复制模式，解决老年人吃饭难问题。同时老年综合用品超市通过社区团购与线上直播的形式，推广健康理疗、家政服务、适老化产品等。

（4）强化服务监管：采取电子化派单服务，建立服务需求发布、服务人员跟进、服务效果评价全流程痕迹化管理。建立服务回访制度，每月对商户进行满意度调查和服务排名，以老年人满意度来考核商户提供的服务质量，将被投诉3次的商户列入黑名单并解除合作协议。虚拟养老院运营模式见图9-1。

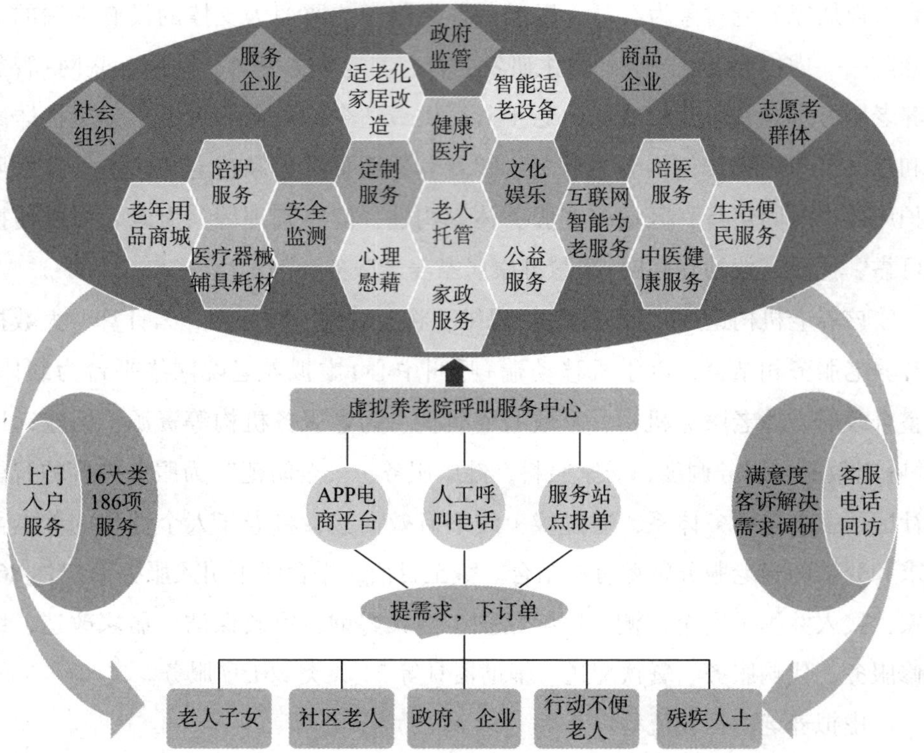

图9-1　虚拟养老院运营模式

拓展：《〈养老机构等级划分与评定〉国家标准实施指南（2023版）》节选

本章拓展内容选自《〈养老机构等级划分与评定〉国家标准实施指南（2023版）》。为贯彻落实《"十四五"国家老龄事业发展和养老服务体系规划》有关要求，指导各地民政部门更好落实《民政部关于加快建立全国统一养老机构等级评定体系的指导意见》，实施好《养老机构等级划分与评定》国家标准，民政部社会福利中心、全国社会福利服务标准化技术委员会联合发布《〈养老机构等级划分与评定〉国家标准实施指南（2023版）》，供地方开展养老机构等级评定工作时参考使用。

养老机构应具备以下有效执业证明：

（1）具有《营业执照》或《事业单位法人证书》或《民办非企业单位登记证书》；

（2）具有消防安全合格证明；

（3）具有房产证明或租赁使用证明；

（4）养老机构内设的餐饮服务机构具有食品经营许可证；

（5）养老机构内设的医疗机构具有医疗机构执业许可证或医疗机构执业备案证明；

（6）养老机构使用的特种设备，具有特种设备使用登记证；

（7）养老机构提供其他经许可的服务，须具有相应资质。

养老机构的空间配置应满足以下要求：

（1）老年人居室内床位平均可使用面积不应低于 6 平方米，单人居室使用面积不低于 10 平方米；

（2）老年人居室、卫生间、洗浴空间设置紧急呼叫装置或为老年人配备可穿戴紧急呼叫设备；

（3）养老机构主要出入口、门厅、走廊、居室无障碍，能够满足轮椅、担架通行的需求，卫生间、洗浴空间无障碍，能够满足轮椅通行的需求；

（4）养老机构出入口、就餐空间、活动场所安装视频监控系统；

（5）公共区域和老年人居室应整洁，地面干燥，物品摆放安全合理，空气无异味；

（6）卫生间设置便器、洗手盆，配有安全防护措施、无障碍设施，通风良好，空气无异味；

（7）洗浴空间有包括但不限于防滑地面、安全扶手等安全防护措施，并留有助浴空间；

（8）室内活动场所明亮，配置活动用品；

（9）就餐空间桌椅牢固稳定；

（10）设接待空间；

（11）公共区域设有明显的公共信息图形标志，并符合 GB/T10001.1 和 GB/T10001.9 的规定。

思考题

1. 在人口老龄化与智能化同步发展的时代背景下，积极发展机构智慧养老有哪些重要意义？

2. 谈谈机构智慧养老服务如何更好地服务于老年人。

3. 目前中国机构智慧养老模式实施效果如何？

4. 谈谈机构智慧养老服务平台的发展前景。

推荐阅读资料：

[1] 王立剑，朱一鑫，马伟．智慧健康养老产业的现实需求与发展进路［J］. 西安交通大学学报（社会科学版），2024，183（3）：31-39.

[2] 王东博，尹正，王慧君，等．浙江省养老机构老年人生活质量及智慧健康养老态度现状研究［J］. 中国卫生统计，2022，39（6）：807-810.

[3] 肖菲．智慧养老服务平台市场化运营瓶颈及策略研究——基于湖北省的调查［J］. 湖北社会科学，2022（5）：64-70.

[4] 孟李雪，张艳，田雨同，等．养老机构智慧养老系统研究进展［J］. 护理研究，2023，37（6）：1011-1014.

第十章　智慧医养结合

本章导读：随着中国老龄化程度的不断加深，老年人对养老服务的需求与日俱增，尤其是医疗服务方面。为缓解人口老龄化造成的养老压力等，满足老年群体的医养需求，发展智慧医养结合养老模式刻不容缓。本章将通过内涵阐释、需求与供给现状的探索和实践过程，分析医养结合模式的供需困境，提出促进智慧医养结合服务健康发展的可行路径，并回答以下问题：什么是智慧医养结合服务？智慧医养结合有什么特点？其发展如何？智慧医养结合所面临的挑战以及未来改进方向？

第一节　智慧医养结合的基本概念

智慧医养结合养老服务模式是应对人口老龄化，实现养老资源有效供给的一种有益探索，对于满足老年人的健康养老需求、改善生命质量和养老预期具有积极作用。一方面，其反映了转型期下的社会养老现实和客观要求；另一方面，其体现了政府以增进国民健康福利为目标，通过渐进政策和科学的制度安排，力求实现社会秩序稳定的一种治理手段。本节主要介绍智慧医养结合的基本概念，包括其内涵及特点，为后续需求现状和供给现状的介绍奠定理论基础。

一、智慧医养结合的内涵

（一）医养结合

医养结合指从老年人多元化需求出发，通过将养老和医疗资源有机整合、与服务功能有效衔接，在基本生活照料基础上，为老年人提供检查诊断、医疗护理、康复疗养、健康管理和保健教育、临终关怀等一系列专业化、持续性健康照护服务的养老供给方式（邓大松和李玉娇，2018）。医养结合重新审视了养老和医疗服务的关系，实现了“医”“护”“养”三者策略性协同，为健康和患病老年人提供了全面、综合性支持。

医养结合的总体目标是通过推进医养结合体制机制建设，健全相关政策法规体系，构建完善的医养结合服务网络，整合优质资源，提高养老、医疗机构服务能力，促进个体健康养老，激发养老市场活力，优化养老产业链，提升国民健康水平，努力实现健康老龄化。医养结合的阶段性目标是根据不同类型老年群体的健康需求特点有针对性地提供个性化健康服务，缩短老年人的患病周期，保证其晚年生活质量（陈暘等，2016）。“医养结合”养老模式是在重新审视养老服务内容之间的关系之后，将老年人健康与医疗服务放在更加重要的位置，以区别于传统的单纯满足老年人基本生活需求的养老服务。

医养结合养老模式涵盖五个方面的元素，即服务主体、服务客体、服务内容、服务方式和管理机制。服务主体，即医养结合服务的提供方。具体包括老年公寓、护理院、临终关怀院、各级医院、社区卫生服务中心和社区居家养老服务中心等。服务客体，即医养结合服务的对象（郑函等，2019）。医养结合养老服务面向健康、基本健康、不健康和生活不能自理四类老年人，但重点面向生活不能自理的老年人，主要包括残障老年人、易复发病老年人、大病恢复期老年人及绝症晚期老年人等。服务内容，即医疗和养老相结合的照护服务。医养结合服务不仅仅提供日常生活照料、精神慰藉和社会参与，更为重要的是提供预防、保健、治疗、康复、护理和临终关怀等方面的医疗护理服务。服务方式，主要包括三种，即养老机构或社区增设医疗机构、医疗机构内设养老机构、养老机构或社区与医疗机构联合。管理机制，即对医养结合养老模式的管理及相关政策制度。具体包括医养结合服务的管辖部门、管理方式、扶持政策的制定与落实等。

（二）智慧医养结合

智慧医养结合是指运用现代信息技术，如互联网、大数据、人工智能、物联网等，将医疗服务与养老服务相结合，为老年人提供高效、精准、便捷的健康管理和生活照护服务的新型养老模式。

在智慧医养结合模式下，老年人的健康信息可以通过各种智能设备进行实时监测和收集，如智能手环、床垫等。这些数据通过互联网传输到医疗机构，由专业医护人员进行分析和处理，及时发现老年人的健康问题并提供相应的医疗服务。同时，智慧医养结合还可以利用人工智能技术为老年人提供个性化的健康建议和康复方案，帮助他们更好地管理自己的健康。此外，智慧医养结合还为老年人提供了便捷的生活照护服务。通过智能家居技术，老年人可以在家中享受到自动化的生活服务，如智能照明、智能厨房、智能卫浴等。这些设施不仅方便了老年人的日常生活，还提高了他们的生活品质。

二、智慧医养结合的特点

智慧医养结合是在传统医养结合模式基础上，融入先进信息技术，形成的一种创新服务模式。它具备以下显著特点：

（一）多元化

一方面，智慧医养结合不是一种独立的养老模式，也区别于传统的居家、社区和机构养老，主要是将医疗资源引入养老服务，实现生活照料、精神慰藉、疾病预防、病中干预、病后护理疗养、保健康复等整合服务持续性、体系化供给。另一方面，智慧医养结合的责任主体和服务载体并不单一，既包括社区、养老机构、福利院，也包括基层医疗卫生服务中心、大型公立医院等。

（二）整合性

智慧医养结合并非简单地将智慧养老和医疗服务纳入同一体系，而是在结构、功能整合基础上为老年人提供内容丰富、层次鲜明的全面照料。这种服务保障建立在“医”“养”服务规划与供给系统重构、科学耦合基础上，能实现服务单元横向衔接和垂直照料体系的纵向跳转，在很大程度上保证了服务的连续性。

（三）数字化

智慧医养结合利用智能设备和系统，如智能穿戴设备、智能家居、远程医疗设备等，使得老年人在日常生活中就能享受到便捷的医疗服务和生活照料，减轻了家庭和社会的照护压力。其通过收集老年人的生活和健康数据，精准分析其健康状态，预测潜在风险，制订个性化的健康管理计划，实现早预防、早诊断、早治疗和早康复。

第二节 智慧医养结合的需求现状

智慧医养结合将老年人的医疗和养老通过数字化后台连接，打破了医养分离的养老现状，实现医院、机构、社区与家庭四级医养数字化同步，建设居家智慧医养、社区智慧医养及机构智慧医养三大场景，为给不同身体状况的老年人提供个性化医养结合生活模式创造物质基础。

一、居家智慧医养结合需求

居家智慧医养结合的主要需求是将家庭床位与电子档案相结合。对于失能半失能、慢性病、高龄、残疾等行动不便以及仍处于术后康复期的老年人而言，将医养机构嵌入家庭，建立家庭床位是解决医院床位紧张、养老机构医疗水平不足的有效方法。

居家智慧医养依托于实体养老机构与互联网+护理服务，在为老年人提供生命体征远程监测、病后预后专业照料指导的同时，维护老年人安心舒适的生活环境，相当于将养老机构的床位设在家中，把专业服务送到家（刘越凡，

2023)。利用电子档案实现院外病情追踪，通过线上预约医护人员上门服务，将伤口护理、更换尿管、抽血等以及上门巡诊等对环境要求不高的基本医疗带回家中，改善手术治疗预后效果，解决老年人出门难、入院难、陪护少的问题。

二、社区智慧医养结合需求

社区智慧医养结合的需求主要体现在社区智慧床位与社区家庭养老场景相结合。社区智慧床位指在社区内建设“医疗、养老、康复、护理”一体化场景，由社区提供老年人电子档案、社区病床、专业护理、家庭医生、远程照护等服务（王宇，2024)。与医院相比，社区是距离老年人最近的养老机构，通过数字化实现社区与家庭场景相连，能够保持老年人居家医养的连续性、一体性，降低其医疗成本，提高医疗满意度。

结合医疗系统为社区组织家庭医生队伍，实施全科医生、慢性病医生、老年病医生为主的家庭医生签约服务，开展老年人电子化建档、线上线下诊疗、定期健康状况回访与失能半失能老人护理培训等医疗服务。

三、机构智慧医养结合需求

机构智慧医养结合的需求指将传统养老机构与智慧化医疗相结合，实现生活、养老与医疗一体化智慧场景建设。传统养老机构一般不具备医疗护理资质，对于罹患多种慢性病与老年病的老年人来说，一旦发病就需要在医院和养老机构之间奔波，这对老年人的治疗、护理与康复都极其不利。

医养结合的养老机构可以将专业的预防、医疗、护理服务与养老、生活照料相融合，在基础生活照料的基础上更强调医疗护理服务的供给。相比于传统养老机构，此类养老机构通常具有医疗机构执业资格并被纳入医疗保险，电子档案与老年人的医院档案、社区档案相通。在常规数字化生理状态追踪之外，通过数字平台对老年人进行病程监测，从生活照料角度设计个性化生活方案，提高老年人健康生命长度。实行“一个床位，两种模式”动态变化，根据老年人病情需要在普通养老模式与医疗模式之间转变，保持床位不变开展医疗救治服务（陈江芸，2020)。

第三节　智慧医养结合的供给现状

医养结合服务是中国应对人口老龄化问题、实现高质量养老的重要举措。本节将对中国智慧医养结合养老服务模式的现状进行分析，总结中国智慧医养结合在政策支持、技术支持和服务模式方面的供给现状，以期对中国智慧医养结合养老模式的发展提供参考。

一、政策供给现状

中国政府高度重视智慧医养结合的发展，将其列为国家战略和重点发展领域。相关政策文件明确提出支持智慧医养结合的目标和举措，为智慧医养结合的发展提供政策支持。

（一）制定法律法规

政府公布的《关于进一步推进医养结合发展的指导意见》（国卫老龄发〔2022〕25号）和《互联网诊疗监管细则（试行）》（国卫办医发〔2022〕2号）等法律法规，明确智慧医养结合相关技术的监管要求和使用规范，为智慧医养结合的发展提供法律保障。

（二）设立研发基金

政府鼓励创新和应用智慧医养结合技术，支持企业和科研机构开展相关研究和项目。政策措施包括科技创新基金的设立、项目资助、税收优惠等，为智慧医养结合的技术研发和应用提供一定的经济支持。

二、技术供给现状

融合信息技术的医疗供给和结合智能穿戴设备、远程医疗等产品的养老服务供给，使得智慧医养结合技术供给更加完善，养老服务更为优质和便捷。

（一）医疗技术供给

医疗技术供给涵盖人工智能、基因编辑、远程医疗等多个领域，这些技术不仅能提高疾病诊断的准确性和效率，还能为个性化治疗提供可能。如远程医疗可通过视频通话、在线问诊等方式，实现医生与老年人之间的远程互动，为老年人提供及时的医疗咨询和诊疗服务；智能诊断设备利用人工智能和机器学习技术，对老年人的生理数据进行实时监测和分析，辅助医生进行疾病诊断；个性化治疗技术根据老年人的身体状况和疾病特点，制定个性化的治疗方案；康复与护理技术利用现代康复设备和技术，帮助老年人进行身体功能的恢复和锻炼。

（二）信息技术供给

现代信息技术融合医疗实现从健康监测到远程医疗、从智能家居到智慧社区的发展。如物联网技术通过物联网设备，可以实时监测老年人的生活状态和健康情况；大数据技术通过收集和分析老年人的健康数据、生活习惯等信息，可以为老年人建立个性化的健康档案；云计算为养老服务提供强大的数据存储和处理能力，使得老年人的健康数据可以在云端进行备份和共享，方便医护人员随时查看和分析。

三、养老模式发展现状

中国智慧医养结合服务大多为整合照料模式，即由单一机构同时提供养老和医疗双重服务，包括医疗机构内设养老机构和养老机构内设医疗机构两类照料方式。

（一）医疗机构内设养老机构

医疗机构内设养老机构以重庆医科大学附属第一医院兴办的青杠老年护养中心和北京胸科医院改建的老年病医院为代表。青杠老年护养中心是国内首家由国家发展和改革委员会批准的大型公立医院兴办的医养结合护养中心，其充分利用医院的医疗、护理、康复等优势资源，实现医疗资源的合理配置，使养老与医疗、护理、康复、培训等充分融合，从而有效解决当前养老机构在医疗服务上的“短板”问题。

（二）养老机构内设医疗机构

养老机构内设医疗机构以北京太阳城养老社区为代表。太阳城集团在社区开设医院，为社区内老年人组织专属医护团队，为老年人提供全面的医疗照护，从日常健康监测到急救处理，确保老年人在公寓内得到最好的医疗保障。同时，社区与医院合作建立绿色通道，每户家庭都装有紧急呼叫监控系统，以备突发事件使用。

第四节　智慧医养结合面临的问题与发展对策

中国老龄化态势加剧，老年群体对养老服务数量和质量方面的需求不断增长，尤其是在医疗健康方面。为满足老年群体需求，实现养老资源和医疗资源有效整合，智慧医养结合应运而生。本节将分析中国智慧医养结合在服务体系和管理体制方面的问题，并基于此提出对策建议，以为老年群体提供更为优质、便利的养老服务。

一、智慧医养结合面临的问题

（一）医养结合服务难管理

一方面，医院与养老机构在管理体制和政策执行上存在显著差异，医院主要由卫生部门主管，而养老主要由民政部门主管，这种“重医”还是“重养”的定位不清导致政策执行困难。另一方面，医养结合涉及众多部门的管理，包括民政、卫生、公安等，这些部门在管理和政策制定上可能存在交叉，导致政策执行中的混乱和障碍。医院在参与医养结合时，存在医疗服务过度、医疗费用攀升过快等问题，这不仅增加老年人的医疗负担，也影响了医养结合服务的推广和应用。

（二）管理评估体系不健全

医养结合服务在中国尚处于发展初期，相关的评估标准尚未统一、体系尚未规范。不同地区、不同机构之间可能采用不同的评估标准和方法，导致评估结果难以比较和衡量，缺乏客观性和公正性。另外，评估结果的利用和反馈机制不健全，往往只是作为一种形式上的任务完成，而没有真正将评估结果用于改进服务质量和提升服务水平。

（三）服务体系不完善

首先，老年人口对医养结合服务的需求受到资金、人员等方面的限制，许多地区的医养结合服务机构数量不足，服务能力有限。同时医养结合养老服务模式各项服务资源融合不足，服务之间缺乏有效衔接，服务模式、管理体系及监督机制尚不健全。医与养双向互通衔接不足，服务边界不清，服务资源总量不足，难以满足老年人的多元化需求。其次，医养结合服务涉及医疗、养老等多个领域，需要不同部门之间的紧密合作和有效衔接。然而，由于体制机制等方面的原因，不同部门之间的合作和衔接往往存在障碍，导致服务流程不畅，出现医养结合服务持续供给动力不足的困境。

二、智慧医养结合发展对策

（一）构建制度管理体系

智慧医养结合作为一种新型养老服务模式，其发展离不开科学、完整的政策链条和统一、有效的管理结构。首先，政府应加强智慧医养结合顶层制度设计，致力于构建制度体系，为进一步推行健康养老服务提供政策支持和法律依据。其次，医养结合机构应利用现代信息技术手段，推动医养结合服务的信息化建设。建立电子健康档案、远程医疗等系统，实现信息共享和互联互通，提高服务的便捷性和效率性。最后，鼓励社会组织和公众参与医养结合服务，通过设立投诉渠道、开展满意度调查等方式，收集社会反馈，及时改进服务。

（二）完善服务评估体制

为确保评估工作的科学性、公正性和有效性，推动医养结合服务的健康发展，需要完善医养结合服务管理评估。首先，制定全国统一的医养结合服务评估标准，确保评估的公正性和客观性。标准应涵盖服务质量、服务内容、设施条件、人员配置等多个方面，以便全面评估医养结合机构的整体水平。其次，鼓励引入第三方评估机构参与医养结合服务的评估工作，对医养结合机构进行客观、公正的评估，以提高评估的独立性和公信力。再次，建立医养结合服务信息公开制度，定期向社会公布评估结果和服务质量情况，接受社会监督。最后，根据评估结果，对表现优秀的机构给予表彰和奖励，对存在问题的机构进行整改或处罚，以激励机构不断提高服务质量。

（三）统筹多方协同服务

完善医养结合服务体系需要政府、社会、企业等多方共同努力，从政策、服务、资金、人才、科技等多个方面综合施策。首先，医养结合服务应涵盖医疗、康复、养老、护理等多方面内容，以满足老年人多样化的需求。同时，应制定和完善服务标准，包括服务质量、服务流程、服务人员资质等，确保服务的规范性和有效性。其次，医养结合涉及民政、人保、卫生等多个部门，应建立部门间协作机制，防止出现业务范围重叠、交叉的混乱局面，还应加强医疗机构与养老机构之间的合作，强化政策沟通和资源整合，实现资源共享和优势互补，形成合力推动医养结合发展。

第五节　本章小结

本章介绍了智慧医养结合的内涵及其特点，分析了智慧医养结合的需求和供给现状，并在指出其中存在问题的同时，提出针对性的建议。通过学习本章内容，可以发现：

（1）智慧医养结合是指从老年人多元化需求出发，通过将养老和医疗资源有机整合、与服务功能有效衔接，在基本生活照料基础上，为老年人提供持续性健康照护服务的养老供给方式。其特点包括多元化、整合性、数字化等。

（2）智慧医养结合正处在快速发展的阶段，其供给现状为：中国政府在政策上的大力支持，以及医疗技术和信息技术的供给，为中国智慧医养结合的发展奠定了基础；在服务模式上，中国智慧医养结合服务大多为医疗机构内设养老机构和养老机构内设医疗机构的整合照料模式。

（3）如今，智慧医养结合仍面临一些问题，主要表现在以下几个方面：医养结合服务难管理；管理评估体系不健全；服务体系不完善等。针对以上问题，提出以下建议：构建制度体系，协调管理机制；完善评估体制，实现公开化服务；统筹多方协同，建立服务体系。

案例：“三个半医生”智慧医养服务方案

本章案例将介绍“三个半医生”数字乡村养老云平台。阅读本案例，能够明晰当前中国农村智慧医养结合服务的发展优势。“三个半医生”首创“防、康、管、养”数字健康养老模式，形成省、市、县、镇、村“五级关爱网络”，实现对居家老年人的探访关爱服务，填补了农村养老服务的空白。

“三个半医生”平台作为国家健康养老跨界服务应用示范项目，专注解决县域乡村地区养老难的问题，结合大数据、物联网等先进技术，打造全国规模最大的一站式数字健康养老平台，实现了数字化推动居家健康养老新消费、医生下沉基层赋能医养护产业、孝文化引领赡养老人新风尚和互联网打通乡村养老“最后一公里”。截至目前，该平台落地 5 省以上，覆盖乡村 4870 余个，用户达 600 万，互助养老管理员有 4362 位，将医疗服务与养老需求紧密结合，旨在为城乡用户提供便捷、高效的医疗和养老服务。“三个半医生”一站式移动数字医养平台建立“防、康、管、养”四位一体的健康养老体系，通过政府引导、企业参与的方式，建立市场机制，高质量发展县域养老产业（见图 10-1、图 10-2）。

“三个半医生”服务内容：

（1）身边医生管应急：家庭医生提供上门健康养老服务与用药监测、养老评估、应急服务，采集“三高”健康数据，执行上级医生“五个处方”养老服务。另外，数字民政会为特困老人提供探访关爱服务。

（2）权威医生管健康：胡大一医生集团专家团队制定个性化“五个处

方”，包括运动处方、营养处方、心理处方、生活方式处方和用药处方。

（3）数字医生管指标：用数字健康终端检测慢病指标，实时向医生、家属传输健康数据，提供智能健康预警追踪服务。

（4）半个医生是儿女：子女是养老第一责任人，乡村互助养老管理员是协同人，负责检测老人健康状况，及时响应医生建议，带给老人心理慰藉。

图 10-1 “三个半医生”数字医养场景

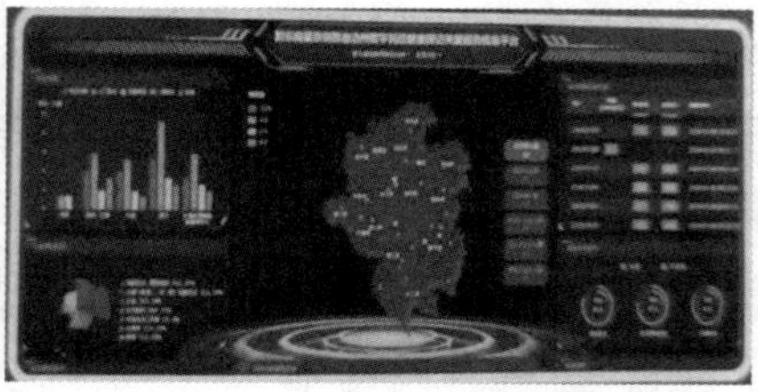

图 10-2 全国市县民政数据健康养老检测平台

拓展：中国医养结合服务管理标准

本章拓展内容源于中国政府网老年健康司《医养结合机构管理指南（试行)》。《医养结合机构管理指南（试行)》(以下简称《指南》) 于 2020 年 10 月由国家卫生健康委会同民政部、国家中医药管理局制定出台，是中国在医养结合服务领域的一项指南和标准，要求各类医养结合机构参照《指南》要求，以老年人健康为中心，根据机构资质和服务能力，为老年人提供医养结合服务并进行科学、规范管理，满足老年人健康养老服务需求，保障老年人合法权益。《指南》对于推动居家养老服务标准化、规范化、专业化发展具有现实意义。

《指南》主要包括以下六个方面的内容：

一是明确对医养结合机构的基本要求，包括机构设置、科室设置、设施设备配备等要求。

二是明确养老服务管理要求。医养结合机构需按照相关标准，制定并组织实施生活照护、基础照护、康复服务、心理支持、照护评估等方面的养老服务管理制度，并加强质量管理。

三是明确医疗服务管理要求，包括医疗质量管理、医疗护理服务管理、医疗康复服务管理、安宁疗护服务管理、感染防控管理、传染病管理、用药管理、病历管理。医养结合机构应当按照中国发布或认可的诊疗技术规范和操作规程提供医疗服务，制定并组织实施管理制度。

四是明确医养服务衔接管理要求，包括服务有效衔接和信息化管理。医养结合机构应充分发挥信息技术的支撑和引领作用，开展服务质量管理与控制，包括建立老年人电子健康档案、加强对相关人员的联动管理、鼓励开展医疗卫生和养老上门等延伸服务。

五是明确运营管理要求，包括人力资源管理、财务管理、行政办公管理、后勤管理、档案管理、外包服务管理、签约及投诉管理、收费管理。

六是加强安全管理，包括突发事件应急管理、安全巡查管理、出入与人身安全管理、消防安全管理、食品安全管理、财产安全管理、信息安全管理、设施设备安全管理、安全教育与培训。

思考题

1. 智慧医养结合是融合传统医养与先进的信息技术形成的一种创新服务模式，其有哪些显著的特点？

2. 根据中国智慧医养结合的需求与发展现状，说明目前中国智慧医养结合有哪些不足之处。

3. 目前智慧医养结合面临的问题要如何有效解决？

推荐阅读资料：

［1］杜鹏，韩文婷．互联网与老年生活：挑战与机遇［J］．人口研究，2021（3）：3-16.

［2］左美云，于越．智慧养老的现状、问题与趋势［J］．科技与金融，2023（7）：11-15.

［3］张运平，黄河．智慧养老实践［M］．北京：人民邮电出版社，2020.

［4］［美］王杰，董少龙．智慧养老技术及落地应用指南［M］．北京：电子工业出版社，2021.

第十一章　老年数字鸿沟与老年人智能技术运用提升

本章导读：在数字技术快速发展和人口老龄化程度不断加深的背景下，数字资源匮乏、数字技能缺失让许多老年人陷入数字融入困境。帮助老年人消除数字鸿沟、打破老年群体与数字社会之间的原生性屏障，对于构建以科技为支撑的老龄社会治理体系、建设数字中国具有重要意义。本章首先介绍老年数字鸿沟的内涵，其次基于微观调查数据分析中国老年数字鸿沟现状，并提出消除老年数字鸿沟的相应对策。本章将回答以下问题：什么是老年数字鸿沟？老年数字鸿沟的现状如何？消除老年数字鸿沟的具体对策有哪些？

第一节　老年数字鸿沟

随着数智时代来临，互联网使用已成为基本生存需要。老年人由于生理、心理等多方面原因，在互联网使用、数字技能方面普遍处于劣势状态。《“十四五”国家老龄事业发展和养老服务体系规划》要求解决老年人在运用智能信息技术方面遇到的突出问题，将切实维护老年人信息权益放在首位。因此，在数字化与老龄化交叠的时代，了解老年数字鸿沟并探究其发展现状对构建面向老年人的数字服务体系、促进老年人更好地融入数字化社会、实现人口高质量发展具有重要现实意义。本节主要介绍老年数字鸿沟的内涵、测度方法与影响因素。

一、老年数字鸿沟的内涵

数字鸿沟是指由于贫穷、教育设施中缺乏现代化技术以及低教育水平形成的贫穷国家与富裕发达国家之间、城乡之间以及年青一代与老一代之间在获取信息和通信新技术方面的不平等（黄晨熹，2020）。数字鸿沟起源于 20 世纪 30 年代伴随电话通信技术出现的“电话鸿沟”。数字鸿沟一词最早出现于《权利的转移》一书（Toffler，1990）。老年数字鸿沟是指老年群体由于社会经济地位、受教育程度、所在地域等的不同，在信息技术的接入、采纳、使用等方面存在较大差异，主要表现为接入沟、使用沟和知识沟三个维度（黄晨熹，2020；陆杰华和韦晓丹，2021）。

接入沟是由于基础设施以及经济条件导致人们接入互联网的差距（Attewell，2001），主要表现为老年人在获取智能手机、电脑等网络终端方面存在困难。

使用沟是指人们在数字技能和互联网使用上存在的差异，主要表现为由于学习能力降低、身体机能减退导致老年人在智能设备使用方面存在困难。

知识沟是指接入和使用互联网后人们的使用效率或人们利用数字技术改变现实生活能力的差距（韦路和张明新，2006），主要表现为老年人相对低下的数字素养，容易遭受数字诈骗和谣言等网络风险。

二、老年数字鸿沟的测度

接入沟又称第一道数字鸿沟，主要表现为老年群体在数字设施接入方面的差异。接入沟测度方式较为直观，主要通过是否安装宽带、是否使用互联网、是否使用微信等信息技术或数字媒介的采纳情况来进行测量（徐越，2020；周裕琼，2014）。

使用沟又称第二道数字鸿沟，主要表现为老年群体在数字设备使用方面的匮乏，包括使用技能和使用层次上的差距。使用沟主要通过智能手机上网时长、微信的使用情况、朋友圈的使用频率、掌握的微信功能数、微信好友数量、APP 的使用情况等进行测量（靳永爱等，2021）。

知识沟又称第三道数字鸿沟，主要表现为老年群体信息素养不高。知识沟是一个相对抽象的概念，较难通过少数指标进行测量，在具体的测度上，学者们针对不同群体多使用指数或者构建指标体系的方法对其进行描述。有学者针对代际知识沟差异从能力、知识和理解三个维度构建数字素养指数来衡量（林枫，2018）；还有学者构建了针对老年人的媒介与信息素养评估框架，用来评估老年人的数字素养水平（黄丹俞和邱子清，2021）。

三、老年数字鸿沟的影响因素

老年人不仅与其他群体在接入、使用互联网获取信息、进行社会参与等方面存在差异，其内部在数字技术的应用和数字素养方面也存在较大的差异。这些差异的形成主要受老年人自身的年龄、受教育程度、经济状况、身体健康状况以及代际支持等因素的影响。

（一）年龄与性别

年龄是形成老年数字鸿沟的一个重要因素。在代际层面，年轻群体在信息技术的接受程度、使用频率和知识掌握上都领先于老年人；在老年人内部，低龄老年人在互联网的接入与使用方面存在明显优势（黄晨熹，2021）。老年人是否使用微信存在性别差异，女性老年人使用微信的可能性更高，但女性老年人在互联网使用方面存在的数字鸿沟问题比男性老年人更严重（周裕琼，2014）。

（二）受教育程度与经济状况

受教育程度和经济状况也会影响老年人对互联网的接入与使用情况。受教育程度较低的老年人容易缺乏接入互联网的动机（Shah et al.，2001），并且，个人文化积累较少容易导致老年人对数字科技产生焦虑和消极想法（Lagacé et al.，2015）；而受教育程度较高的老年人能够较快理解互联网思维以及掌握现代化信息技术的使用技能，对智能设备的学习意愿也相对较高（张未平，2019）。

经济状况对老年人的影响主要体现在数字设备接入的能力上，经济水平高的老年人具备进入网络世界的能力，接入互联网的概率较大。在接入互联网之后，经济条件优越的老年人能够享受到更丰富和多元化的智能服务，他们渴望通过学习数字化知识来丰富生活的意愿也会更高。

(三) 健康状况与代际数字反哺

健康状况对老年人的影响同样不容忽视，身体机能的衰退以及认知能力的下降严重阻碍了老年人对互联网的使用（林文盛和冯健，2021），原先使用互联网的老年人会因为身体无法支撑其较长时间的互联网使用而中断上网，而健康状况越好的老年人接入和使用互联网的可能性越大（陈勃和樊国宝，2003）。代际数字反哺在一定程度上也能够减小老年数字鸿沟，如子女鼓励老年人使用互联网能够增加数字反哺的习得效应（麻宝斌等，2020）。

(四) 居住地与社会支持

居住地的不同会造成城乡数字鸿沟，城市老年人能够享受到更丰富和便捷的信息数字化服务，他们比农村老年人更有可能使用互联网上网，使用微信等新媒介的可能性也会更大。从社会支持角度来看，拥有社会保障收入、养老金收入、自存养老钱的老年人更经常使用互联网（张未平，2019），退休金数目高的老年人存在较少的数字鸿沟问题（徐越，2020）。

第二节 老年数字鸿沟现状

本节利用“健康老龄化与智慧养老”专项调查数据，从接入沟、使用沟和知识沟三个维度分析老年数字鸿沟现状。对接入沟使用描述性统计分析方法；对使用沟和知识沟分别构建指标体系进行测度（见表 11-1），利用熵值法对指标进行赋权。需要注意的是，本节测算的使用沟与知识沟两者均为负向指标，数值越大表明老年人的数字鸿沟越小。

表 11-1　使用沟与知识沟评价指标体系

维度	一级指标层	二级指标层	释义与赋值	权重
使用沟	互联网使用深度	智能手机使用困难程度	五点量表，获得：非常困难=1；比较困难=2；一般困难=3；不太困难=4；不困难=5	0.174
		智能手机使用范围	接打电话；微信聊天；在线支付；学习；休闲娱乐；获取新闻资讯	0.090
		智能手机使用 APP	社交类、新闻类、购物类、视频类、短视频类、游戏类、学习类、其他类	0.085
	互联网使用强度	智能手机使用频率	每天使用=1；每周 4~6 天=2；每周 1~3 天=3；几乎不用=4	0.072
		智能手机平均使用时长	少于 1 小时=1；1~3 小时=2；3~6 小时=3；6 小时以上=4	0.397
		智能手机使用年限	1 年以下=1；1~2 年=2；2~3 年=3；3 年以上=4	0.182
知识沟	意识与知识	媒介与信息知识	您能够主动学习使用智能手机并且觉得其使用方法易学易懂：五点量表	0.028
		求助与服务购买意识	您认为向子女学习使用智能手机会为自己的生活带来便利：五点量表	0.043
	需求与获取	需求界定与表达	使用智能手机满足了您的需求和期望：五点量表	0.029
			使用智能手机超出了您的期望：五点量表	0.039
		媒介与信息源选择	使用智能手机可以让您得到有价值的知识信息：五点量表	0.028
		信息检索	您习惯使用智能手机来了解信息：五点量表	0.047
		信息获取	您能够负担得起使用智能手机产生的费用：五点量表	0.035
	理解与鉴评	理解媒介信息	您是否理解以下词句的网络含义：理解=1 分，似懂非懂=0.5 分，不理解=0 分	0.398
	管理与应用	信息利用	使用智能手机满足了您对智能信息产品的期望：五点量表	0.034
			使用智能手机满足了您的生活需求：五点量表	0.026
		信息交流、分享、协作	使用智能手机可以提升您在朋友中的形象：五点量表	0.067
			您习惯使用智能手机来展示自己的生活状态：五点量表	0.042

续表

维度	一级指标层	二级指标层	释义与赋值	权重
知识沟	伦理与安全	信息安全	您认为使用智能手机出现问题不能及时解决：五点量表	0.057
			您认为使用智能手机可能会泄露个人隐私：五点量表	0.064
			您认为使用智能手机过程中可能会出现卡顿、闪退的现象：五点量表	0.063

注：五点量表的回答选项包括非常不同意（1分）到非常同意（5分）五个选项。
资料来源：2021—2022年吉林、山东、河南和陕西四省“健康老龄化与智慧养老”专项调查。

一、接入沟

首先对老年人的接入沟进行分析。从整体上看，使用智能手机的老年人占比为56.94%，未使用智能手机的老年人占比为43.06%（见图11-1）。

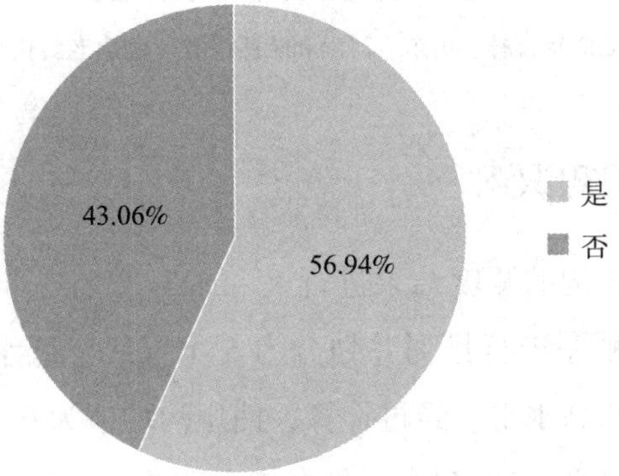

图11-1　老年人是否使用智能手机占比情况

资料来源：2021—2022年吉林、山东、河南和陕西四省“健康老龄化与智慧养老”专项调查。

从居住地来看，在使用智能手机的老年人中，农村（49.21%）和城市（50.79%）地区的老年人数占比相当；而在未使用智能手机的老年人中，农村老年人占比超过六成，表明老年人的数字接入情况存在明显的城乡差异，农村地区老年人的数字接入规模有待提升（见图11-2）。

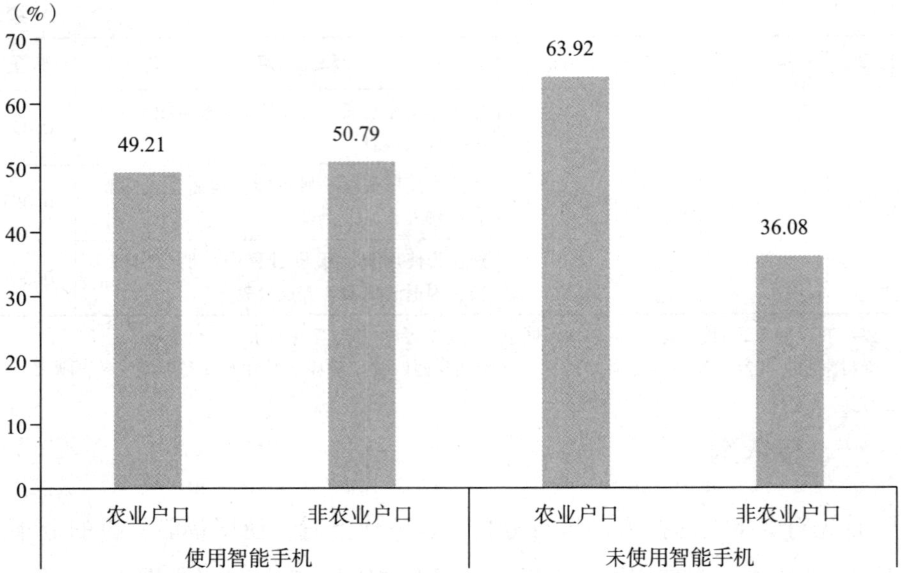

图 11-2　老年人是否使用智能手机的城乡对比情况

资料来源：2021—2022 年吉林、山东、河南和陕西四省“健康老龄化与智慧养老”专项调查。

二、使用沟和知识沟

对使用沟与知识沟的测度结果进行 K-means 聚类分析，根据聚类结果将其按照从低到高的顺序进行排列并划分为 5 个等级：低水平、次低水平、中等水平、次高水平和高水平。经过计算，使用沟均值为 0.580，处于中等水平（32.75%）和次高水平（28.64%）的老年人数较多，处于高水平的老年人数占比为 20.41%，处于次低水平和低水平的老年人数均较少，两者占比不足 20%（见图 11-3）。

知识沟均值为 0.407，处于次低水平和中等水平的老年人数较多，两者占比之和超过六成，处于低水平（14.87%）和次高水平（13.61%）的老年人占比相当，而处于高水平的老年人最少，仅占 4.91%（见图 11-3）。

可以看出，随着老年人对互联网的深入使用，老年人的数字使用情况较好，但是相比于年轻群体，老年人接触数字媒体的时间较晚，数字素养仍处于较低的水平，其在知识层面的鸿沟相比于技术使用的鸿沟更深。

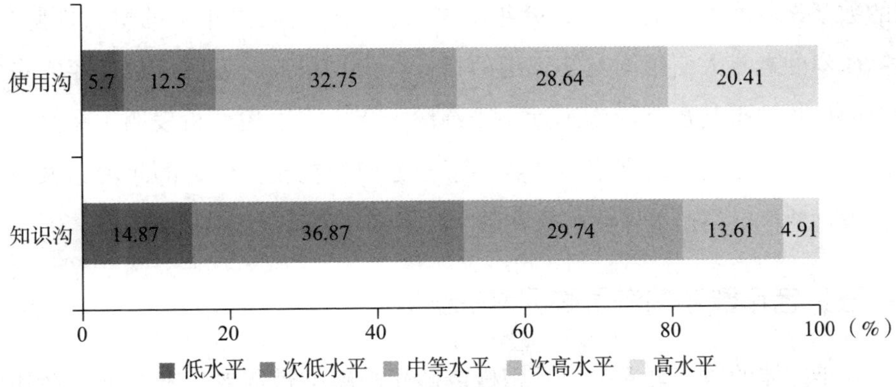

图 11-3　使用沟与知识沟测度结果等级分布（N=632）

资料来源：2021—2022 年吉林、山东、河南和陕西四省“健康老龄化与智慧养老”专项调查。

使用 T 检验和方差分析来检验不同特征（性别、年龄、居住地）老年人的使用沟与知识沟的测度结果显著性。结果显示，老年人的使用沟与知识沟分别在年龄和居住地方面在 1%的显著性水平上存在明显的差异，二者均不存在性别差异。分样本对不同特征老年人的使用沟与知识沟指标均值进行比较，如图 11-4 所示。

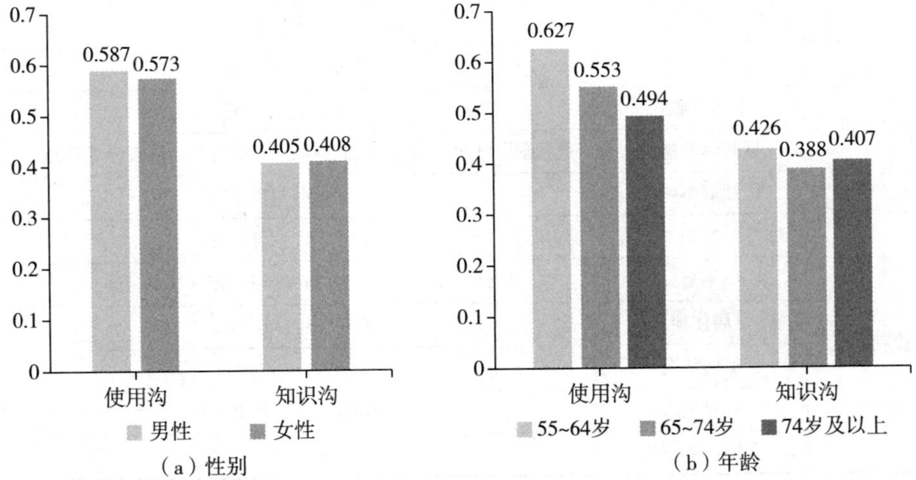

图 11-4　不同特征老年人的使用沟与知识沟均值（N=632）

资料来源：2021—2022 年吉林、山东、河南和陕西四省“健康老龄化与智慧养老”专项调查。

分城乡来看，与农村老年人相比，城市老年人的数字使用情况较好，具备的数字素养水平也比较高；分年龄来看，使用沟随着年龄的增大而降低，55~64 岁的老年人使用沟与知识沟的指标均值均最高，表明低龄老年人在年龄上的优势使得其数字鸿沟远远小于高龄老年人。上述分析表明，在接入互联网之后，老年人在数字使用与数字素养方面存在较为明显的年龄和城乡差异，农村地区、高龄老年人容易在数字技术利用方面处于劣势地位。

三、老年数字鸿沟影响因素的研究

老年群体的数字融入困境是积极老龄化战略推进与老年友好型社会建设过程中面临的重大挑战，积极探究老年数字鸿沟的影响因素对提升老年人的数字接入、数字使用以及数字素养至关重要。本部分主要建立回归模型来分析老年数字鸿沟的具体影响因素。表 11-2 为模型中的变量名称及定义。

表 11-2　变量名称及定义

变量种类	变量名称	变量定义
因变量	接入沟	使用智能手机=1，不使用智能手机=2
	使用沟	由综合指标评价法计算而得
	知识沟	由综合指标评价法计算而得
自变量	受教育程度	受教育年限（年）
	平均月收入	平均月收入（元）
	日常活动能力	通过 IADL（工具性日常生活活动能力）量表计算而得
	社群影响	无=1，有=2
控制变量	性别	男性=1，女性=2
	年龄	55~64 岁=1、65~74 岁=2、75 岁及以上=3
	居住地	农村=1，城市=2
	配偶状况	有=1，无=2
	自评健康	不健康=1，健康=2
	人情往来支出	人情往来支出取对数

资料来源：2021—2022 年吉林、山东、河南和陕西四省“健康老龄化与智慧养老”专项调查。

表 11-3 呈现了在控制其他变量的情况下，受教育程度、平均月收入、日常活动能力与社群影响四个变量对老年数字鸿沟的影响。受教育年限越长与日常活动能力得分越高的老年人，使用智能设备的可能性更高，数字使用效

果也越好，而平均月收入水平越高，老年人越倾向更深入地使用互联网，受社群影响越大的老年人拥有的社会资本越丰富，更容易被家人和朋友带入数字生活，从而满足其数字化需求，更有助于老年人高数字素养水平的培育。在控制变量中，年龄有显著的负向影响，即低龄老年人的数字鸿沟较小；而城市、有配偶的老年人，更容易接入并使用智能设备。

表 11-3　老年数字鸿沟影响因素的基准回归结果

变量		(1)	(2)	(3)
		接入沟	使用沟	知识沟
受教育程度		0.128***	0.014***	0.009***
平均月收入		0.001***	0.001***	0.000
日常活动能力		0.229***	0.014***	0.004
社群影响		1.021***	0.031*	0.082***
性别	（男）			
	女	-0.278*	-0.011	-0.002
年龄	（55~64 岁）			
	65~74 岁	-1.061***	-0.050***	-0.031***
	75 岁及以上	-1.741***	-0.115***	-0.071***
居住地	（农村）			
	城市	0.221	0.048***	0.021**
配偶状况	（无配偶）			
	有配偶	0.467***	0.008	-0.003
常数项		-5.341***	0.129	0.086
样本量		1110	632	632
Pseudo R^2/R^2		0.301	0.230	0.257

注：*** 表示 $p<0.01$，** 表示 $p<0.05$，* 表示 $p<0.1$。

资料来源：2021—2022 年吉林、山东、河南和陕西四省“健康老龄化与智慧养老”专项调查。

同时可以看出，在使用智能手机的老年人中，平均月收入和日常活动能力对知识沟并未表现出明显的影响，说明在老年人接入和使用智能设备过程中，月收入的影响至关重要，而在接入互联网后，对老年人数字素养影响较大的因素是受教育程度与社群影响。可能的原因是：接受过高等教育的老年人对网络用语的了解更深、对网络谣言的辨别能力更高，同时，受社群影响较大的老年人则拥有更多的社会网络资源，促使老年人在与朋辈或家人互动学习过程中产生竞争心理，从而激发其对数字化设备学习的欲望和需求，进而不断延伸互联网的使用深度。

第三节　消除老年数字鸿沟的对策

一、消除接入沟，提高数字技术可获得性

（一）发挥政府的关键主导作用

政府应给予老年群体充分的物质支持来消除数字接入鸿沟。首先，可针对欠发达地区加强数字基础设施建设，提升老年人接触和使用数字技术的便捷度；其次，应积极建设适合老年人的数字化应用场景，形成外部推力，提升老年人对数字技术的有用感知度，从而推动数字产品及服务在老年群体中的普及；最后，应拓宽数字公共服务的获得渠道，采用多渠道的宣传方式，帮助老年人获取各类数字公共服务及相关产品的信息，联合社会力量建立适老化智能设备线上线下体验平台。

（二）发挥社区和家庭的支持作用

社区和家庭应为老年群体获取数字技术和服务提供相应的支持。社区工作者应发挥在社区内的影响力，拓展社区内智能设备体验平台的老年用户市场，创建内部互助环境，让智能设备真正走近老年人。家庭是老年人最强大与最密切的支持，大多数老年人的数字设备获取都源自家庭成员的帮助，家庭内部的互助行为是老年人接入数字技术的重要途径，也是重要保障。家庭成员应发挥代际支持作用，帮助老年人了解数字技术在家庭生活与社会交往等方面的实用价值，解答与满足老年人在体验过程中的困惑与需求。

二、弥合使用沟，提升数字技术适老化改造

（一）增强智能产品适老化设计

支持企业在产品研发过程中充分考虑老年人的使用需求，推出具备大屏幕、大字体、大音量、大电池容量等适老化特征的手机、电视、音箱等智能产品。鼓励企业持续优化操作界面，简化操作流程，提升智能产品人机交互体验。支持企业研发被动式、集成化的健康管理类智能产品及养老监护类智能产品，实现老年人无感知应用。推动企业加强国际合作，积极借鉴国外适老化设计先进理念。鼓励企业推出适老化产品说明书，方便老年人学习使用。遴选优秀适老化产品及服务，编制智能产品适老化设计典型案例。

（二）开展互联网应用适老化及无障碍改造

围绕老年人获取信息的需求，重点推动新闻资讯、社交通信、生活购物、金融服务、旅游出行、医疗健康、市政服务等与老年人日常生活密切相关的互联网网站、移动互联网应用适老化改造，切实改善老年人在使用互联网服务时的体验。鼓励企业提供相关应用的“关怀模式”“长辈模式”，将无障碍改造纳入日常更新维护，提高信息无障碍水平。

三、缩小知识沟，塑造数字包容的社会环境

（一）建立老年友好社会环境

社会应消除对老年人的歧视，促进老年人的社会参与，共同构建年龄友好型社会。全社会需要转变观念，认清我国社会人口老龄化现实，培育老龄社会的意识。政府和社会要秉持以人为本和共同富裕的发展理念，尊重老年人等弱势边缘群体平等使用数字技术和享受数字红利的权利，将建设数字包容的老龄社会纳入实施积极应对人口老龄化国家战略和社会可持续发展的宏观背景。公共服务部门可在规章制度指导下，提升服务质量，营造老年友好的服务环境。

（二）提升老年人智能技术运用能力

深入实施“智慧助老”行动，依托社区、养老服务机构、老年大学等，

研究编制老年人智能产品应用教程，开展视频教学、体验学习、尝试应用、经验交流、互助帮扶等智能技术应用培训活动，切实解决老年人运用智能技术困难的问题，便利老年人使用智能产品及服务，提升老年人信息应用、网络支付等方面的安全风险甄别能力，增强老年人反诈防骗意识。同时，老年人应意识到消除数字鸿沟的根本在于自身，发挥主观能动性积极融入数字生活。老年人应主动了解相关智能产品，积极学习其在医疗、交通、消费等应用场景中的使用方法，逐步适应互联网、人工智能等技术。

第四节　本章小结

本章介绍了老年数字鸿沟内涵及测度方法，利用“健康老龄化与智慧养老”专项调研数据分析老年数字鸿沟现状，并对其影响因素进行了探究，提出消除老年数字鸿沟的具体对策。通过学习本章内容，可以发现：

（1）从接入沟来看，老年人的数字接入情况存在城乡差异，农村老年人智能设备的接入情况不如城市老年人。超过半数的老年人会使用智能手机，在使用智能手机的老年人中，农业户口和非农业户口的老年人数占比相当，而在未使用智能手机的老年人中，农业户口的老年人占比超过六成。

（2）从使用沟来看，老年人的数字使用情况较好，绝大部分老年人的数字使用测度结果等级为中等及以上。

（3）从知识沟来看，绝大部分老年人的数字素养不高，大部分老年人的数字知识测度结果等级为中等和次低水平。使用沟与知识沟在年龄和居住地维度上存在差异，在性别上存在的差异较小。

（4）低龄老年人的数字鸿沟较小，城市、有配偶、健康状况良好以及人情往来支出多的老年人，更容易接入并使用智能设备。受教育年限越长与日常活动能力得分越高的老年人，数字使用效果越好，社会资本更丰富的老年人则拥有更高的数字素养。

（5）弥合老年群体的数字鸿沟，应消除接入沟，提高数字技术可获得性；弥合使用沟，提升数字技术适老化改造；缩小知识沟，塑造数字包容的社会环境。

案例：银行智慧网点助力老年客户跨越数字鸿沟

本章案例将介绍上海打造的银行智慧网点。阅读该案例可以了解打造银行智慧网点如何助力老年人跨越数字鸿沟。上海是中国最早进入人口老龄化社会的城市之一，随着老年人口的不断增加，各类基础和专业化的养老服务需求持续攀升。为了进一步做好适老金融服务，沪上银行业持续加快探索步伐，建设老年人友好型网点，打造了养老金融特色网点，建立了全国首批“5G 养老标杆示范网点”，努力让金融服务更有力度、更有温度。

（一）坐着轮椅在银行网点畅通无阻

中国建设银行青浦华新支行的厅堂里设有轮椅专属等候区，现金、对公与理财业务区域为使用轮椅的老年人提供专属低位柜台，充足容膝空间与无门槛设计保证轮椅自由进出，24 小时自助区域配置电动无门槛防护舱、呼叫按钮等。同时，该网点专门辟出“安享小屋”特色功能体验区，为老年客户提供健康检测、视频医生、数字体验、休闲活动区一体式服务；在银行网点大堂内，为使用轮椅与陪护的特殊群体或行动不便的老年人设置了专属等候区域、爱心座椅；在填单台附近，配备老花镜、助听器、语音计算器等各类便民服务设施，填单单据样张也做了放大处理（见图 11-5）。

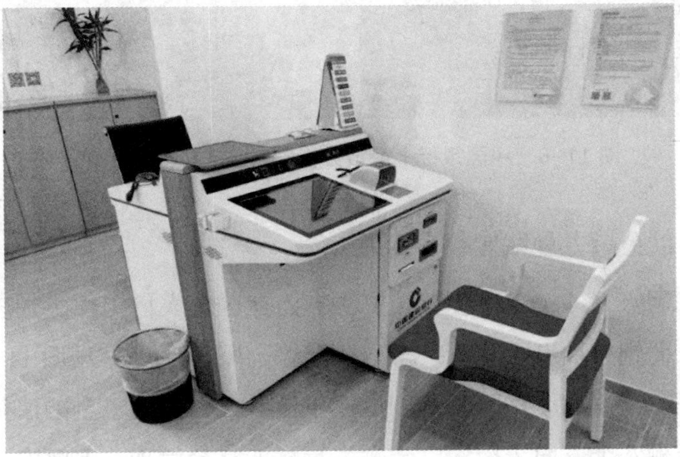

图 11-5　中国建设银行青浦华新支行老年人专属低位操作台

（二）打造老年居民的“网红打卡地”

中国银行上海市分行周家渡支行是中行打造的全国首家5G智慧养老标杆网点。该网点不仅对硬件配置进行了适老化改造，配备有爱心座椅、拐杖、放大镜、血压仪、语音震动叫号设备等，还开辟了专门区域作为银发人群活动区（见图11-6）。在活动区，设置老年图书馆、茶艺和书法展示区，并开设老年课堂，定期举办老年人喜爱的线下课程。新设公益互助养老平台体验专区、认知症干预训练专区、喜马拉雅有声图书专区及记忆照相馆等，成为周边社区老年居民的“网红打卡地”。5G云咨询系统是网点的又一大亮点，周家渡支行定期预约在线养老顾问，为广大老年客户提供5G在线养老咨询和医疗咨询等服务，大幅节省了老年客户来回奔波的“脚底成本”。2022年，网点通过线上云咨询系统，累计为100余名社区老年客户提供线上健康咨询、线上求医问诊等服务。

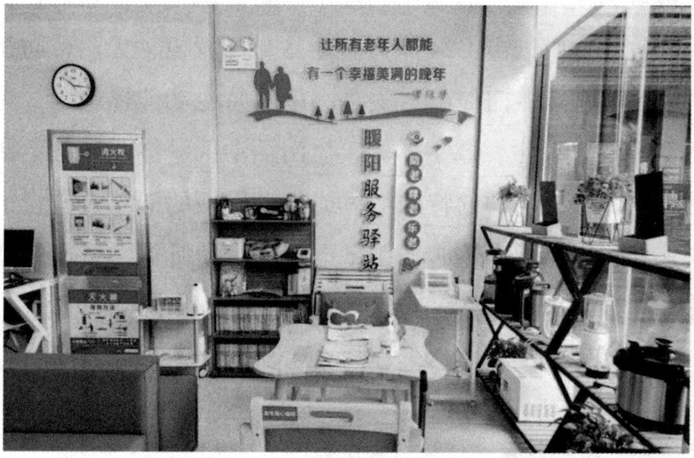

图11-6　中国银行上海市分行周家渡支行老年活动区

（三）以金融力量赋能社会治理

银行在网点之外，还对接社会资源，为社区老人们提供更加多元化的服务。上海农商银行推出了“心家园”社区综合服务项目（见图11-7），围绕健康医疗、文化娱乐、优品团购、居家生活、社区公益、金融法律、住房综合及综合金融八个方面，探索以金融力量赋能社会治理。上海农商银行利用自己的资源让老年人在社区享受到便民的服务，比如开设老年学堂，丰富郊区老年人的文化娱乐生活，专门针对防范侵害老年人权益的诈骗活动做案例宣讲。除了提供普适性的助老服务外，对于更加需要关心的失能失智老人群体，银行导入了社会专业服务队伍，为认知障碍家庭提供帮助，并为认知障碍者家属开通办理业务“绿色通道”。

图 11-7　上海农商银行开设“心家园”健康大讲堂

拓展：老年数字鸿沟研究的多个理论视角①

学界目前对老年数字鸿沟已发展出多元的研究视角，不同学者从多个理论视角对老年数字鸿沟的成因及弥合路径进行研究，这里主要列举四个理论研究视角。

1. 创新扩散理论

创新扩散理论是研究创新传播效果的经典理论，该理论主要侧重于数字鸿沟中的接入沟这一层次。在对新事物的接受度方面，年轻群体的学习能力较强且对新技术较感兴趣，主动接触和使用新技术的程度较高，而老年群体受传统生活观念影响，对于数字技术等新事物的态度往往相对保守。

① 周向红，林松涛．可及性视角下老年数字鸿沟的成因及弥合路径研究［J］. 上海城市管理，2023，32（6）：9-17.

2. 能力贫困理论

能力贫困理论认为贫困实际上就是对人的基本可行能力的剥夺。其中，可行能力是指个体有可能实现的、各种可能的功能性活动组合的实质自由。基于该理论视角，有学者将部分群体处于数字鸿沟弱势一端的状态称为“数字贫困”，如果将数字技术利用视为人们的实质自由，那么数字鸿沟产生的原因就在于老年人和年轻人实质自由的差异，也即可行能力的差异。

3. 知识沟理论

知识沟理论认为相比年轻群体，大部分老年群体的社会经济地位较低，获得信息资源和商品服务的渠道极为有限，属于数字经济时代中的弱势群体。多数老年人受自身的生理条件、文化水平等因素限制，不具备高效的信息处理及知识转化的能力，从而导致知识沟的产生。这种知识沟会导致老年人在数字产品和服务的获取和使用上落后于年轻群体。

4. 社会排斥理论

社会排斥理论主要用于解释某些个体和群体被排斥在社会主流活动之外的现象。基于该理论，老年数字鸿沟可以被视为老年群体在数字领域所遭受的社会排斥。在数字领域的社会排斥也被称为“数字排斥”，即部分群体由于无法接触和使用各类数字技术应用和服务，被排除于数字化进程之外。

思考题

1. 什么是老年数字鸿沟？

2. 我国在助力老年人跨越数字鸿沟方面面临哪些挑战？

3. 请你谈谈如何帮助老年人跨越数字鸿沟。

推荐阅读资料：

［1］靳永爱，赵梦晗．互联网使用与中国老年人的积极老龄化——基于2016年中国老年社会追踪调查数据的分析［J］. 人口学刊，2019，41（6）：44-55.

［2］陆杰华，韦晓丹．老年数字鸿沟治理的分析框架、理念及其路径选

择——基于数字鸿沟与知沟理论视角 [J]. 人口研究，2021，45 (3)：17-30.

[3] 黄晨熹. 老年数字鸿沟的现状、挑战及对策 [J]. 人民论坛，2020 (29)：126-128.

[4] 杨菊华，刘轶锋. 数字时代的长寿红利：老年人数字生活中的可行能力与内生动力 [J]. 行政管理改革，2022 (1)：26-36.

[5] 刘建国，苏文杰. “银色数字鸿沟”对老年人身心健康的影响——基于三期中国家庭追踪调查数据（CFPS） [J]. 人口学刊，2022，44 (6)：53-68.

第十二章　智慧健康养老产业示范推广

本章导读：中国智慧健康养老产业发展具有较好的基础，并呈现出快速发展的势头。截至2023年底，全国六批次智慧健康养老应用试点示范中，共有198家示范企业、293个示范街道、63家示范基地以及3家示范园区入选。本章基于“立足陕西，面向全国”，对陕西省多个入选国家级试点示范单位的创建内容和创新性进行研究，总结模式经验，为产业发展提供推广案例，并回答以下问题：示范基地的区县是如何促进智慧健康养老产业发展的？我国目前智慧健康养老产业开展较好的乡镇街道有哪些突出表现？智慧健康养老产业相关企业未来应将工作重心落于何处，以提升企业品牌和促进企业发展？

第一节　智慧健康养老产业示范基地

本节选取了陕西省西安市碑林区、咸阳市渭城区以及西安市莲湖区三个智慧健康养老产业示范基地，分析了示范单位基本情况、示范单位现有应用/现有发展、示范单位创新性以及示范单位创建目标和创建内容，以期为我国智慧健康养老产业的发展提供借鉴。

一、全产业链模式：西安市碑林区

（一）示范单位基本情况

碑林区是西安市中心城区，是全国“百强区”，且连续十年荣获陕西省经济和社会发展“五强区”称号。全区总面积 23.36 平方千米，下辖 8 个街道、98 个社区，户籍人口 72.44 万人，老年人口 11.98 万人。碑林区早在建设环大学创新产业带“十三五”规划中就明确提出大力发展信息服务业和健康服务业，现已建成总面积 2100 平方米的老年人综合服务中心，建有社区居家养老服务站 98 个；已建成国家级孵化器 2 个、国家级创业孵化基地 2 个、国家级大学科技园 1 个、国家级众创空间 11 个，培育了中航创世机器人、陕西瑞泉养老服务公司等一批创新性、影响力强的智慧健康养老企业，初步形成产业聚集效应。同时，碑林区全面推进医养结合，智慧健康养老体系也不断完善，区政府已出台相关配套政策 12 项，从事智慧健康养老服务的专（兼）职人员 980 人。2018 年财政资金在智慧健康养老产业培育、服务落地等方面投入 4655 万元，同时引入西安企业资本服务中心、六禾创投等社会资本 3000 万元；已聚集 50 个产品生产和服务提供企业，推广应用智慧健康养老产品 41 类、智慧健康养老服务 62 种。现全区智慧健康养老产业规模已达到 6.22 亿元，具备较好的智慧健康养老应用示范条件和产业基础。

（二）示范单位现有应用/现有发展

碑林区以“智能+”为引领，产学研紧密合作，大力发展数据智能产业，并积极创造条件推进数据智能科技成果、创新产品广泛应用于健康养老领域，在智能健康养老产品研制和服务创新方面形成两大相对完整的生态链。碑林区成立了西安设计联合会和丝绸之路创新设计产业联盟，设有中国好设计西安中心、人工智能创新实验室等产业相关高水平研发平台，陆续研发出智能康复机器人、高端分子诊断仪器、投影式红外血管成像仪（“扎针神器”）、英卓智能公寓、超静音空气宝、“关护通”腕表、生命体征检测仪和基于眼球控制的智能居家轮椅等创新性优质智慧健康养老产品，并申请国家百余项相关专利。同时，碑林区全面推进医养结合发展，建成智慧医保系统、联众远程（移动）会诊系统、关护通云平台、福乐康智慧养老综合服务平台、全乐智慧社区健康管理及养老服务系统等多个智慧健康养老服务平台，完善了预约服务、远程医疗、移动支付、互联网医院在养老领域的应用。

近年来，碑林区加快社区养老阵地建设步伐，于 2017 年底前完成了社区养老设施的全覆盖，并引导社会力量兴办养老机构，积极落实养老机构床位补贴和运营补贴政策，推进机构的医养融合发展。同时积极整合医疗资源、养老资源、信息资源、护理资源和社会服务资源，打造以“医护养”为服务特色的新型社区居家养老服务新模式。碑林区以“互联网+养老”为依托，构建精准“医护养”体系；以社区服务站为依托，构建全方位精细服务体系；以服务中心为依托，构建专业化志愿服务体系。同时出台了多项产业政策、资金保障政策、基地标准、地方标准或团体标准，形成了规范的建管格局。

（三）示范单位创新性

碑林区以智慧健康养老特色产业集群的建设高效配置现有资源，在全面整合高校院所科技资源、智力资源，整合政策机制、金融平台的基础上，培育发展以碑林区智慧健康养老产业孵化中心为核心，以环大学数据智能小镇、长乐健康小镇为承载产业聚集区的产业空间格局，初步形成了智慧健康养老产业生态圈。

建设碑林区智慧健康养老基地，既是为老城区培育新的增长点，也是为实现可持续发展探索新路径。碑林区积极探索养老服务规律，创新推行符合碑林实际的“一核四驱”特色养老服务模式：“一核”，即以“碑林区掌上养老院”为核心动力；“四驱”，即“嵌入式”以床养老、“全覆盖”社区养老、“融合型”机构养老和“社会化”养老服务的“四轮驱动”模式。碑林区围绕老年人的健康需求，探索出了“医养结合”的四种模式，并因地制宜分类进行指导。四种模式分别是：医疗机构兴办养老服务机构模式、养老机构内增设医疗机构模式、社区院落养老的医养结合模式和社区卫生服务中心的医疗护航模式。

（四）示范单位创建目标和创建内容

截至 2022 年，碑林区建立完善“以居家养老为基础、以社区为依托、以机构为补充、医养相结合”的养老服务体系，有效促进了信息产品、医疗卫生资源及养老服务资源的优化配置和使用效率提升。碑林区建设基础设施完备、创新体系先进、服务功能齐全、服务特色突出、示范带动作用强的智慧健康养老特色产业生态，形成了覆盖全生命周期的智慧健康养老产业体系，培育了一批具有示范引领作用的龙头企业和服务品牌。截至 2022 年，碑林区将全面建成“产业特色鲜明、应用服务创新、智慧信息平台支撑、示范应用带动”的智慧健康养老服务基地，以连锁方式和云服务的方式建设“没有围墙的智慧养老院”，形成可复制、可推广的“碑林智慧健康养老模式”。

碑林区示范基地创建目标与创建内容如下：

一是建设特色产业聚集区。建设以碑林区智慧健康养老产业孵化中心为支撑，以环大学数据智能小镇、长乐健康小镇为承载的“一核两镇”智慧健康养老产业聚集区。到 2022 年，引进和培育 10 家具有示范引领作用的行业骨干企业，聚集智慧健康养老领域企业达 200 家，树立一批智慧健康养老服务品牌。

二是推进智慧健康养老产品创新和服务创新。研发生产具有自主知识产权和核心竞争力的创新产品，推广满足多元化健康养老需求的服务项目。到 2022 年，研发 50 个智能健康养老产品，提供 90 种智慧健康养老服务，面向全区 12 万老年人提供智慧健康养老服务。

三是建立智慧健康养老信息平台，整合线上线下服务。建立智慧健康养老服务云平台，推广“碑林掌上养老院”应用，围绕老年人“居、吃、玩、护、养、学”等多个领域整合线上、线下服务资源，制定相关服务标准，打造“15 分钟居家养老服务圈”。

四是实现碑林区智慧健康养老人群全覆盖。依托碑林区智慧健康养老信息平台，进一步提升居家养老、医养结合服务体系的智慧化程度和覆盖面。以“嵌入式”以床养老、“全覆盖”社区养老、“融合型”机构养老和“社会化”养老服务“四轮驱动”实现健康管理、居家养老等智慧健康养老服务全面普及，吸纳智慧健康养老产业专业人才 1 万人，带动相关就业 5 万人。

五是推动智慧健康养老六大示范应用。深耕智慧健康养老垂直领域，以“政府引导、企业主导、多方参与”的方式，推动智能化适老改造示范应用，智慧医护系统示范应用，智慧健康管理示范应用，智能监护示范应用，“互联网+”身心健康涵养示范应用，以及居家养老、社区养老和机构养老的联动示范应用“六大示范应用”。在每个垂直细分领域培育引进 1～2 家示范企业，推出一批有代表性的示范项目，以连锁加盟和云服务的方式建设“没有围墙的智慧养老院”，将服务拓展至全省，并带动一批智慧健康养老示范街道建设。

二、多维综合模式：咸阳市渭城区

（一）示范单位基本情况

渭城区是1987年5月成立的县级行政区，位于咸阳市区东部，全区总面积272平方千米，辖10个街道办事处、102个行政村、66个社区居委会。渭城区总人口约44万人，其中60岁及以上人口达8.69万人，占总人口的19.75%。2016年渭城区政府工作报告中提出，要“加快发展医疗健康产业”。目前，渭城区智慧健康养老体系不断完善，区政府已出台相关配套政策2项，从事智慧健康养老服务的专（兼）职人员948人，基地人数302人；2016年财政资金在健康养老方面投入4531万元，同时引入陕西大数据集团公司等社会资本3000万元；已聚集78个产品生产和服务提供企业，孕育智慧健康养老产品38类、智慧健康养老服务59种，现全区智慧健康养老产业规模已达到6.93亿元。总体来说，渭城区已具备较好的智慧健康养老应用示范条件和产业基础，出台了相关配套政策，设立了专项资金，聚集了一批从事健康养老服务的龙头企业。

（二）示范单位现有应用/现有发展

渭城区于2011年启动实施了智慧城市建设，且已整合了民政、卫计、工信等各部门业务专网和广电视频网，形成了智慧城市统一的传输网和视联网，有效促进了网络互联互通，为智慧建设、养老建设提供了坚实的信息化支撑。渭城区医疗资源丰富，现有各类医院和卫生院（所）37家、床位2720张、卫生技术人员4063人。近年来，渭城区智慧健康养老服务业以日间照料中心和社区卫生服务站建设为重点，积极构建“以居家养老为基础、社区养老为依托、机构养老为支撑、医养结合为补充”的渭城特色社会养老服务体系。现已整合市内陕西瑞泉养老服务有限公司、咸阳明慧健康科技有限公司等34家智慧健康养老产品智能制造商，广泛吸纳具有相关行业服务资质、信誉良好、规模较大、服务规范的社会组织。同时，在区委、区政府的领导下，已建成的智慧健康养老服务中心，成为全区智慧健康养老服务提供商联系老年人的纽带，形成低成本、高效率、大应用的渭城区智慧健康养老新模式，开启渭城智慧健康养老事业的新篇章。

渭城智慧健康养老示范基地已形成一套涵盖基础云平台、智慧终端、老年餐厅、陪医就诊、紧急救助、娱乐活动、老年旅居、日间照料、人文关怀、精神慰藉、娱乐活动和法律援助等多个板块的智慧健康养老服务链，形成了智慧渭城“一平台，两枢纽，六个一，N 项应用”的建设格局。目前已建成渭城区智慧健康养老基础云平台、智能养老设备［如定制电话一键通（老人机）、惠民资金“一卡通”、金融一体机、惠民服务一体机（惠民工作站）、健康一体机、掌上“一点通”、智能手环、智能家居］、社区日间照料中心以及明厨亮灶智慧监管平台。现已落地的应用及相关业绩包括：针对基层监管服务力量薄弱、社区底子不清的问题，搭建了包括社区服务、养老服务、综治维稳等内容的渭城统一的网格化管理系统平台；目前，渭城智慧健康养老服务基地已经向辖区内 7.63 万老年人提供紧急救助、日常身体检测、一卡通充值和社保办理等多项服务；现已打通 12345“一号通”呼叫平台与老年应急救援服务平台，受理并处置老年人诉求、查询、紧急求助求救事项。

（三）示范单位创新性

渭城区智慧健康养老示范基地集聚优势资源，实现强强联合，整合养老服务产业链，推动产业链不同环节间互动，实现养老服务产业资源的优化配置，不断调整养老的结构和方式组合，在政府政策引导下不断引入相关产业，打造“大健康、大养老”的养老服务产业链。养老示范基地形成产业集聚效应，产业规模不断扩大，产业聚集优势凸显。繁荣的养老服务和产品市场成为渭城区健康养老产业快速发展的助推器。渭城智慧健康养老示范基地为老年人提供高标准的养老服务，探索西部欠发达地区健康养老产业发展体系，形成“政府引导、企业参与、多方共赢”的可复制、可推广、可持续发展的养老服务示范基地发展模式。

渭城智慧健康养老示范基地联合了各养老领域企业与高端人才，融合智慧健康养老基地养老资源，研发了“一站式”健康养老服务平台——“e 养天年”养老院；结合健康养老服务发展趋势进行探索和创新，提供定制化养老服务，实现老年人机构养老、自主居家养老、旅居养老等；同时，采用PPP模式或通过合作建设节约资金，引进企业投资，破解资金难题，培育新的经济增长点。

（四）示范单位创建目标和创建内容

依托现有智慧健康养老产业基础和政府政策环境，逐步建立“以居家养老为基础、以社区为依托、以机构为补充、医养相结合”的养老服务体系框架，聚集智慧健康养老领域企业和行业专家，培育一批具有示范引领作用的龙头企业，打造“产学研医用五位一体”的协同创新机制，建设基础设施完备、技术体系先进、服务功能齐全、服务特色突出、示范带动作用强的渭城区智慧健康养老服务基地，到2022年基本实现“老龄事业发展整体水平明显提升，养老体系更加健全完善，及时应对、科学应对、综合应对人口老龄化的社会基础更加牢固”这一发展目标，引领西部欠发达地区智慧健康养老健康、快速、可持续发展，为全国健康养老服务业发展探索新路径、开创新模式。

渭城智慧健康养老示范基地将围绕“一园区、两体系、三平台、四示范”进行打造，形成“渭城模式”并在全国推广。“一园区”为智慧健康养老示范产业园区；“两体系”为政策体系、标准体系；“三平台”分别为智慧健康养老大数据云平台、虚拟养老平台（“e养天年”养老院）、医养结合养老平台；“四示范”为“e养天年”养老示范、智能养老示范、医养结合体示范、产学研医用合作创新试点示范。培育一批具有示范引领作用的龙头企业，打造“产学研医用五位一体”的协同创新机制，走出一条适用于经济欠发达地区的可复制、可推广的智慧健康养老之路。

三、全域养老模式：西安市莲湖区

（一）示范单位基本情况

莲湖区地处西安市中心，面积43平方千米，下辖9个街道办事处、131个社区。截至2020年5月，莲湖区户籍人口为76.6万人，60岁及以上人口达 17.6 万人，占全区总人口的 22.9%。西安市“十三五”规划中将莲湖区定位为全市的核心城区。作为西安的核心城区，莲湖区主要有五个鲜明特点：历史悠久的文化名区、全市最大的少数民族聚集区、区位优越的中心区、转型发展的重点区以及城市综合改造的集中区。2019 年末全区共有医疗卫生机构 428 个（医院机构 46 个）、床位数 8788 张（医院床位数 8573 张）、卫生技术人员 13244 人（医院卫生技术人员 10203 人）、执业（助理）医师 4703 人。按年底常住人口计算，全区每万人拥有卫生技术人员 169 人，同比增速为 5.6%。全年直接医疗救助 3381 人次，救助金额 563.51 万元。莲湖区人民政府构建以公共养老服务设施为基础、产业化养老为补充的养老服务结构，形成区、街道和社区三级养老服务设施体系和社会养老服务体系。

（二）示范单位现有应用/现有发展

莲湖区智慧健康养老示范基地结合区域内人口、经济、资源、环境、民族文化等特点，因地制宜，节约土地，充分发掘现有建筑用地，利用社会闲置设施，兴办智慧健康养老服务设施。其中，莲湖区集约养老资源主要体现在两方面：一方面，对现有社区养老服务设施类型进行补充、完善和提升；另一方面，将社区养老服务设施与其他非独立占地的社区级公共设施综合设置。莲湖区按照市政府要求建设覆盖 131 个社区和所有居民院落的“智慧健康养老”体系，构建设施智能、服务便捷、管理精细、环境宜居的“智慧健康养老”体系。2018 年起，莲湖区开始推行“智慧城市”建设，同电信公司签署移动云业务体验协议，设立从智慧健康养老、社区安防、社区管理到智慧物业的轻型化智慧生活平台，通过移动互联网与用户建立更加紧密的沟通和服务方式。同时，将科技与“双创”相结合，依托桃园开发区建设了莲湖众创空间，并先后建成运营了蔚蓝丝路众创空间、宏府倍格硅巷等多个科创载体，累计建成 43 个众创空间，目前正在打造的汉城国际产业园区入驻企业和团队近 700 家。为营造公开公平、便捷高效的营商环境和法治环境，莲湖区组建了行政审批服务局，用 PPP 方式建设全市最大的市民中心，全力壮大科技资源。莲湖区还引入了专业的养老服务机构，委托专业社会组织运营条件成熟的服务站，实现政府、机构和服务对象的互利共赢。在医疗机构内部长期空闲的情况下，鼓励其内部设立照护型养老服务机构，先后确定3个市级医养结合试点单位和7个区级医养结合试点单位。同时，莲湖区也提供了相应的政策和资金支持，建立了莲湖智能健康养老基地标准体系，帮助莲湖区民营养老机构创造较高收益。

（三）示范单位创新性

将养老服务的重点放在家庭养老服务和养老机制的创新上，让每个老年人都能及时得到医疗及养护服务。

一是智慧健康养老一体化融合发展。莲湖智慧健康养老示范基地利用互联网和大数据技术，提供基于可穿戴智能设备的智慧健康管理信息系统、健康管理服务和家庭健康服务，打造智慧健康养老大数据应用平台，线上、线下相结合，构建居家、社区和机构养老的一体化服务体系。

二是深入推进“互联网+医养结合”。现代互联网和智能电子产品的普及，为“互联网+医养结合”提供了重要媒介。互联网及智能电子产品中常采用的射频识别技术、传感器技术、网络通信技术和大数据处理技术等，已经被应用到各种医疗产品之中，如便携式心电监测系统可通过传感器采集人体心电图、呼吸等数据，通过移动信号将数据传输至处理器，处理器对数据进行计算和处理后将数据发送至患者或医生处，医生根据这一数据对患者进行专业和全面的介绍、分析和治疗。依托智慧健康养老示范产业园区，整合莲湖区健康医疗卫生服务资源，人们也能通过微信公众平台进行挂号、随访、开药、医患沟通等医疗行为。随着云计算、云管理以及大数据等概念的提出和应用，莲湖区形成“政府引导、企业参与、多方共赢”的可复制、可推广、可持续发展的养老服务示范基地发展模式。

三是在服务或模式上的创新。莲湖区智慧健康养老示范基地运用“互联网+”思维，将互联网、物联网、云计算、大数据与养老服务相结合，通过信息化手段整合社会专业养老服务资源，共同构建起新型智慧健康养老服务。其以“手机APP+呼叫中心+虚拟养老院”网络平台为载体，整合政府、养老服务机构、家政服务机构、为老服务机构等资源，服务范围覆盖整个莲湖辖区，面向社区居家老年人提供安全监测、老年助餐、老年文化娱乐、便民生活、老年辅具供应、陪伴护理、陪医和智能适老设备等16类186项服务，且服务项目仍在持续开发并稳定增加，以满足老年人多样化、多方面和多层次的养老服务需求。同时构建医、康、养、护全场景一体化智慧综合服务体系，让智慧健康养老集成化、便捷化发展，且更加突出人文关怀。

（四）示范单位创建目标和创建内容

莲湖区逐步健全区域养老服务网络，构建幸福养老系统；提高信息化管理服务水平，打造智慧社区居家养老系统；探索医养结合服务模式，建立智慧健康养老医疗系统。

搭建以“居家养老”为主要特色的养老服务体系框架，创新发展智慧健康养老产业。基地激活了智慧健康养老的“中枢神经”，运用“物联网+”思维，把各类养老资源整合为一张网，打造智慧健康养老云服务平台，使数据从孤岛向共享转变、功能从管理向服务转变。对全区老年人实行动态管理，完成养老电子地图绘制，包含各类养老服务设施基本情况、老年人服务特色、机构老年人入住情况、地理位置等信息。下设养老机构、居家养老、尊老金、日间照料管理、能力评估及安全用电监测评估管理等子平台，实现业务办理、资金发放、综合监管、数据统计、科学决策和产品选择。

第二节　智慧健康养老产业示范街道

本节选取了陕西省的五个街道，分布于陕北、关中、陕南三个区域，分别是榆林市靖边县张家畔街道、西安市新城区解放门街道、宝鸡市金台区中山西路街道、汉中市汉台区老君镇以及安康市岚皋县城关镇，分析了示范单位基本情况、示范单位现有应用/现有发展、示范单位创新性以及示范单位创建目标和创建内容，以期发挥示范试点突破带动作用。

一、陕北塞上明珠的“智慧爱老”：榆林市靖边县张家畔街道

（一）示范单位基本情况

榆林市靖边县张家畔街道位于靖边县城所在地，是靖边县政治、经济、文化中心。总土地面积212.2平方千米，下辖4个社区服务中心、14个社区和16个行政村，总人口24万人，其中60岁及以上人口38000余人。张家畔街道企业众多，形成以租赁市场、农贸市场、建材市场、服务市场、家具市场、房产市场、金融市场和文化市场为主的八大市场，经济效益良好，吐纳功能明显。教育、医疗、科技、卫生等各项事业蓬勃发展，人民生活水平显著提高。

靖边县张家畔街道办先后通过与驻地单位共驻共建、与专业养老机构合作服务等形式，建立了大数据智慧健康养老平台，设立日间照料、老年餐桌、文体娱乐、代购代买、康养理疗、心理咨询等基础服务项目，实现“互联网+大数据+智慧健康养老”的新模式，取得了良好的社会反响。依托14个社区居家养老服务站和2个专业养老服务机构，整合了线下的医疗健康机构、文化娱乐机构、生活服务机构等，向居家老年人提供以生活照料、医疗保健、精神慰藉、文化娱乐等为主要内容的服务，为居民带来“居家智慧健康养老”的便利。

（二）示范单位现有应用/现有发展

靖边县张家畔街道积极响应政策号召，大力支持靖边县颐靖轩居家养老服务中心、靖边县爱心老年公寓、靖边县夕阳红日间照料中心的建设。积极采用智慧化手段，通过智慧健康养老大数据平台、便携式上门查体随诊包、心冲击生命体征监测仪、智能血压计、智能血糖仪、智能定位一键急救手环“孝心手环”、呼叫器“一键呼叫”等为辖区老年人提供智慧健康养老服务，确保了老年人的身心健康。目前，靖边县张家畔街道智慧健康养老专职工作人员40名、志愿者80余名，合作企业2家，累计为12000余名老年人提供养老健康服务。从人员投入数量和企业合作情况来看，该街道具备智慧健康养老服务能力。具体提供的服务可分为六大类：生活照护类、医疗保障类、法

律维权类、文化教育类、体育健身类、义工服务类。靖边县颐靖轩居家养老服务中心是以居家养老服务为依托，以老年人家庭为载体，提供居家为老服务的综合型服务中心。它为老年人提供居家养老“11助”（助餐、助洁、助急、助浴、助医、助行、助购、助学、助游、助娱和护理）一站式“服务超市”，让全县老年人有归属感、亲切感、依赖感。

为顺应老龄化社会发展形势，靖边县张家畔街道14个社区均建有居家养老服务站。其中，5个社区日间照料中心与靖边县颐靖轩居家养老服务中心合作运营，通过服务企业搭建的智慧健康养老信息平台，为辖区老年人提供实时、快捷、高效、低成本的居家养老服务。居家养老服务站在提供基本医疗、居家养老服务的基础上，与辖区卫生服务中心对接，让“家庭医生”走进社区、走进院落，建立老年人健康档案，并依托智慧健康养老信息平台的大数据，定期为老年人提供慢性病诊疗及医疗服务，通过将现代医疗服务技术与养老保障模式有效结合，不断提高老年人的生活质量和健康水平。

在专业养老服务机构的大力支持下，街道智慧健康养老水平持续提高，努力构建政府主导支持、社区积极参与、居家养老为主、机构养老为辅的社区智慧健康养老服务体系。同时，建设并规范为社区提供智慧健康养老服务的相关养老服务机构，确保社区智慧健康养老服务的规范化实施，对提升养老服务质量起到至关重要的作用，保证了街道智慧健康养老事业的顺利发展。此外，靖边县颐靖轩居家养老服务中心先后建立了管理、安全、服务等多项制度，规范了服务流程。

（三）示范单位创新性

一是打造覆盖范围内线上“15分钟便民生活圈”。“15分钟便民生活圈”建设是社区规范化建设的一项重要内容，同时也是关注民生、切实提高社区居民生活质量的重要举措。为了进一步推进“15分钟便民生活圈”建设，完善社区服务体系，让广大居民更多更好地享受社区建设带来的便利，应结合靖边县张家畔街道养老现状，多方合作，挖掘第三方养老服务产业资源，打造线上“15分钟便民生活圈”。

二是紧跟政府政策，打造线下“慈善爱心超市”。目前，各社区居家养老服务中心相继开办“慈善爱心超市”，依托专业养老服务机构，联合多个签约合作伙伴，在多个区域实现。通过多重模式的积分方式，换取丰富实用的生活用品，可以让贫困群众通过参与家庭环境卫生、扶贫政策问答等评比活动获得积分，有尊严地兑领所需物品，使群众生产生活积极性显著提高，家庭环境卫生明显改善，脱贫致富的信心决心不断增强。

三是打造志愿者“时间银行”互助养老模式。靖边县张家畔街道办居家养老服务中心利用大数据平台打造时间银行“互联网+养老”模式，鼓励有劳动能力的老年人参加志愿服务，然后把志愿服务时数存入“时间银行”，自己有需要时就可以兑换支取。此举是养老服务的创新模式，通过以老助老，既缓解了政府部门的压力，也让更多老年人实现了老有所为、老有所养和老有所乐，同时在一定程度上缓解了街道养老服务的压力。

（四）示范单位创建目标和创建内容

1. 整合资源，健全社区养老设施

街道要完善两类功能性设施和场所：一是社区养老服务设施和场所，如日托、全托、助餐等设施，以及社区生活护理站、康复场所等；二是为老服务综合管理设施和场所，如为老服务受理、办事办公以及信息平台设施和场所。同时，注重设施整合利用，尽可能使社区卫生服务站及生活服务、文体娱乐等与本社区老年人需求密切相关的服务设施相对集中或邻近设置。社区综合为老服务中心作为枢纽型设施，与社区内及周边的其他资源进行有效整合，形成为老服务的全面、便捷的一站式服务网络，同时与专业居家养老服务站形成“一中心多站点”的养老服务网络，进一步打造“15 分钟服务圈”。

2. 整合服务，深化社区养老服务体系

街道着眼于社区各类老年人的需求，搭建为老服务平台，提供生活照料、精神慰藉、健康管理、医疗护理、文教体娱、紧急援助等服务，并为其他发展较为缓慢的社区为老服务站点输送资源。社区养老服务体系主要发挥三方面的服务统合作用：一是发挥服务补缺作用，充分考虑社区为老服务短板，引入社区最需要、最缺乏的服务项目；二是发挥服务连接作用，连接分散的服务资源，依托综合体对各类服务进行统一调配、转介；三是发挥服务增能作用，形成“为老服务”的信息集散地，提高服务效能，让老年人更方便、快捷地获得就近、方便的养老服务。

3. 系统管理，提高社区养老资源使用效率

针对辖区内各社区为老服务资源分散、资源统筹机制尚未形成等问题，以社区居家养老服务中心为依托，对政府、社会、市场等各类资源进行统筹。积极协调民政、卫生、文化等多部门力量，实现养老服务中心服务资源的统筹管理和配置。依托社会力量、市场主体的优势，逐步对基本公共服务资源、市场化资源进行有机整合，把本项目打造成为老服务的综合枢纽和资源储备库。

4. 虚实结合，为社区养老提供科技支撑

该街道依托专业养老服务机构，加大资源整合力度，通过完善智慧健康养老平台，打造“虚拟养老社区”，建设“没有围墙的养老院”，充分发挥虚拟平台的作用，调度各类社会资源为养老服务提供支撑。

二、关中长安古都的“智慧敬老”：西安市新城区解放门街道

（一）示范单位基本情况

解放门街道位于新城区的城中位置，面积 0.97 平方千米，常住人口 4.2 万人。辖区内 7 个社区共有 60 岁及以上人口 6199 人，占总人口的 14.76%，且独居老年人多。该街道借助地区医疗资源丰沛、养老机构成熟的优势，积极探索建立“1+1+1+N”的养老服务模式，开展为老服务。具体来说，“1+1+1+N”包括：一个支点，即医养结合；一个基地，即街道养老服务中心；一个平台，即智慧管理平台；N，即多层次的老年分阶、多维度的服务供给和多元化的参与群体。解放门街道综合养老服务中心于 2018 年 10 月投入运营，总面积 2000 平方米，设置健康医疗、日间照料、营养助餐、老年大学和心理咨询等五个功能分区，可同时为上百名老年人提供社区养老服务。此外，该街道还先后培育引进了新城区爱心护理院、陕西心为养老服务机构等社会组织。

（二）示范单位现有应用/现有发展

解放门街道现有综合养老服务中心，筛选了社会组织和企业进驻中心，

提供低偿服务。下设有微型养老站、营养配餐中心、老年大学和心理咨询室等服务部门，以满足老年人的不同需求。其中，微型养老站由街道孵化的社会组织新城区爱心护理院已运营，分为接待区、日间照料区、中医理疗区、康复训练区、阅览区和文化娱乐区六个部分。应用智能手表、生命体征监测垫、红外生命体征仪、日间照料中心（微型养老站）管理一体机、PASESA动脉硬化检测仪等五类智能设备搭建解放门社区“六位一体”智慧居家养老信息服务系统。同时，建立60岁及以上老年人共计11556人的信息库，提供日间照料、中医理疗、现场问诊、常规体检等服务。营养配餐中心由陕西心为养老服务公司运营，面积200平方米，证照齐全。配餐中心分为操作间、洗涤间和就餐区，就餐区同时可容纳50人用餐，餐厅实行社区登记、月卡消费，早餐3元、午餐7元、晚餐5元，费用标准经过精细核算，在保证食品质量的同时，确保企业能长期经营。目前，根据周边需求，餐厅将服务辐射到了周边街道，在西一路街道建立了配餐点，由当地社区负责组织专人配送，扩大了服务覆盖面。老年大学根据居民需求开设了书法、烘焙等免费课程，也开设了太极、舞蹈等13门收费课程，学费一学期为200~300元，为老年人提供多项兴趣培训，丰富了老年人的业余生活，而且在学习的同时，社区的文化活动也为老年人提供了展示自我的平台，提高其学习热情。

此外，这些养老服务的服务对象不局限于街道辖区，也辐射周边街区，逐渐形成“15分钟综合养老服务圈”。

（三）示范单位创新性

解放门街道党工委发挥政府主导作用，积极引进社会组织，建设解放门社区“六位一体”智慧居家养老信息服务系统。“六位一体”即以信息化建设为基础、以居家养老为核心、以社区监管为依托、以医疗机构服务为补充、以文化建设为形式、以社区党群服务为保证。其为老年人及其子女提供多层次居家养老服务，并通过统一的信息化平台对“六位一体”医养结合居家养老服务体系进行监管。

一是在服务上的创新。解放门街道创建综合养老服务中心，并配套便民服务中心、居民活动中心、心理咨询室等，为老年人提供集餐饮娱乐、医疗健康、政策咨询办理等于一身的全方位服务。解放门街道在社区安排老龄工作专干，专门负责老年人工作，建立老年人数据库并及时更新，帮助有服务需求的老年人对接综合养老服务中心，将餐饮服务、医疗健康服务、文化娱乐服务、政策咨询办理服务等第一时间送到老年人身边。

二是在模式上的创新。解放门街道应用智能手表、生命体征监测垫、红外生命体征仪、日间照料中心（微型养老站）管理一体机、PASESA 动脉硬化检测仪等五类智能设备搭建解放门社区“六位一体”智慧居家养老信息服务系统，实现居家老年人、平台、医师、亲属之间视频通话，对老年人健康情况进行咨询答复及指导，全天候为老年人提供紧急医疗支援、信息查询、远程医疗、健康监测、社区服务等服务项目。

三是在服务拓展能力上的创新。解放门街道建立营养配餐点，为辖区外有需求的老年人提供服务，拓展了服务范围。目前，在新城区西一路街道建立了一个配餐点，由营养配餐中心将饭做好后，用保温车送至配餐点，当地社区工作人员配合组织管理。发挥解放门社区“六位一体”智慧居家养老信息服务系统的作用，应用视频设备和智能医疗设备提供远程问诊服务。医生通过视频连线与老年人面对面问诊，智能设备将老年人的生理指标传到医生的电脑上，医生依据交流沟通和生理指标情况实现远程问诊。

（四）示范单位创建目标和创建内容

1. 创建目标

创建目标包括三个：第一，通过解放门社区“六位一体”智慧居家养老信息服务系统项目在互联网线上、线下成功结合，为在西安市、陕西省乃至全国推广奠定良好基础，总结出一套成熟的居家养老运作模式，为政府购买养老服务提供一个成功的案例和实践落地经验。第二，盘活养老服务资源，提高资源使用效率。第三，提高为老服务管理效能，减少政府监管成本。通过本项目建设，利用信息化手段，提高体系运行效率，可以变人工管理为自动、半自动网络管理，减少政府的监管成本。

2. 创建内容

创建内容包括：一是建设解放门街道综合养老服务中心。以政府主导、企业参与为思路，融微型养老站、营养配餐中心、老年大学等为一体，为辖区和周边老年人提供餐饮娱乐、医疗健康、政策咨询办理、学习培训等专业低偿服务。二是建设解放门社区“六位一体”智慧居家养老信息服务系统。应用智能设备和信息系统构建以互联网为支撑的信息化平台，有效衔接老年人、服务、政府职能三方，为职能部门提供及时、详细的可视化老年人数据信息、服务机构信息及服务质量监管等核心功能，实现养老服务信息化与标准化管理。

三、关中炎帝故里的“智慧助老”：宝鸡市金台区中山西路街道

（一）示范单位基本情况

中山西路街道办事处隶属宝鸡市金台区，辖区东至红旗路北口，西到西关纸坊头，南邻陇海铁路，北倚金台森林公园，总面积 2.7 平方千米，下辖 2 个行政村、4 个板块型社区，总人口 2.3 万人。2015 年被评为全国和谐社区建设示范街道。辖区有中山路社区卫生服务中心及新维巷卫生服务站、村卫生室等医疗机构 5 家，目前已建成东门口社区日间照料中心、福泽居家养老服务中心、胜利村老年人互助幸福院等为老服务机构，辖区 60 岁及以上老年人 4300 余人，占总人口的 18.7%，人口结构趋于老龄化。目前，中山西路街道已初步以社区、村为基点，整合养老服务资源，依托智能网格化管理平台，为老年人提供良好的生活服务。街道采取“以家庭为核心、社区为依托、机构为补充”的形式，开展以老年人日间照料、生活护理、家政服务和精神慰藉为主要内容的服务。近年来，中山西路街道推行智慧健康养老服务“123456”养老工程和“6+”养老服务运行模式，为辖区老年人提供多重养老服务。

（二）示范单位现有应用/现有发展

中山西路街道养老服务网络健全，医养结合条件成熟，公共配套体系完善。街道现有为老服务机构 8 家，专业从事养老服务的社会组织 12 家。该街道多方借力，协调辖区多家企业特别是中国电信宝鸡中山路营维中心、陕西吉安特电子科技有限公司和宝鸡市爱尔眼科医院等社会力量参与智慧健康养

老事业，这些机构及单位可以覆盖辖区各个村和社区，方便老年人在生活圈内接受高品质养老服务。该街道还组建了居家养老服务团队和日间照料服务团队，为高龄、独居、困难、失能家庭老年人提供居家养老服务和日间照料服务，同时，积极采用智慧健康养老产品，如呼叫器、老人机、健康一体机、电子血压检测仪、助听器、信息化全科诊断系统和心电图机等，为老年人提供全方位的保护和健康服务。社区提供的养老项目和居家养老服务项目主要包括自主训练服务、医养结合心理慰藉服务等，帮助老年人制定个性化的训练项目，通过智能设备了解老年人的健康状况，提供心理健康指导服务等。

（三）示范单位创新性

中山西路街道以社区为依托，以日间照料中心和社会各类资源为支撑，构建强大的服务体系；以老年人数据库、综合服务管理及智能养老产品为基础，采取居家养老、医养结合、精神关怀三大服务方式，形成以“公益化为前提、社会化为基础、市场化为补充”的健康养老新模式，开展居家和社区养老服务；支持嵌入式养老机构开展“喘息服务”，向老年人提供月托、周托、日托等短期托养服务项目，满足老年人就近、就便的养老服务需求。

1. 服务创新

中山西路街道立足实际，依托社区日间照料中心、社区卫生服务中心、金台区大数据平台和社区网格化平台等，坚持以人为本、周到热情、关怀体贴、服务至上的工作理念，以满足辖区老年人的精神需求、生活需求、社交需求为出发点和落脚点，为辖区广大老年人提供养老服务。一是居家养老服务。通过政府购买、市场参与、社会资源运作模式为辖区老年人定期提供服务，满足老年人不同的养老需求。二是家庭医生签约服务。与辖区医疗机构联合，为辖区老年人提供家庭医生签约服务，签约医生定期上门对老年人身体状况进行检查并建立个人档案。三是独创“喘息服务”。辖区日间照料中心针对辖区瘫痪在床、身患重病、身有残疾、需要 24 小时照顾陪护的老年人，由中心护理员上门服务或将老年人接到中心精心照料。四是互动交友服务。在中心设置有活动室、棋牌室、手工室等多个老年活动场所，在这里老年人可以参与多种活动，同时可以结交周边的“玩伴”，拥有自己的活动圈子，享受到晚年生活的乐趣。五是健康档案管理服务。每年为辖区 60 岁及以上老年人免费体检，建立个人健康管理信息档案，通过过往的病例和实时的检查数据，医护人员为老年人制订具有针对性、专业化的疗养方案和治疗方案。

2. 模式创新

中山西路街道借助先进的信息技术构建社区养老服务平台，以老年人需求为导向、以信息化建设为抓手、以政府购买服务为推手、以培育社会组织为支撑，整合社会各类为老服务资源，为老年人提供紧急救援、家政服务、日常照顾、康复护理、家电维修、心理慰藉、法律维权和休闲娱乐等综合性的服务项目，并建立信息化、智能化和多层次的居家养老服务体系，构建了一个没有围墙的养老院。同时，通过“党建+养老、项目+养老、普惠+养老、社区+养老、网络+养老、文化+养老”的“6+”模式，从生活的方方面面关爱辖区的老年人。公益创投每年设立专门的为老服务项目，让老年人的业余生活丰富多彩。

在服务拓展能力上，社区在关注老年人身体健康的同时，从老年人的精神需求出发，通过智慧化的手段提供情感沟通交流渠道，提高老年人生活的幸福感、满足感。通过实施公益创投为老服务项目开展百岁老年人生日庆祝、好家风金婚留念、手工编织及志愿者上门服务等活动，让老年人感受到社会的温暖。

（四）示范单位创建目标和创建内容

中山西路街道希望发展社区嵌入式养老机构，发挥养老机构的辐射带动作用，充分发挥信息技术对智慧健康养老产业的提质增效支撑作用。

近年来，居家和社区养老服务在养老服务体系建设中的核心作用进一步凸显，服务水平全面提升。该街道建成东门口社区日间照料服务中心、福泽老年人居家养老服务中心、胜利村农村幸福院等一批布局合理、功能完善的居家和社区养老服务设施，基本形成符合实际、配套完善的居家和社区养老服务政策体系，打造一支精通业务、熟悉管理的居家和社区养老服务人才队伍，构建一个互联互通、线上线下服务流畅的养老信息服务平台。到 2020 年，建成长青社区日间照料中心、南门口社区老年人服务中心、新维巷社区老年人服务站。

四、陕南汉水之滨的“智慧为老”：汉中市汉台区老君镇

（一）示范单位基本情况

汉中市汉台区老君镇位于汉中市北郊，辖区内有各类信号塔 5 座，移动、联通、电信等移动网络信号已实现全覆盖，为智慧健康养老建立大数据平台、有效采集老年人移动设备数据提供了技术支撑。辖区面积 35. 2 平方千米，下辖 12 个行政村、2 个社区，共有人口 26900 余人，其中 60 岁及以上老年人 5600 余人，占全镇总人口的 22%。老君镇交通条件便利，距离汉中市几家三甲医院只有 5 公里左右路程，距离机场、高铁站和汽车站等均不远，且气候宜人，绿色健康无公害农产品品类众多，休闲旅游资源丰富，是最适宜养老养生的地方之一。这得益于“旅居在汉中”“医养在汉中”政策的实施推进。汉中文化旅游投资集团有限公司和汉中益嘉福居家养老服务有限公司作为老君镇智慧健康养老的合作企业，在医疗保健、养生养老、休闲度假、旅游观光及智慧健康养老等方面具有丰富的经验，拥有一支专业的养老服务队伍，具有发展智慧健康养老产业的坚实基础。

（二）示范单位现有应用/现有发展

老君镇已成立智慧健康养老领导小组，主要负责全镇智慧健康养老项目的组织、协调和指导等。近年来，老君镇紧盯智慧健康养老发展趋势，结合区位、交通、医疗、气候、旅游资源、无公害绿色农产品等独特优势，积极与汉中文化旅游投资集团有限公司、汉中益嘉福居家养老服务有限公司开展深度合作，建立“一社区、两平台、五中心、六产品、六服务”的智慧健康养老体系。通过向老年人提供智能化健康医疗检测设备、可穿戴设备，采用云计算、移动互联网和物联网等先进的信息技术，构建老年人健康信息管理云平台以及“互联网+智慧养老”生态圈，发挥数据创新潜能，为老年人提供慢性病医治、健康预防等方面的咨询建议和服务。全镇老年人智能化养老水平稳居全区前列，智慧健康养老产业发展迅猛、潜力巨大。

目前，依托汉文投公司兴汉新区水云台智慧健康运动生态康养社区项目

和汉中益嘉福居家养老服务有限公司，老君镇针对政府、养老机构、村（社区）和个人的养老服务体系或已基本搭建，或已完成规划设计，智慧健康养老服务系统齐全，智慧健康养老医疗服务体系健全，AI 全科服务能力优质。此外，老君镇还建立了无偿服务、低偿服务、有偿服务、义工服务及社会力量认购服务等服务模式，依托益嘉福智慧健康养老服务平台，建立了线上线下协同的三级智慧健康养老服务生态体系。同时，搭建辖区智慧健康养老服务信息平台，完成辖区 60 岁及以上老年人的健康档案登记，协助辖区社区居家养老服务中心、养老服务组织、养老服务机构、爱老幸福食堂和日间照料中心智慧化升级；建立健全老年人能力评估信息化平台；建立健全辖区互联网智慧健康养老服务平台，实现线上、线下养老服务一体化，打造“15 分钟养老服务圈”；建立健全养老服务组织准入、评估、退出和诚信机制；建立健全养老服务人员培训就业信息化平台，推动养老服务生态体系建设；完成辖区孤寡、失独、空巢、低保、高龄等困难老年人的居家智能照护信息化；建立健全辖区透明化、公开化和规范化养老服务体系，搭建统一的服务受理入口，建立规范的养老服务诚信体系、养老服务黑名单；建立辖区养老服务大数据平台，实时采集和汇总辖区养老服务动态数据，为政府决策提供数据依据；建立健全辖区养老服务补贴申请审批监管机制，提供规范透明的养老服务各项补贴申请、审批、发放、验收和审计的信息化解决方案。

（三）示范单位创新性

一是全面应用的信息服务技术。老君镇结合智慧健康养老要求，加大与企业合作力度，率先在汉台区推出智慧健康养老，积极推进信息技术在养老领域的应用，建成智慧健康养老生活服务中心平台，覆盖辖区内 80% 以上养老服务对象，实现了养老服务轨迹化管理，基本构建了以居家为基础、以社区为依托、以机构为支撑、医养相结合的多层次养老服务格局。

二是种类多样的养老服务产品。依托大数据信息平台，将辖区内各村（社区）和养老服务机构设施统一集中设置，统筹为老服务资源，提供多样化服务，方便群众办事，有效实现了“网格化智慧养老、一站式服务老年人”功能。通过重点推进以互联网、云计算、物联网为代表的信息技术在民生领域的规模化应用，辖区内老年人的生活智能化水平稳步提升，使智慧健康养老产业发展迈上新的台阶。

三是健全完善的养老服务体系。联合社会优质资源，以完善的信息管理系统和专业的家庭服务团队为基础，实现个人、家庭、村（社区）、机构与健康养老资源的有效对接和优化配置，推动了健康养老服务智慧化升级，提升了智慧健康养老服务质量和效率，加快了地区智慧健康养老产业发展，规范了服务标准、服务体系和服务模式，建立了“生有希望、老有所养、病有所医”的全周期智慧健康养老体系。

（四）示范单位创建目标和创建内容

一是鼓励企业加大智慧健康养老产品研发和引进力度。老君镇进一步加强智慧科技与健康养老产业的融合发展，围绕医养、旅居养老的特点推动关键技术产品研发，包括突破核心技术与丰富智能健康养老服务产品供给。同时，积极开发和引进健康管理类可穿戴设备、便携式健康监测设备、自助式健康检测设备、智能养老监护设备和家庭服务机器人等智慧健康养老产品，加快适用于健康管理终端的健康生理检测、监测技术开发，推进健康状态实时分析、健康大数据趋势分析等智能分析技术发展，不断满足多样化和个性化的健康养老需求。

二是加快智慧健康养老服务平台建设。原有的数据中心、呼叫中心和智慧健康云平台推动了关键技术、核心器件和重点产品研发，完善了产品检测认证、知识产权保护，但是也应看到，完善提升智慧健康养老产业的协同创新能力和产业化能力势在必行。今后应充分利用现有健康、养老等信息平台，建设区域人口健康信息平台，建设统一规范、互联互通的健康养老信息共享系统，积极推动各类健康养老机构和服务商之间的信息共享、深度开发和合理利用，开展健康养老大数据的深度挖掘与应用，推动建立一批智慧健康养老产业生态孵化器、加速器，为投身或加盟智慧健康养老领域的初创企业提供资金、技术、市场应用及推广等多方面扶持。

三是健全智慧健康养老标准体系。结合智慧健康养老产业的实践，进一步总结经验教训，统一个人、家庭和社区的血压、血糖、血氧、心律和心电五大类常用生理健康指标智能检测数据服务标准，不断完善智慧健康养老服务流程规范、评价评估体系，构建智慧健康养老信息安全标准并加强隐私数据管理和使用规范。

五、陕南秦巴北麓的“智慧孝老”：安康市岚皋县城关镇

（一）示范单位基本情况

城关镇位于安康市岚皋县，2010 年被评为“空中看陕西最美县城”。城关镇地处县域中心地带，是岚皋县政治、经济和文化中心，也是县政府所在地。2020 年底，安岚高速完成通车，规划中的西渝高铁从辖区一穿而过。岚皋县城关镇总面积 111.09 平方千米，下辖 20 个村，总人口 5 万人，其中老年人 6000 余人。辖区内有 2 家公办民营的养老机构、3 家老年人日间活动照料中心、3 家医疗机构、15 家民营大药房。岚皋县空气中负氧离子含量极高，被誉为最理想的“天然氧吧”。县城全年空气质量优良天数平均 350 天。岚皋县全境稀有元素硒含量达到富硒级别，被誉为“中国硒谷”，是养老养生的最佳居住地。岚皋县城关镇以智慧健康养老服务平台为核心，以互联网为纽带，依托辖区内养老服务优势资源，建立政企联合、协同发展的养老机制，构建信息化、智能化养老综合服务体系，建立集助行、助急、助聊、助乐、助浴、助洁、助餐、助医和助陪等服务于一身的智慧健康养老服务平台，打造“互联网+养老”服务新模式。

（二）示范单位现有应用/现有发展

近年来，岚皋县城关镇高度重视养老服务事业，通过一手抓养老、一手抓发展，成立了社会养老服务体系建设领导小组，建立了老年协会、老年活动中心等老年群众性组织，广泛开展敬老、爱老、助老的宣传活动，在全社会树立尊重、关心和帮助老年人的良好社会风尚。建立了智慧社区居家养老服务平台、卫生服务中心、养老服务中心和智慧健康管理服务中心等平台，为老年人第一时间提供更便捷和优质的生活服务，实现智慧健康照料。岚皋县城关镇内从事智慧健康养老专职工作人员有 5 名、志愿者 75 名，合作企业 1 家，从人员投入数量和企业合作情况来看，岚皋县城关镇具备智慧健康养老

的服务能力。岚皋县城关镇建立养老服务的标准规范，积极利用乡镇智慧居家养老平台，为社区老年居民提供满意的服务。同时，岚皋县城关镇委服务人员可根据老年人需求在“互助式”多样化服务、“家庭式”个性化服务和“陪伴式”专业化服务的服务模式下提供家政便民、物业维修、精神文化娱乐、心理慰藉、卫生保健、法律和健康养老设施等服务。

（三）示范单位创新性

岚皋县城关镇依托智慧健康养老服务平台整合各类资源，以信息化系统为重要载体，以信息化、智能化呼叫求助服务平台为支撑，以建立老年人信息数据库为基础，以生活帮助、健康护理、紧急救助、日间照料、人文关怀、精神慰藉、娱乐活动和法律援助为基本服务内容，立足智慧健康养老基地，有效整合辖区内社会服务资源，建立完善的智慧社区居家养老服务体系，实现真正意义上的智慧养老、科技助老。

一是服务方面的创新。老年人可通过智能设备呼叫平台座席中心，该中心在系统中记录老年人需求，系统自动派送工单，服务人员接到工单，按照需求提供服务。该街道建立智慧健康养老服务监管平台，推广健康评估仪等智能设备的应用，让老年人对自己身体状况的掌握更加及时和准确，让子女不用担心老年人健康状况，可以放心把更多的精力投入到工作中。智能养老产品替子女尽孝，让老年人真正感受到家庭的温暖，实现老年人颐养天年的愿望。

二是模式方面的创新。首先，大力发展社区居家养老服务网络，加强社区居家养老服务站点建设，确保一社区一站点，通过网点服务和上门服务等形式，为居家老年人提供助餐、助洁、助浴、助医、助行和助急等生活服务以及文教娱乐、心理关爱、法律援助和安全保护等定制服务，并且鼓励发展志愿者、邻里互助养老服务。其次，大力建设智慧社区，培育发展“互联网+健康养老”智慧化养老服务新模式，支持企业和养老服务机构以现代通信、智能呼叫、互联网及电子商务为技术依托，建设社区居家养老服务信息化平台，为老年人提供紧急呼叫、家政预约、健康咨询、物品代购和服务缴费等服务项目，满足老年人多样化养老需求。城关镇引进一家养老服务企业，围绕老年人衣、食、住、行、医、养等需求提供专业服务。鼓励养老企业结合县域旅游资源、富硒农产品等优势，建立养生养老基地，承接县内县外老年人旅游、养生等服务。同时，与各地养生养老基地开展互助合作，让各地的老年人循环流动，充分挖掘“候鸟式”与“旅居式”养老的巨大市场潜力。最后，积极推进医疗卫生与养老服务相结合。推行养老机构与医疗机构合作的养老服务模式，促进医疗卫生资源进入养老机构、社区和居民家庭。鼓励有条件的养老机构内设医疗机构，方便入住老年人就医。此外，鼓励养老机构提供托老服务，针对老年人慢性病疗养、病后术后疗养及失智失能护理等开展个性化服务，真正实现医养结合。支持县级医疗机构开设老年病科，增加老年病床数量，开通为老年人提供挂号、就医等便利服务的绿色通道。

三是服务拓展能力方面的创新。通过建立智能养老平台来拓展服务能力。城关镇建设了智慧社区居家养老服务平台，使老年人或其子女可通过平台购买智能设备；并按照养老政策联系县民政局、县残联，对智能养老产品进行政策性补助，促进智能养老设备的普及；同时通过常态化培训养老服务人才，提升其服务能力。街道联合专业的养老机构，组织子女、志愿者和服务工作人员进行养老服务知识的培训，通过培训提升服务质量、增强服务能力、按需提供服务，拓展养老服务方式。根据老年人的身体状况和需求，对老年人进行服务分类，安排专人和团队进行服务，提高服务效率，增强服务能力。

（四）示范单位创建目标和创建内容

岚皋县城关镇利用高科技可穿戴设备，结合养老基地搭建的智慧社区居家养老服务平台，整合医疗、养老、信息、社会服务资源，将便捷、智慧融入到养老服务中，让每一位老年人能够随时随地享受到优质的养老服务，形成具有岚皋县城关镇特色的智慧健康养老服务模式，在全市乃至全国进行示范推广。

城关镇以现有健康养老基地开发的智慧社区居家养老服务监管平台为基础，整合辖区内的养老、医疗、服务和餐饮等资源，建立完善的智慧社区居家养老服务体系。通过完善现有智慧健康养老服务应用模式，规范各个服务环节，扩大服务范围。利用新技术、新产品，做好城关镇 1.3 万老年人养老服务工作，同时监督养老机构提高服务质量、改进管理体系，完善智慧社区居家养老服务体系，打造智慧社区居家养老特有服务模式，实现真正意义上的智慧养老、科技助老。

第三节　智慧健康养老产业示范企业

本节选取了陕西省的六家典型企业进行分析，分别为秦云公司、君颐健康、荣华养老、康源美宏、麦邦智航和中星测控，分析了示范单位基本情况、示范单位现有应用/现有发展、示范单位创新性以及示范单位创建目标和创建内容，以期能够提供可复制、可推广的经验。

一、系统集成：秦云公司

（一）示范单位基本情况

咸阳秦云信息技术有限公司（以下简称秦云公司）是由咸阳市财政投资控股有限公司出资成立的全资国有公司。秦云公司以建设和运营智慧城市为己任，紧抓“互联网+”机遇，不断探索符合中国国情的智慧城市新模式。

由秦云公司建设和运营的智慧咸阳平台和应用系统，得到了中央领导和国家有关部委的充分肯定。2014 年，秦云公司参加国家信息惠民评审，荣获全国第八名；2015 年，其建设经验入选住房和城乡建设部“全国智慧城市建设经典案例”，被写进国家行政学院教材，获评“全国年度十佳智慧城市”称号；2016 年，时空云平台考核荣获全国第二名。陕西省委书记娄勤俭在秦云公司调研后，专门指示要求全省复制“咸阳模式”，促进陕西大数据建设。秦云公司已经面向 500 万咸阳群众发放公共服务“一卡通”，推广“掌上咸阳一点通”，并逐步拓展在公共服务、社区生活及第三方支付等方面的应用，由此获得海量的社会数据。目前，秦云公司建设了咸阳市智慧健康养老服务中心，位于咸阳市乐育北路 3 号，共 8 层，每层 1000 平方米，为老年人提供快捷高效的健康养老服务。

（二）示范单位现有应用/现有发展

2014 年，咸阳市大胆决策，以秦云公司为主体启动实施了智慧健康养老建设。坚持“问题导向、需求驱动、顶层设计、统筹实施”的原则，以理顺体制机制为保障，直面改革难点，紧盯老年人痛点，着力推进三个融合（技术融合、数据融合和业务融合），全力打造咸阳智慧健康养老，形成了智慧健康养老“一平台、两枢纽、六个一、N 项应用”的建设格局。“一平台”即为智慧健康养老提供基础支撑的智慧健康养老基础云平台；“两枢纽”即支撑全市各级各部门数据交换共享的数据枢纽和覆盖市、县（区）、乡镇（街办）、村（社区）的网络枢纽；“六个一”即便民服务一号通、群众办事一站通、惠民资金一卡通、掌上咸阳一点通、无线城市一网通、精细服务一格通；“N 项应用”即覆盖养老、社区和医疗健康等为老年人提供方便快捷服务的应用，包括“e 养天年”养老院、社区居家养老服务系统和健康医疗管理服务平台等，基本形成了智慧健康养老服务新格局。

“e 养天年”养老院下设服务接待中心、呼叫中心、加盟企业管理中心和老年人服务投诉中心。通过养老信息服务平台实现老年人和服务企业之间的信息交互，可为全市老年人提供保健康复、心理慰藉、家政便民、生活照料、医疗卫生、法律咨询、娱乐学习、日常陪护、家电维修、临终关怀和饮食 11 大类 200 多项服务。社区居家养老服务系统基于 12345 平台推行了老人机服务、SOS 紧急救援服务、定位服务与阳光政务服务，为老年人的办事、救援等提供方便；基于办事“一站通”在社区建立的办事“一体机”，实现了老年人办证、办事“不出村”。同时发行了“资金一卡通”与“金融一体机”，整合了粮补、低保、医保等 51 项惠民补贴资金，也整合了居民健康信息，老年人凭一卡通即可享受咸阳 80%以上正规医疗机构的挂号、就诊和报销等全流程服务，还能缴纳水、电、通信等费用。健康医疗管理服务平台采用云计算技术，以市民电子健康信息（电子病历、健康档案）为基础，集成金融 IC 卡、资金一卡通、电子钱包和身份识别等功能，率先在西部地区实现网上挂号、实时报销、一卡通用和村头兑付等应用。

为落实市政府相关要求，秦云公司结合自身产品/服务实际，发布了《咸阳12345便民服务呼叫中心管理制度》《便民服务一号通工作人员考核评分办法》和《一卡通运营组管理制度》等相关文件，明确服务内容和服务考核指标，为提供更标准、更高效的健康养老服务奠定基础。秦云公司已经取得了基础云平台、健康医疗信息云平台、政府数据共享分析服务平台、智能交通管理软件、政务服务一站通、社会服务一格通、刷卡服务一卡通、话务服务一号通及掌上服务一点通等健康养老领域计算机软件著作权登记证书，并且正在申请社区居家养老服务系统、老年人阳光医药监管平台和老年人医疗健康大数据分析系统等相关产品知识产权。

（三）示范单位创新性

秦云公司作为咸阳市健康养老服务龙头企业，与咸阳市政府、街道及社区等各级单位紧密合作，根据老年人实际需求，结合健康养老服务发展趋势，在健康养老平台提供、数据共享、业务办理和服务入口等方面进行了一系列大胆的技术探索和创新，整合各方资源，实现健康养老各项服务快速、高效发展。为解决建设资金难题，秦云公司积极探索市场化运作的路子，协助咸阳市政府转变职能，由“政府包揽”转变为“政府引导，多元共建，放管结合”的发展模式，吸引社会资本参与健康养老服务提供。目前已形成了政府引导、企业主导、市场运作、多元化投入的机制，有效缓解了政府投资压力，破解了资金难题，也催生了健康养老各项应用的深度使用。

秦云公司在提供健康养老服务的过程中，不断总结经验，与政府、企业、街道及社区保持密切合作，以老年人实际需求为出发点，以“六个一”的通用应用聚合养老服务总入口，以大数据养老创新健康养老新模式，以政企合作开创养老产业发展新业态。目前，80%的信息资源掌握在政府部门手中，养老数据也不例外，秦云公司作为咸阳市政府国有控股企业，有能力协助咸阳市政府对养老数据进行分析挖掘加工，通过养老数据深度挖掘再利用，不断提供多样化的养老服务，体现大数据综合价值。

（四）示范单位创建目标和创建内容

依托已有基础，到2020年将秦云公司打造为“以老年人为核心、以服务为根本、以网络为纽带”的中西部地区智慧健康养老领域经济社会效益显著的示范企业。公司总资产达到5亿元，在智慧健康养老领域服务收入达到2亿元，服务人群达到50万人，探索出一条适用于中西部经济欠发达地区智慧健康养老发展的新路径，立足咸阳，走向全国，引领智慧健康养老行业发展。

未来秦云公司将扩大服务范围，形成覆盖全市智慧健康养老服务体系；突破关键技术，研制一批可复制、可推广的示范产品；加大宣传推广力度，树立秦云公司健康养老品牌；创新发展方式，构建自我造血、良性发展的商业模式。在现有智慧健康养老“一平台、两枢纽、六个一、N项应用”的建设格局基础上，秦云公司将以“系统+服务+老人+终端”为手段，以社区为依托，以智慧健康养老服务平台为支撑，以智能终端和热线为纽带，整合社区养老服务设施、专业服务队伍和社会资源，重点打造以“呼叫救助、居家照料、健康服务、档案管理”为中心的智能居家养老服务网络，为老年人提供综合性的养老服务。

二、国企引领：君颐健康

（一）示范单位基本情况

陕西君颐健康养老服务有限公司（以下简称“君颐健康”或“公司”）成立于2020年10月，隶属于全国500强的陕西投资集团有限公司。公司前瞻性洞察中国社会老龄化现状，秉承“为老人服务、为儿女尽孝、为企业尽责、为社会分忧”的“四为”企业理念，依托集团力量，实现产业模块联动，布局养老产业。公司立足西安、辐射西北、放眼全国养老市场，致力于打造成为全国养老行业的标杆企业。

公司打造机构养老、社区养老、居家养老“三位一体”的养老生态，实现机构养老带动社区养老，社区养老辐射居家养老，辅以异地交换养老、旅游度假养老平台，创造西北多维养老新模式，为长者提供更快乐、更便捷、更有价值的颐养生活。机构养老部分，白鹿溪谷国际颐养中心是包括586套养老房、活力楼、护理楼、老年公寓、失智村等在内的“养老综合体”，占地约12万平方米，目前已运营3年，拥有“白鹿溪谷”商标；社区养老部分，通过机构养老逐步辐射社区，建立新理城综合养老服务中心，实现家门口的快乐颐养，项目建筑面积约 1526 平方米，设机构养老床位 46 张，日间照料床位 10 张，以专业、人性化服务，为失能失智长者提供营养膳食、文体活动、生活照护、门诊及康复理疗、精神慰藉及心理疏导；居家养老部分，实现养老服务全覆盖，提供诸如上门服务、健康跟踪管理、紧急救助等各类型养老服务。近年来，公司通过智慧养老软件的开发，辅以智能硬件装备的配备，真正实现了养老服务的资源整合，满足老年用户多层次、多样化的需求，丰富了服务广度与深度，为传统养老产业注入了新鲜血液。

（二）示范单位现有应用/现有发展

白鹿溪谷国际颐养中心位于曲江东、西安半小时生活圈，东临灞河，西依白鹿原，南望终南山，依山傍水，所在地被誉为“中国天然氧吧”、西安后花园。项目占地约 343 亩，总建筑面积约 39 万平方米，容积率 1.25，绿化率 36%，融合养老服务和养老住宅双重需求。其中，机构养老占地约 11 万平方米，机构养老部分一期约 586 套房间、约 1000 张床位；二期包含一栋护理楼、一栋活力楼；三期拟建失智村；70 年产权居家养老房约 28 万平方米，拥享约 7000 平方米生活会馆、约 3000 平方米幼儿园生活配套。项目总投资 27.12 亿元，旨在构建“养、行、适、医、食、护、乐、助、享、值”十大全场景康养服务体系，未来计划通过文旅康养新城的开发建设，实现全功能、全龄化的康养业态延展。

社区养老部分成立新理城综合养老服务中心，项目建筑面积约 1526 平方米，是陕投康养首个社区综合养老服务中心，现阶段设机构养老床位 46 张、日间照料床位 10 张，以专业、人性化服务，为失能失智长者提供生活照护、精神慰藉及心理疏导。

公司现有核心团队 130 人，其中管理岗 16 人、医疗护理团队 49 人、后勤保障团队 43 人、客服服务团队 22 人，本科及以上占比 73%，拥有国内国外双重照护人才 4 人，社工师 5 人，持护工及养老护理员双证 13 人，中级护师 2 人，中级养老护理员 23 人，高级养老护理员 9 人。另与陕西工程科技高级技工学校、中国人民解放军空军医学院附属第一医院（西京医院）老年病科等医护类高校签署合作协议，定向培养、输送优秀医护人才。

公司整合组建了具有三甲医院工作经验的专业医生团队，通过中国医促会中老年保健专业委员会考核的专业护理师团队，具有大型综合医院丰富工作经验的护工团队，从业经验至少三年的营养师团队，接受国际培训的专业娱乐治疗师团队，利用专业知识与方法经验帮助长者发挥潜能、协调社会关系的社会工作师团队，擅长使用运动训练、仪器治疗等促进恢复健康的康复治疗师团队。

（三）示范单位创新性

君颐健康建立信息管理系统，推广数字化流程，同时运用智能设备来配套实现，具体包括建立老人信息数据库、实现服务流程电子化、实施智能化照护评估等。君颐健康通过制定明确的服务流程、服务规范和操作指南（包括服务模块、服务单元、服务内容、老人需求、服务细节、服务完成程度、服务地点、服务时长、服务评价标准、服务后的用户评估量表等）来实现服务信息的数字化，实现“按系统要求操作”—“操作后将结果与反馈录入系统”。例如，系统中每个用户页面会有详细的个性化的照护服务流程，包括老人日常生活照料、医疗服务等，不同类别的服务人员每天会根据系统推送明确自己的工作范围和内容职责：所服务的老人、服务内容、地点、时长、注意事项等。开始前会进行服务确认，代表他们已经准备好前去服务，服务后会即时将情况和反馈录入系统，一方面方便下一名人员服务，另一方面便于系统整合老人信息，给出适宜的综合服务管理意见。

君颐健康建立了信息化培训平台，基于所设置的用人标准化制度和指标，使用数字化认证等方式来实现员工的入职培训、上岗培训、能力分级培训、能力分级考核、能力定期评价、等级上岗考核、等级定期考核评价等。

君颐健康根据员工的部门、岗位、职责，以及工作能力和成绩反馈，建立了一套运营管理的标准化指标。例如，前端一线护工需要每日反馈服务中是否有用户不满意记录，每周进行上门的满意度采集；部门负责人需要在收到反馈的当天给出针对性的意见，并跟进问题解决方案在下发当天的落实情况。后端运营推广负责人需在前端整体流程结束后的 24 小时内将信息整合为数据反馈到运营一线，使得运营一线在工作过程中实时了解机构的服务状态、用户反馈意见、机构的应对策略，来应对运营中的各类问题。以上内容的及时性和完整性，君颐健康都通过标准化流程和数字化的统计分析工具来实现。

（四）示范单位创建目标和创建内容

为发挥新一代信息技术的支撑赋能作用，构建智慧健康养老服务体系，以老年人需求为引导，建立起基地养老为中心、社区养老为纽带、延伸居家养老为一体的新型智能养老模式。公司从成立伊始就着力于智慧养老体系的建设。

公司智慧养老体系建设分三阶段实行：第一阶段：白鹿溪谷国际颐养中心数据中心建设。该阶段目标为：以数据中心为核心，以新建多个社区服务站点为依托，以热线呼叫为纽带，初步达成向站点周边5~10公里范围内有需求的居家老年人提供以助餐、助浴、助洁、助行、助医、助急等项目为主要内容的社会化服务。第二阶段：打造智慧养老体系。该体系脱胎于数据中心的建设及服务情况。该阶段目标为：打造统一标准的机构养老智能化管理，社区居家养老上门服务智能化管理，大健康管理、监测、干预智慧化服务。该阶段系统由1个中心、3个平台和1款APP、1款小程序组成，即用于数据汇总调度服务的数据中心、服务机构的养老平台、居家社区服务平台、大健康管理平台、员工端APP和客户端小程序。整体系统建设完成后，将以数据中心为大脑、以养老服务为躯干、以物联网设备为抓手，为长者打造集生活服务、安全服务、健康服务于一身的全方位养老服务圈。可为机构养老或社区养老点周边3~5公里范围内的长者提供助浴、护理等生活类服务，紧急求助、安全定位等安全类服务，体征数据监测、在线诊疗等健康类服务，从而逐步实现一键呼叫、生活无忧的居家养老服务愿景。第三阶段：根据前两个阶段的建设、运维、成果的总结，进一步升级迭代系统及硬件建设，更好地为养老服务赋能，达到企业降本增效的目的。

三、房企转型：荣华养老

（一）示范单位基本情况

荣华养老服务有限责任公司（以下简称荣华养老）成立于2015年，注册资本5000万元，目前养老机构4个、社区服务站点30余个、总床位2500张，年服务周边老人10万多人。它是一家以现代信息技术实施“医护养”服务的新型智慧健康养老服务单位。荣华养老通过云计算、物联网、大数据等技术，按照“1个数据中心+1个平台+N个应用”的总体设计，全面提升养老服务的管理效率及服务质量。荣华养老以“替天下儿女尽孝，为党和政府分忧”为企业使命，打造“养老社区、社区养老、医养结合、人才培养、资本驱动”五位一体的产业平台。同时，荣华养老积极发挥自身优势，联合省内外知名医疗机构，以物联网应用为基础，以慢病管理为着力点，以健康讲座和咨询为辅助，在阎良、安康、商洛等地开展健康慢性病管理及咨询等服务，为更多消费者提供养老与地产融合、文化与地产结合、品质与价值汇聚的康养新生活方式。

（二）示范单位现有应用/现有发展

荣华养老专注和深耕“医养结合”健康养老服务领域，致力于传统养老和医疗康复护理体系有机结合的开拓创新，形成了业务涵盖养老、医疗、护理、教学、科研、文化、贸易和咨询等八大领域的完整产业链，满足老年人对品质生活的追求。其中生活秘书、健康秘书、快乐秘书三大秘书为健康老人提供贴心服务，专业团队为失能、半失能老年人提供“医师+护师”照护，老年医院为老年人提供24小时健康医疗服务，实现老年人医疗、居家、护理“一站式”生活体验。

荣华养老服务体系是以现有荣华信息中心为基础建立荣华养老信息管理平台。信息中心有效整合通信网络、智能呼叫、互联网等手段，以信息化、智能化呼叫求助服务平台为支撑，以建立老年人信息数据库为基础，以紧急救助、健康护理、生活帮扶和心理慰藉为基本服务内容，以机构、社区为依托，有效整合社会服务资源，建立机构、居家养老服务数据库。

荣华养老系统平台设立12个模块，分别为人员定位、手动报警、会员管理、日常管理、人事管理、财务管理、物资管理、膳食管理、药品管理、配置管理、报表管理和活动管理。其中，人员定位系统包括在住老人园区位置确定、人员报警提醒和人员信息提报等；手动报警系统主要是老年人在房间内通过拉绳和按钮进行报警；会员管理模块包括会员档案、预约占床、会员入住和退住登记、外出管理、业务变更、物业管理和设备维保等；日常管理模块包括事故登记、部门工作协调和事项提醒等；人事管理模块包括员工管理、团队管理、岗位/职级管理、部门配置、考勤管理和行政管理等；财务管理模块包括收款管理、退款管理、机构账户管理、会员账户管理和会员卡费管理等；物资管理模块包括固定资产、物资查询、出入库管理和库存盘点等；膳食管理模块包括菜品管理、点菜管理、就餐提醒管理和备餐管理等；配置管理模块包括餐次维护、房间配置、费用类型配置和照护等级配置；药品管理模块包括药品采购、药品库存管理、药品发，放记录和药品过期提醒等；报表管理模块包括财务报表生成、入住率统计报表、服务满意度报表和员工绩效报，表等；活动管理模块包括活动策划、活动报名、活动执行和活动效果评估等。

报表统计养老数据资源库采用多层设计，自下而上共分为四层，即数据标准层、融合与文件层、信息共享层和整合服务层，并将信息安全体系和管理体系覆盖到每一层的每个环节。同时，荣华养老根据平台线上、线下服务体系建设情况，制定了 144 项相关服务标准，为更多老年人提供专业细致的养老服务，形成荣华养老特有服务模式，现已建成 3 座服务体系机构和社区示范点。

（三）示范单位创新性

荣华养老基于养老服务运营管理核心能力构建产业生态整合平台，基于三层次组织架构来促成内生式增长和整合式成长。荣华养老不断发现、培育、孵化和淘选业务板块，完成产业布局与资本运作，建立养老服务产业链，推进跨越式发展，建设西北养老第一品牌与城市养老综合服务运营商，让每位接受荣华养老服务的老年人都过上多彩的晚年生活。荣华养老服务体系以现有荣华养老信息中心为基础，委托第三方进行荣华养老平台开发，平台投入运营后所有知识产权均为荣华养老所有，而平台提供的智能可穿戴产品知识产权与一卡通定位产品知识产权均为供方所有。

荣华养老现已建立荣华养老信息中心，并在此基础上建立荣华养老信息平台。信息中心有效整合通信网络、智能呼叫与互联网等，主要服务特色有：一是36项专业的暖心化服务。园区提供生活、健康和快乐三大体系以及36项服务。二是健全规范的管理制度。园区编写服务标准化文件164项、应急预案13项、管理制度48项、岗位职责39项、收费标准5项及护理院制度汇编1册。三是优良的医疗保障体系。园区与森工医院合作，对常见病及多发病进行诊断和治疗，并引入先进的检查、调理和康复治疗仪器，配备专业人员提供运动康复指导。四是浓厚的娱乐文化氛围。园区充分整合荣华文化公司资源，每周开展大合唱、书画、朗诵、葫芦丝、模特步、广场舞及微信教学等兴趣班课程，每月开展邻里会、生日会和各种节庆活动，并且定期组织老年人外出旅游。五是“80后”服务“80+”，打造年轻的团队。园区服务人员均为“80后”人员，园区老年人平均年龄81.3岁。利用隔代亲的服务理念，以年轻人的激情与活力服务在住老年人，引领老年人享受具有活力的养老时光。六是树立老年人主人翁意识。老年人选举代表作为理事会成员与园区管理层、集团领导成立理事会组织，参与园区发展规划和日常服务管理。七是“新24孝”发扬孝老文化。园区根据日常服务，推广“新24孝”内容。

（四）示范单位创建目标和创建内容

荣华养老将做养老生态平台的构建者，荣华·清荷园养老社区、清荷之家康复护养院、西安曲江老年公寓、莲湖区养老服务中心（荣华·银龄馨家）、荣华康源·北城长者屋、荣华·悦馨老年服务中心、秋兰乐养和欢乐颂社区养老服务中心等各业务协同运作，形成围绕现代养老新生活的融投资和运营服务为一体的产业链。

在推广智慧健康养老服务应用模式的同时，荣华养老将结合现有基础规范运营信息中心及信息管理平台，加大对智能终端设备的投放量，扩大应用规模。将通过云计算、物联网、大数据等技术，开展“1个数据中心+1个平台+N个应用”的总体设计，以建立老人电子档案为基础，以“医养结合”为核心，形成基于泛在网的智慧机构养老平台。同时，积极发挥现有站点线上线下服务相结合的示范效应，建立多个社区智慧健康养老服务站点，拓展服务范围，不断引进新技术和新产品，提高服务质量，改进管理体系，完善荣华养老服务体系。

四、社区嵌入：康源美宏

（一）示范单位基本情况

陕西康源美宏养老服务有限公司（以下简称康源美宏）成立于2017年，是陕西康源投资（集团）有限公司的子公司，主营社区嵌入式医养结合机构的连锁运营，集智慧养老、健康管理、医养结合、文化娱乐等多元化养老服务于一体。公司业务包括健康咨询服务、技术服务、技术开发、技术咨询、技术交流、技术转让、技术推广、软件开发、企业管理、环保咨询服务、财务咨询服务、社会经济咨询服务、信息咨询服务、礼仪服务、家政服务、医疗设备租赁服务、卫生用品和一次性用品销售等。

康源美宏始终锚定“立足西安，服务全国长者”新愿景，秉持爱心、热心、耐心、细心、真心、责任心“六心”服务理念，聚焦做好养老服务业高质量发展“践行者”、争做智慧养老服务“领跑者”、成为助推养老服务业改革创新“贡献者”的总体目标持续发力，探索形成“体系化、流程化、人性化、场景化”的养老服务推广模式，广泛应用于“智慧健康场景、智慧养老场景、多元综合场景”。特别是在智慧医养、提供健康养老方面，以智慧化信息平台为纽带，将智慧物联设备广泛应用于各机构和社区日照中心的老年餐饮、生活照护、康娱活动、康复治疗等健康养老服务全过程，提高了健康养老服务的质量和效能。在标准化服务、助力智慧养老方面，构建并运行康源美宏标准化服务体系，有效实施标准213项，率先选取72项服务纳入信息化管理系统，实现了服务标准化、管理智慧化。在社区嵌入、方便就近医养方面，部署智慧化物联设备，通过智慧化产品，打通医疗+养老全链条，为老年人提供六助、居家上门等服务，实现医疗和养老服务互促互通。在人才保障、可持续发展方面，依托康源教育团队培养出一支养老服务专业毕业的大学生护理员队伍，有力地推动了康源美宏智慧化养老的实施。在促进整体提升自身标准化、规范化、智慧化、连锁化、高效化能力和水平的同时，加速助推“六五四三二一”医养结合服务新业态高质量发展。

（二）示范单位现有应用/现有发展

康源美宏目前旗下自营6家医养结合机构，26家社区日间照料中心，分别布局于新城、莲湖、雁塔、长安等西安城6区及昆明、成都等3地，覆盖32个社区，累计年服务老年人达59000人次。公司有西安市养老服务标准化技术委员会副主任委员1人，主导或参与制定团体标准1项、西安地方标准2项、陕西省地方标准1项。公司员工多次荣获国家、省、市区护理技能和职业技能大赛优秀名次和先进个人，康源美宏被评选为陕西省十大医养结合典型案例和国家级优秀服务标准化试点单位、西安市医养结合示范单位、西安市四星级养老机构，受到中央电视台、省市各大媒体的广泛宣传报道。康源美宏养老服务品牌穿透力和社会影响力显著提升，智慧健康养老实用性、覆盖性、创新性研究硕果累累，在助力智慧健康养老服务高质量发展进程中走在前列、争当示范。

（三）示范单位创新性

瑞康瀚云科技有限公司是陕西康源投资（集团）有限公司的旗下子公司，为康源美宏探索推行养老机构+智慧化平台+智慧化产品等模式提供技术支撑。瑞康瀚云提供一站式智慧养老服务平台、智慧化大数据中心、医养结合的机构/社区居家运营管理系统、AIOT智能物联硬件设备，业务涉及机构养老、智慧社区/居家养老、CCRC综合养老（养老地产）、旅居养老等多种养老业态，涵盖养老大数据整合、医养结合智慧化运营管理、医养照护智能化硬件及智慧化养老人才培训体系与系统软硬件。具体创新功能如下：

1. 智能机顶盒系统创新模式

看电视是中老年人最喜欢的休闲活动之一，电视机是老年人重要的信息获取来源之一。瑞康瀚云将电视作为家庭的资讯中心，结合有线电视及电信运营商提供老年人健康管理及日常生活需求的信息平台，把服务移植到电视上，可以实现助餐、助浴、助洁、助行、购物、健康查看、视频对讲、呼叫服务中心、联系子女等功能。

2. 智能大数据中心系统创新模式

大数据中心汇集运营系统、机顶盒系统、IOT智能物联设备、终端数据等各方信息，构建市、区、街道、社区、小区、家庭信息的垂直融通体系，横向协调各式养老机构、医疗机构的居家上门服务。

3. 数据监控中心创新模式

通过“IOT+数据可视化”的方式，将各维度的大数据分析结果进行集中呈现，建立健全机构、社区、居家养老服务的标准化体系。实时了解养老机构、社区、护理服务人员、老年人健康情况、老年人求助情况等数据。

4. 智能视频陪伴服务创新模式

老年人通过 APP 可呼叫子女、孙辈、老同学、老同事、老战友、亲戚，与其视频，实现电视双向视频聊天，让亲情不再有距离，让老友之间真正实现想念不如相见。

5. 智能健康管理服务创新模式

通过养老运营管理系统和物联设备为老年人建立健康档案，包括长者基础生理数据、医疗健康报告、饮食习惯、病史、用药等信息。

6. 智能养老服务创新模式

智慧养老管理平台通过整合当地养老服务资源——药店、超市、餐饮、家政服务、理疗服务，为老年人在电视端提供客厅里的药店、客厅里的超市、客厅里的餐馆、客厅里的家政与理疗服务，为老年人解决助洁、助医、助餐、助行、助浴、助急等家庭养老需求，既满足了老年人的实际生活需求，也解决了政府的居家养老服务问题。

（四）示范单位创建目标和创建内容

康源美宏养老利用高科技可穿戴设备，结合信息中心，搭建康源美宏智慧化信息平台，整合医疗、养老、信息、社会服务资源，将便捷、智慧融入养老服务，让每一位老年人能够随时随地享受到优质的养老服务，形成具有特色的智慧健康养老服务模式，在全省乃至全国进行示范推广。创建目标如下：

（1）让住在机构里的老年人如同在自己家里，子女仿佛就在身边，子女随时随刻都可以关注到老年人的情况。

（2）让住在家里的老年人能够享受到康源美宏的专业护理服务，了解更多的养老服务功能。

（3）信息平台提供健康监测、疾病预防、就诊绿色通道、医疗资源分享、养生之道等功能，打造一个属于老年人的健康平台。

康源美宏以现有智慧化信息平台为基础，建立包含生活照料、医疗护理、精神慰藉、餐饮、清洁卫生等服务内容的服务体系，打造真正意义上的科技养老、科技助老。创建内容如下：

（1）完善现有智慧养老服务应用模式，规范各个服务环节。

（2）扩大服务范围，截至2023年底设立医养结合机构7个、社区日间照料中心30家，满足各个社区老年人服务需求和就医需求。

（3）引进新技术、新产品，完善平台系统，做好机构及周边老年人数据安全采集、录入及服务推广。

（4）提高服务质量，健全完善组织体系、管理体系、标准体系和保障体系，优化康源美宏服务体系，打造康源美宏特有服务模式，发挥各机构服务示范优势，在全省或更大范围推广应用。

五、综合解决：麦邦智航

（一）示范单位基本情况

西安麦邦智航智能电子科技有限公司（以下简称“麦邦智航”或“公司”）成立于2011年9月，是一家主要从事智慧健康养老软件系统开发，智能终端设备研发、生产、销售及服务的公司。公司结合现有资源以及“智养结合”的最新养老理念，利用新一代信息技术，融合养老产业运营理念，进行用户服务和运营管理，提出互联网化、智能化的养老解决方案。

公司旗下的陕西福乐康智慧养老服务中心（民非资质）坚持品牌化、标准化的发展思路，在碑林区、莲湖区共开设了15个社区智慧养老服务中心，构建了福乐康智慧养老综合服务平台，同时与多家实力企业签订合作协议，满足社区居民日常生活的全方位需求。截至目前，福乐康服务的老年人数已超过2万人次，其中黏性用户达到1.6万余人，计划到2020年底在全省建设运营100个社区智慧养老服务中心，能够为超过100万老年人提供高质量、高标准的智慧养老服务。

2018 年 4 月 26 日，公司在陕西省民政厅、陕西省老龄办、西安市老龄办、西安市民政局、碑林区民政局和西安市老龄产业协会等各级政府及社会组织的大力支持下，举办了“2018 年陕西省智慧养老高峰论坛”，得到了省政府及社会各界的高度认同。

（二）示范单位现有应用/现有发展

麦邦智慧健康养老系统平台利用新一代信息技术手段，搭建智慧健康养老管理平台，通过平台有效整合社会资源、政府资源和信息资源，借助平台及各类终端设备，按照养老服务规范和服务标准向老年人及其家属提供安全看护、健康管理、生活照料、休闲娱乐和亲情关爱等五个方面的服务，达到“多位一体、齐心和谐”的服务效果，打造“没有围墙的养老院”。

麦邦智航已建成符合国家标准的智慧健康养老服务系统平台，为了完善落地为老服务，2017 年向陕西省民政厅申办了民非资质“陕西福乐康智慧养老服务中心”（旨在为老年人提供助医、助浴、助餐、助急和助行等为老服务），并与 15 个社区日间照料中心服务网点合作，建立了智慧健康养老信息平台与大数据综合管理预警中心。同时，推广智慧健康养老终端设备，设立 7×24 小时值守服务，做到了对社区与居家老年人的有效链接，为空巢、独居、失独和孤寡老年人的居家养老提供健康安全保障。

麦邦智慧健康养老系统及产品自 2016 年进入市场以来，得到了诸多养老单位合作机构的认可和高度评价。它建设了社区、居家、机构养老院和社区日间照料中心等智慧健康养老系统。目前，公司在碑林区和莲湖区开设了 15 个社区居家养老服务站，构建了福乐康智慧健康养老综合服务平台，同时与多家实力企业签订合作协议，满足社区居民日常生活的全方位需求。

（三）示范单位创新性

智慧健康养老要解决老年人养老问题，而养老又是多元化、多需求、多层次及多角度的项目，所以麦邦智航开发了四款信息化系统平台，即民政智慧健康养老信息化系统平台、智慧社区信息化系统平台、智慧健康养老机构养老院信息化系统平台和智慧健康养老社区居家养老信息化系统平台。为了更好、更接地气地为老年人居家生活健康服务，麦邦智航软件系统开发相对完善，结合养老多元化需求及各种为老服务开发了诸多实用性系统。麦邦智航的特色是不仅拥有信息化系统平台和智能终端设备，还有麦邦智航注资成立的陕西福乐康智慧养老服务中心为落地服务做支撑，使系统平台不再是虚无缥缈的空中楼阁，为养老服务解决了“最后一公里”的服务难题。

麦邦智航的“乐享卡”主要收集老年人基本信息和健康信息，以政府为主导方，以福乐康为经营方，建立了陕西省数据库，将不同老年人的身体状况实时通过智能腕表、睡眠检测仪等记录进数据库，使养老服务的提供者能够根据数据进行分析，使政府能够对养老机构的运行情况与运行效率进行监控评估。同时，利用智能技术的时效性与便利性来减少社会对老年人独自在家的担心与忧虑，子女们也能更安心地在外工作；利用互联网加强“医养结合”，实现网上数据监控、网上就医预约、网上实时问诊与专家会诊，减少医疗相对于养老的滞后性，为居家养老提供实时的健康安全保障。福乐康中心还可以利用由“乐享卡”搜集而成的数据库，进行个性化养老服务设计，对于有上门服务要求的老年人提供定期上门理发以及检查身体情况等服务，提高服务质量。智能预警系统与生理检测系统提高了养老服务水平和质量，在一定程度上减少了人工监控，节省了人力资源，让专业的工作人员提供更为精准和专业的服务。其市场化的特点既弥补了敬老院式的“国家养老”资源不足的缺憾，又满足了人们个性化的养老需求。

（四）示范单位创建目标和创建内容

麦邦智航依靠专业的软硬件研发团队，总结多年实体服务经验，研发了符合市场需求的智慧居家养老综合服务平台，为日益增长的养老需求提供精准、高效、个性的居家养老服务。麦邦智航将不断创新进取，力争成为全国智慧健康养老先锋带头企业，为促进陕西省健康养老产业的智慧化升级、提升健康养老服务质量与效率以及全面推动陕西省智慧城市的建设做出贡献。现已将麦邦智慧健康养老系统平台及服务体系面向全国推广，陕西省目前已服务中老年人20000余人，且已启动大西北、西南计划，预计两年之内服务人数达100万人，全国服务人数达200万人。

麦邦智航开发了四款信息化系统平台，分别是民政智慧健康养老信息化系统平台、智慧社区信息化系统平台、智慧健康养老机构养老院信息化系统平台和智慧社区居家养老信息化系统平台。这些平台各自有不同的功能定位，以机构为切入点，最终形成政府、机构养老、社区养老和个人的统一云端平台。同时，麦邦智航还建立了陕西福乐康智慧养老服务中心，主要结合系统及智能终端设备做好落地服务，组建了 50 人的为老服务团队，入驻了 15 个日间照料中心，全心全意为老年人提供生活所需和优质服务。

六、体贴入微：中星测控

（一）示范单位基本情况

西安中星测控有限公司（以下简称中星测控）1996 年 4 月成立于西安高新区，是国内外知名的智能传感器、物联网（智慧城市/智能制造）及智能可穿戴电子产品及其系统综合解决方案提供商。2014 年注册运营控股子公司——西安益路邦穿戴电子有限公司，专营老年人跌倒报警系列产品和老年人关爱系统业务。通过了 ISO9001、GJB9001 认证及国际 IECEx 防爆体系认证和欧洲 ATEX 防爆体系认证。作为国家高新技术企业，中星测控坚持技术创新，已获 96 项专利（含 8 项国内发明和 1 项美国发明）、5 项软件著作权、22 项中国注册商标、1 项美国注册商标和 1 项欧盟注册商标。中星测控坚持专业化国际化的全球视野，锐意创新技术和商业模式，市场遍及全球 80 多个国家，项目产品面向全球养老市场，2018 年其销售收入突破 1000 万元，其中出口占比达到 60%（工业品出口占比 50%）。

（二）示范单位现有应用/现有发展

中星测控依托互联网、物联网和多年在传感器行业积淀的雄厚技术实力与市场品牌优势，形成了业务横跨工业自动化和民用消费电子领域的格局。在工业领域致力于提供工业压力传感器、惯性传感器以及物联网监测智能终端及系统；在民用消费电子领域以智慧健康养老可穿戴智能终端系列和老年人关爱系统解决方案为主，主要产品和服务有：老年人跌倒报警器（包含个人版、网络版）、老年人区域自动检测系统（用于养老院、康复中心等老年人聚居区域）和智能关爱系统（用于居家养老）。中星测控开发了带定位功能的人体跌倒检测系统，融合了比较复杂的姿态判断算法，可准确检测人体当前的状态，通过GSM/GPRS网络发送给机主的监护人或指定人。其主要是通过传感器实时监测人体的姿态，将两种传感器的数据通过相关的融合算法进行处理，来减少误报漏报的情况，判断有跌倒事件发生时启动定位和免提通话功能，并通过GSM短信的形式发送到监护人手机，或通过ZIGBEE无线方式将跌倒事件及所在的具体位置发送给监控中心。同时，此装置具有手动报警功能、状态查询功能、定时温馨提示功能、定时提醒功能、保时功能、身边温度监测功能和免提通话功能等，还具有跌倒检测功能、定位功能、紧急呼叫功能以及显示历史数据、血压脉搏和睡眠监测的功能，被高新管委会展团评为“优秀参展展品”，并获创新型产品奖。

（三）示范单位创新性

一是在技术创新方面。中星测控项目产品结构简单、设计合理、体积小、携带方便、操作简便、外形美观、使用效果好且具有无线通信功能，能够有效解决现有基于穿戴式传感器的人体跌倒检测装置存在的体积较大、穿戴不便、功能较少以及无远程无线通信功能等多种缺陷和不足。它采用GSM无线通信模块对报警信息进行同步传输，由于GSM网络在全国范围内实现了联网和漫游，因而该产品具有网络能力强、双向数据传输、性能稳定可靠和费用低廉等优点，是一款电池供电、功能全面的人体跌倒检测报警器。实际使用时，可通过测量佩戴该仪器的个体运动过程中三个正交方向上的加速度矢量信号来感知其身体姿态的变化，并配合现有的GSM网络，利用短信来实现跌倒报警。同时，它适用范围广，可广泛应用于家庭、医院等领域并进行有效的人体跌倒监测及报警，主要适合自理能力和自我保护能力比较差的老年人和儿童。

二是在模式创新方面。随着移动互联网的迅猛发展，以及现代物流和支付手段的便利化，传统销售模式已被颠覆，公司积极探索新时代的销售模式，打破线上与线下局限，形成B2B、B2C、O2O的立体式销售网络，以方便客户和用户为原则，优化用户体验。

（四）示范单位创建目标和创建内容

中星测控欲将这项国际首款、中国首创以及西安发明的产品进行产业化，以此推动公司成为国内智慧健康养老系统智能终端制造推广的示范性企业，造福广大老年人群，发挥示范作用，带动上下游产业链共同发展，推动我国养老市场的繁荣，为社会稳定和谐贡献力量。

首先，通过对个人佩戴的跌倒报警器进行推广，推动老年人个体的广泛使用，不仅使得老年人在跌倒时可得到及时救助，同时可实时监测老年人的相关生理特征，使老年人在生病前得到预防，使子女可以放心地工作，促进家庭的和睦。其次，通过给养老院、养老社区或智慧社区安装跌倒监测报警系统，可实时监护老年人的身体状况，在跌倒事件发生时可及时提供救助，提高使用机构的服务能力。最后，建立健康监控平台，通过对监控平台的数据，如血压、血糖、脉搏等进行分析，了解老年人的生理特征，为老年人的健康长寿保驾护航。

中星测控将新建设科研、生产场地 1000 平方米，购置研发生产测试设备和软件等，攻克项目产品面临的关键技术，优化产品工艺，降低生产成本，增加三条自动化生产线，形成跌倒检测报警器系列产品年均产量达到 5 万只的生产能力，实现规模化生产。未来，中星测控将力争成为中国智慧健康养老领域的产品制造示范企业和全球技术领先的智能工业传感器规模化供应商，为中国物联网、智慧城市、智慧健康养老与智能制造技术客户提供领先的综合解决方案和服务。

第四节　本章小结

本章在我国智慧健康养老应用试点示范单位中选取部分区县、街道、企业进行案例分析，从示范单位基本情况、示范单位现有应用/现有发展、示范单位创新性以及示范单位创建目标和创建内容四个方面分别展开，为进一步发展我国智慧健康养老产业总结优秀经验，给后续单位建设提供新思路。通过学习本章内容，可以发现：

（1）区县层面，结合当地特色优势，统筹所辖资源，积极拓展智慧健康养老市场空间，大力推动智慧健康养老产品和服务在典型应用场景落地；注重完善复合型养老人才队伍、新型基础设施等产业要素建设。

（2）街道层面，做到上传下达，丰富服务种类，建设具有特色服务内容、贴近地区发展实际的智慧健康养老服务体系；同时利用信息技术产品，通过线上线下服务模式为辖区居民提供智慧健康养老服务，提升服务质量及管理效率。

（3）企业层面，应精准对接老年人需求，研发、生产、推广新款智慧健康养老产品，并对现有产品进行适老化改造。要求不仅从老年人生理和安全层面的需求出发，更要满足老年人关系和发展层面的需求。

思考题

1. 为发展智慧健康养老产业，通过分析典型案例经验，各区县应该如何打造产业模式？

2. 智慧健康养老产业的发展需要多方共同努力，区县、街道、企业以及产业园在未来发展中如何互联互通，共同打造产业发展新局面？

3. 为实现发展，智慧健康养老企业经营的产品或服务应向哪些方面进行改善？

推荐阅读资料：

［1］侯汉坡，位鹤，王颍超，等．我国老年智慧康养平台建设路径研究［J］. 中国工程科学，2022，24（2）：170-178.

［2］胡芳，何逍遥，曹传碧．人口老龄化视域下寿险企业参与养老产业的模式、困境与对策［J］. 西南金融，2021（8）：38-49.

［3］张博．新时代新经济：智慧健康养老产业及发展路径［J］. 兰州学刊，2020（6）：200-208.

［4］韦艳，徐赟．智慧健康养老产业发展的困境与路径——以陕西省为例［J］. 西安财经大学学报，2020，33（3）：37-45.

参考文献

[1] Attewell P. Comment: The first and second digital divides [J]. Sociology of Education, 2001, 74 (3): 252-259.

[2] Besser H A. The next digital divides [EB/OL]. Research Gate, (2004-01-09) [2022-12-14], https://www.research gate.net/publication/265182610_The_ Next_ Digital_ Divides.

[3] Lagacé M, Charmarkeh H, Tanguay A, et al. How Ageism contributes to the second-level digital divide: The case of Canadian seniors [J]. Journal of Neuro Oncology, 2015, 11 (4): 1-3.

[4] Loges W E, Jung J Y. Exploring the Digital Divide: Internet Connectedness and Age [J]. Communication Research, 2001 (4): 536-562.

[5] Marshall A. Principles of Economics [M]. London: Macmillan, 1920.

[6] Maslow A H. A Theory of Human Motivation [J]. Psychological Review, 1943, 50 (4): 370-396.

[7] Shah D V, Kwak N, Holbert R L. "Connecting" and "disconnecting" with civic life: Patterns of Internet use and the production of social capital [J]. Political Communication, 2001, 18 (2): 141-162.

[8] Toffler A. Powershift: Knowledge, wealth, and violence at the edge of the 21st Century [M]. New York: Bantam Books, 1990.

[9] 曹园园，隆清琦，胡保亮．老年群体社交网络活跃使用行为影响因素研究——社会资本与情感依恋视角 [J]. 情报杂志，2020，39 (8)：166-173.

[10] 陈勃，樊国宝．老年人传媒接触状况的调查与分析 [J]. 社会科学，

2003（12）：68-74.

［11］陈健．智慧健康养老服务平台的标准化及应用［J］. 信息技术与标准化，2020（6）：56-60.

［12］陈江芸．健康老龄化背景下医养结合模式及老年人健康保障研究［D］. 武汉：华中科技大学，2020.

［13］陈坤．老年人机构养老服务需求与养老机构服务供给现状研究［D］. 济南：山东大学，2020.

［14］陈莉，卢芹，乔菁菁．智慧社区养老服务体系构建研究［J］. 人口学刊，2016，38（3）：67-73.

［15］陈思怡．南宁市居家型康养地产住区适老化规划与建筑设计策略研究［D］. 南宁：广西大学，2023.

［16］陈体强．《智慧健康养老标准体系建设指南》团标发布［EB/OL］. 搜狐网，（2021-01-11）［2022-12-14］. https：//www. sohu. com/a/443827487-120056211.

［17］陈旸，康健，连菲．英国养老设施医养结合模式分析及经验借鉴［J］. 建筑学报，2016（11）：84-88.

［18］陈友华．居家养老及其相关的几个问题［J］. 人口学刊，2012（4）：51-59.

［19］邓大松，李玉娇．医养结合养老模式：制度理性、供需困境与模式创新［J］. 新疆师范大学学报（哲学社会科学版），2018，39（1）：2，107-114.

［20］杜鹏，李龙．新时代中国人口老龄化长期趋势预测［J］. 中国人民大学学报，2021，35（1）：96-109.

［21］冯政．Sigma 因子 RpoS 调控鸡白痢沙门菌生物被膜形成及Ⅲ型分泌系统的机制研究［D］. 扬州：扬州大学，2022.

［22］高传胜．智能养老：智能时代孕育的养老产业新业态：兼论智能养老与中国人口结构双重不利变化趋向带来的挑战［J］. 人民论坛·学术前沿，2019（18）：52-60.

［23］何蒲，于戈，张岩峰，等．区块链技术与应用前瞻综述［J］. 计算机科学，2017，44（4）：1-7，15.

［24］侯雅文，梁丽芝．基于政策工具理论视角的我国智慧养老产业政策现状及优化策略［J］. 中阿科技论坛（中英文），2021（8）：38-42.

［25］黄晨熹．老年数字鸿沟的现状、挑战及对策［J］. 人民论坛，2020（29）：126-128.

［26］黄丹俞，邱子清．数字环境下老年人媒介与信息素养评估框架构建［J］. 图书馆论坛，2021，41（8）：96-107.

［27］黄剑锋，章晓懿．中国智慧养老产业政策研究：基于政策工具与技术路线图模型［J］. 中国科技论坛，2020（1）：69-79.

［28］黄剑锋．中国长三角区域智慧养老政策比较研究：基于主体—目标—工具的政策计量分析［J］. 信息资源管理学报，2020，10（6）：122-134.

［29］纪春艳．居家智慧养老的实践困境与优化路径［J］. 东岳论丛，2022，43（7）：182-190.

［30］贾玉娇，王丛．结构二重性视角下智慧居家养老服务体系释析：从“人技隔阂”到“人技融合”［J］. 社会科学战线，2020（12）：212-220.

［31］江加贝，王可，李亦文．基于“互联网+”背景下的居家养老产品设计研究与探讨：“互联网+”背景下江苏智慧养老服务设计研究［J］. 设计，2019，32（15）：120-122.

［32］金永成，侯青青．依恋理论视角下有声 App 适老化改造分析［J］. 新媒体研究，2022，8（23）：28-32.

［33］金昱希，林闽钢．智慧化养老服务的革新路径与中国选择［J］. 兰州大学学报（社会科学版），2021，49（5）：107-116.

［34］靳永爱，刘雯莉，赵梦晗，等．短视频应用平台的使用与中老年人生活：基于专项调查的探索性研究［J］. 人口研究，2021，45（3）：31-45.

［35］巨贝贝．计算机大数据分析与云计算网络技术运用分析［J］. 石河子科技，2023（4）：62-64.

［36］孔国书，惠长虹，李路路．中国居民自评一般健康的队列差异研究：兼论“人口红利”的健康效应［J］. 人口学刊，2021，43（6）：94-112.

［37］雷晓康，汪静．健康中国背景下的智慧健康养老：战略目标、体系构建与实现路径［J］. 西北大学学报（哲学社会科学版），2020，50（1）：

131-139.

[38] 李宝娟，孙晓杰．我国“互联网+”居家智慧养老现状分析［J］．卫生软科学，2019，33（3）：8-11.

[39] 李丹．快速老龄化背景下 LYY 养老服务公司发展战略研究［D］．成都：电子科技大学，2022.

[40] 李皓男．商业银行软件开发中心精细化管理优化探究［D］．北京：北京交通大学，2021.

[41] 李倩，李亚玲，方丹，等．浙江省现代服务业高质量发展问题分析及对策建议［J］．中国商论，2023（19）：129-134.

[42] 李晓娣，原媛，黄鲁成．政策工具视角下我国养老产业政策量化研究［J］．情报杂志，2021，40（4）：147-154.

[43] 李雪．智慧社区养老服务供需研究［D］．太原：山西财经大学，2022.

[44] 李杨凤，程龙．我国智慧医养结合创新模式初探［J］．现代医院管理，2015，13（6）：18-21.

[45] 练海瑛．L 市农村机构养老现状研究［D］．西安：西北大学，2022.

[46] 廖喜生，李扬萩，李彦章．基于产业链整合理论的智慧养老产业优化路径研究［J］．中国软科学，2019（4）：50-56.

[47] 林初蕾．精细化管理视角下乡镇财政管理能力提升研究［D］．上海：上海师范大学，2020.

[48] 林枫．老龄化背景下的中国家庭数字代沟研究［D］．深圳：深圳大学，2018.

[49] 林文盛，冯健．北京城中村居民“数字鸿沟”测量及其影响因素研究［J］．人文地理，2021，36（5）：63-72.

[50] 刘畅．积极健康老龄化下浦东新区智慧居家养老服务的数字鸿沟研究［D］．上海：华东师范大学，2023.

[51] 刘树杰，彭苏颖．“供求决定价格”辨析［J］．中国物价，2016（6）：35-38.

[52] 刘越凡．开远市医养结合养老实践研究［D］．昆明：云南师范大

学，2023.

［53］陆杰华，韦晓丹. 老年数字鸿沟治理的分析框架、理念及其路径选择：基于数字鸿沟与知沟理论视角［J］. 人口研究，2021，45（3）：17-30.

［54］麻宝斌，李国梁，杜平. 社会结构、代际差异与触网程度：数字红利的影响因素分析：基于七省市调查数据［J］. 吉林大学社会科学学报，2020，60（4）：52-61，236.

［55］毛羽，李冬玲. 基于UTAUT模型的智慧养老用户使用行为影响因素研究：以武汉市“一键通”为例［J］. 电子政务，2015（11）：99-106.

［56］孟小峰，慈祥. 大数据管理：概念、技术与挑战［J］. 计算机研究与发展，2013，50（1）：146-169.

［57］潘婷. 积极老龄化视角下机构养老的社会工作服务优化研究［D］. 重庆：重庆工商大学，2024.

［58］齐晓楠. 为何智慧养老服务陷入推广困境？［D］. 长春：吉林大学，2022.

［59］秦志光，丁熠，王瑞锦，等. 智慧城市中的物联网技术［M］. 北京：人民邮电出版社，2015.

［60］冉庆国. 产业集群与产业链的关系研究［J］. 学习与探索，2009（3）：160-162.

［61］任继球，盛朝迅，魏丽，等. 战略性新兴产业集群化发展：进展、问题与推进策略［J］. 天津社会科学，2024（2）：89-98，175.

［62］沈玉宝. 论产业链整合与产业价值实现：剖析“中国青梅之乡”青梅产业的发展方向［J］. 中国市场，2016（19）：45-47.

［63］盛朝迅. 新发展格局下推动产业链供应链安全稳定发展的思路与策略［J］. 改革，2021（2）：1-13.

［64］宋月萍，张光赢，彭可余. 中国低龄老年人劳动参与的现状、特征及趋势［J］. 人口研究，2024，48（2）：75-89.

［65］睢党臣，彭庆超. “互联网+居家养老”：智慧居家养老服务模式［J］. 新疆师范大学学报（哲学社会科学版），2016，37（5）：128-135.

［66］孙乃娟，黄佳. 数字社交赋能老年群体社会适应机理研究：孤独感

应对视角［J］. 人口与社会，2024，40（1）：27-37.

［67］孙宁．城市养老机构的智慧养老服务研究［D］. 北京：北京化工大学，2023.

［68］孙莹．北京市智慧社区养老服务研究［D］. 北京：中央民族大学，2021.

［69］孙月．重庆市九龙坡区居家养老老年人智慧健康养老服务购买意愿影响因素研究［D］. 重庆：重庆医科大学，2019.

［70］唐凤．积极老龄化视阈下智慧养老瓶颈之突破［D］. 武汉：武汉科技大学，2022.

［71］田晓景，王馨玮，王莹．基于产业链整合的河北省智慧养老产业优化路径研究［J］. 现代商贸工业，2022，43（9）：30-31.

［72］王春芳．徐州市养老机构服务供给现状与老年人养老服务需求研究［D］. 南京：东南大学，2022.

［73］王鸿宇，林盈吟．老龄化背景下智慧健康养老服务政策文本分析：以广东省为例［J］. 秘书，2023（5）：45-60.

［74］王杰，董少龙．智慧养老技术及落地应用指南［M］. 北京：电子工业出版社，2021：64-127.

［75］王锦成．居家养老：中国城镇老人的必然选择［J］. 人口学刊，2000（4）：19-22.

［76］王磊．智慧养老产业链整合的影响因素研究：基于结构方程模型（SEM）［J］. 电子科技大学学报（社会科学版），2020，22（5）：69-76.

［77］王莉莉．中国居家养老政策发展历程分析［J］. 西北人口，2013，34（2）：66-72.

［78］王浦劬，雷雨若，吕普生．超越多重博弈的医养结合机制建构论析：我国医养结合型养老模式的困境与出路［J］. 国家行政学院学报，2018（2）：40-51，135.

［79］王田苗，陶永．我国工业机器人技术现状与产业化发展战略［J］. 机械工程学报，2014，50（9）：1-13.

［80］王星明，王艳华．“互联网+”背景下居家智慧养老模式构建的若干

思考——以山东省滨州市为例［J］. 中国卫生产业，2019，16（5）：172-175.

［81］王宇．社区居家医养结合服务对老年人主观幸福感的影响研究［D］. 济南：山东财经大学，2024.

［82］韦路，张明新．第三道数字鸿沟：互联网上的知识沟［J］. 新闻与传播研究，2006（4）：43-53+95.

［83］魏强，吕静．快速老龄化背景下智慧养老研究［J］. 河北大学学报（哲学社会科学版），2021，46（1）：99-107.

［84］温晓君，赵燕，石岩，周斌．智慧健康养老产业发展白皮书（2020年）［N］. 中国计算机报，2020-07-06（008）.

［85］温孝卿．马克思供求理论研究［J］. 商业研究，2002（6）：1-6.

［86］翁银娇，马文聪，叶阳平，等．我国 LED 产业政策的演进特征、问题和对策——基于政策目标、政策工具和政策力度的三维分析［J］. 科技管理研究，2018，38（3）：69-75.

［87］吴超，赵晓思．杭州：立法打通居家养老“最后一公里”［J］. 浙江人大，2020（4）：58-60.

［88］谢冬梅，杨义，张晓纯，等．智慧医养融合服务项目的属性与开发策略研究——基于 Kano 模型的实证调查［J］. 卫生经济研究，2023，40（3）：15-19.

［89］熊江，戴元兵．智慧养老中的运维设计：以南陵县智慧养老项目为例［J］. 智能建筑电气技术，2022，16（1）：13-17.

［90］徐丹，于渤．高技术产业集聚对区域阶段创新绩效的影响研究［J］. 科研管理，2024，45（3）：113-121.

［91］徐勤．我国老年人口的正式与非正式社会支持［J］. 人口研究，1995（5）：23-27.

［92］徐孝婷，赵宇翔，朱庆华．在线健康社区老年用户健康信息需求实证研究［J］. 图书情报工作，2019，63（10）：87-96.

［93］徐越．老年人数字包容的困境及化解路径研究［D］. 上海：上海工程技术大学，2020.

［94］许晔，郭铁成．IBM“智慧地球”战略的实施及对我国的影响

[J]. 中国科技论坛，2014（3）：148-153.

［95］杨芳. 智慧养老发展的创新逻辑与实践路向［J]. 行政论坛，2019，26（6）：133-138.

［96］杨菊华. 智慧康养：概念、挑战与对策［J]. 社会科学辑刊，2019（5）：102-111.

［97］杨秋红，冯缨. 基于 UTAUT 模型的智慧养老产品使用意愿研究［J]. 老龄科学研究，2020，8（1）：18-31.

［98］云飞. 智慧养老，"小需求"要"大作为"［J]. 信息化建设，2020（11）：3.

［99］曾大水. 区块链视域下老龄产业公私合作研究［D]. 福州：福建中医药大学，2021.

［100］詹佳昌，孙涛. 城市老年人对养老服务的影响实证研究——基于智能时代服务视角［J]. 理论与现代化，2021（2）：117-128.

［101］张博. 新时代新经济：智慧健康养老产业及发展路径［J]. 兰州学刊，2020（6）：200-208.

［102］张帆，魏川林，刘小春. 农村养老服务精准供给的理论逻辑、制约因素及实现路径［J]. 安徽农学通报，2022，28（5）：38-44.

［103］张昊. 智慧养老视域下中国养老服务体系的优化路径研究［D]. 长春：吉林大学，2020.

［104］张丽丽，毕硕本，刘少丽，等. 基于交通数据的养老机构可达性及供需关系研究——以北京市为例［J]. 地理与地理信息科学，2023，39（2）：81-88.

［105］张利娜. 互联网环境下智慧养老产业发展问题及对策研究［J]. 海峡科技与产业，2023，36（6）：48-51.

［106］张未平. 老年人数字鸿沟弥合的社会支持研究［D]. 上海：上海工程技术大学，2020.

［107］张园，连楠楠. 老年人对养老机构智慧养老服务需求与意愿研究——基于包头市的调查［J]. 经济研究导刊，2018（27）：55-59.

［108］张泽滈. 智慧赋能养老服务的驱动要素、转型逻辑、实践困境与

对策［J］. 西安交通大学学报（社会科学版），2024，183（3）：64-74.

［109］郑大庆，张赞，于俊府．产业链整合理论探讨［J］. 科技进步与对策，2011，28（2）：64-68.

［110］郑函，王梦苑，赵育新．我国“医养结合”养老模式发展现状、问题及对策分析［J］. 中国公共卫生，2019，35（4）：512-515.

［111］中国电子工业标准化技术协会．中国电子工业标准化技术协会关于《基于人工智能语音交互的养老服务平台服务与技术要求》团体标准征求意见的通知［EB/OL］. 2021，http：//www. ttbz. org. cn/Home/Show/18633.

［112］中国电子科技集团公司第三研究所产业研究中心．智慧健康养老产业发展白皮书［R］. 北京：中国电子科技集团公司第三研究所，2018.

［113］中投产业研究院．2024—2028 年中国养老产业投资分析及前景预测报告［R］. 深圳：深圳市中投顾问股份有限公司，2024.

［114］周凌一，周宁，祝辰浪．技术赋能智慧养老服务的实践逻辑和优化路径：以上海市为例［J］. 电子政务，2023（2）：43-57.

［115］周裕琼．数字代沟与文化反哺：对家庭内“静悄悄的革命”的量化考察［J］. 现代传播（中国传媒大学学报），2014，36（2）：117-123.

［116］朱庆华，张玥，陆冬梅．基于“工具-目标-阶段”三维框架的江苏省智慧养老政策文本分析［J］. 人口与社会，2023，39（5）：1-12.

［117］朱晓．老年人智能产品需求及使用情况研究［J］. 人口与社会，2024，40（1）：38-53.

［118］朱耀垠．加快拓展和优化智慧居家养老服务［J］. 科技与金融，2023（7）：21-26.

［119］祖秉智．北戴河区 D 镇智慧居家养老模式研究［D］. 秦皇岛：燕山大学，2023.

［120］左美云，雷东荧，尚进．智慧养老服务的需求与用户分析［J］. 中国信息界，2020（5）：38-41.

［121］左美云，刘浏，尚进．从国家政策看智慧健康养老发展脉络［J］. 中国信息界，2021（1）：72-75.

附录1 智慧健康养老产品及服务推广目录

一、智慧健康养老产品及服务推广目录（2018年版）

（国家工业和信息化部、民政部、卫生健康委员会于2018年7月31日联合发布）

（一）产品名单

序号	单位名称	产品类别	产品名称
1	普天信息技术有限公司	健康管理类可穿戴设备	智能手环V1.0
2	沈阳东软熙康医疗系统有限公司	健康管理类可穿戴设备	iSleep优睡宝睡眠监测仪
3	江苏盖睿健康科技有限公司	健康管理类可穿戴设备	动态心电记录仪
4	安徽华米信息科技有限公司	健康管理类可穿戴设备	小米手环2
5	成都云卫康医疗科技有限公司	健康管理类可穿戴设备	生命体征监护手环
6	宁波科强电池有限公司	健康管理类可穿戴设备	科强孝心环
7	普天信息技术有限公司	健康管理类可穿戴设备	智能腕表2.0
8	统捷通讯科技集团有限公司	健康管理类可穿戴设备	智能监护手表
9	湖北侨亚养老产业股份有限公司	健康管理类可穿戴设备	侨E脉
10	湖南千山制药机械股份有限公司	健康管理类可穿戴设备	智能健康监护手表
11	广州柏颐信息科技有限公司	健康管理类可穿戴设备	爱牵挂智能监护穿戴设备
12	成都麦杰康科技有限公司	健康管理类可穿戴设备	麦麦长者手表

续表

序号	单位名称	产品类别	产品名称
13	沈阳东软熙康医疗系统有限公司	便携式健康监测设备	远程心电监护仪
14	浙江好络维医疗技术有限公司	便携式健康监测设备	无线网络生理参数监测仪
15	浙江好络维医疗技术有限公司	便携式健康监测设备	便携式心电采集仪
16	武汉中旗生物医疗电子有限公司	便携式健康监测设备	动态心电图系统
17	天津九安医疗电子股份有限公司	便携式健康监测设备	电子血压计（智能臂式）
18	江苏鱼跃医疗设备股份有限公司	便携式健康监测设备	臂式电子血压计
19	浙江好络维医疗技术有限公司	便携式健康监测设备	无线传输电子测量血压计
20	天津九安医疗电子股份有限公司	便携式健康监测设备	智能血糖监测系统
21	沈阳东软熙康医疗系统有限公司	便携式健康监测设备	熙心健康血糖仪
22	江苏鱼跃医疗设备股份有限公司	便携式健康监测设备	血糖仪
23	桂林优利特医疗电子有限公司	便携式健康监测设备	血糖分析仪
24	天津九安医疗电子股份有限公司	便携式健康监测设备	iHealth Pulse Oximeter
25	上海温尔信息科技有限公司	便携式健康监测设备	体温持续监测仪
26	天津九安医疗电子股份有限公司	便携式健康监测设备	iHealth Core 无线体脂秤
27	安徽华米信息科技有限公司	便携式健康监测设备	小米体脂秤
28	美的智慧家居科技有限公司	便携式健康监测设备	健康秤二代
29	沈阳东软熙康医疗系统有限公司	便携式健康监测设备	熙心健康一体机
30	江苏康尚生物医疗科技有限公司	便携式健康监测设备	家用健康一体机
31	康美健康云服务有限公司	便携式健康监测设备	康美健康一体机
32	康泰医学系统（秦皇岛）股份有限公司	便携式健康监测设备	多参数生命体征监测仪
33	武汉新新海健康科技有限公司	便携式健康监测设备	便携式健康监护机
34	四川长虹电器股份有限公司	便携式健康监测设备	移动公卫套装
35	四川长虹电器股份有限公司	便携式健康监测设备	健康一体机
36	康泰医学系统（秦皇岛）股份有限公司	自助式健康检测设备	多参数生命体征监测仪
37	上海恩谷信息科技有限公司	自助式健康检测设备	互联网健康管理一体机

续表

序号	单位名称	产品类别	产品名称
38	江苏康尚生物医疗科技有限公司	自助式健康检测设备	平板健康一体机
39	江苏盖睿健康科技有限公司	自助式健康检测设备	远程医疗工作台
40	武汉新新海健康科技有限公司	自助式健康检测设备	自助式健康监护机
41	武汉携康智能健康设备有限公司	自助式健康检测设备	生理参数传输仪
42	四川长虹电器股份有限公司	自助式健康检测设备	健康小站
43	康美健康云服务有限公司	自助式健康检测设备	康美健康一体机
44	深圳市前海安测信息技术有限公司	自助式健康检测设备	安测自助健康监测智能一体机
45	四川长虹电器股份有限公司	自助式健康检测设备	智能听诊器
46	普天信息技术有限公司	智能养老监护设备	智能床垫
47	北京派帝东方科技有限公司	智能养老监护设备	乐老一键通
48	上海迈动医疗器械股份有限公司	智能养老监护设备	智能床垫
49	杭州思锐信息技术股份有限公司	智能养老监护设备	照护宝居家看护设备
50	泰好康电子科技（福建）有限公司	智能养老监护设备	防颤精确性感统训练测试仪
51	泰好康电子科技（福建）有限公司	智能养老监护设备	心理评估与心能提升训练综合系统
52	安阳市翔宇医疗设备有限责任公司	智能养老监护设备	上肢反馈康复训练系统
53	安阳市翔宇医疗设备有限责任公司	智能养老监护设备	智能下肢反馈康复训练系统
54	沈阳新松机器人自动化股份有限公司	智能养老监护设备	智能一体化床椅（2 型）
55	山东亚华电子股份有限公司	智能养老监护设备	信息化医护管理通讯系统
56	沈阳新松机器人自动化股份有限公司	家庭服务机器人	下肢康复训练机器人

（二）服务名单

序号	单位名称	服务类别	服务名称
1	天津九安医疗电子股份有限公司	慢性病管理	iHealth 共同照护管理模式
2	康泰医学系统（秦皇岛）股份有限公司	慢性病管理	健康信息管理
3	辽宁金华泽信息技术服务有限公司	慢性病管理	心脏病防治远程心电监控服务
4	浙江好络维医疗技术有限公司	慢性病管理	物联网智能慢病综合管理服务
5	福建健康之路信息技术有限公司	慢性病管理	健康之路“i 健康”社区服务平台家庭医生慢病管理服务
6	武汉新新海健康科技有限公司	慢性病管理	新海血压健康师
7	湖南千山制药机械股份有限公司	慢性病管理	基于互联网的基因检测、远程诊疗慢病精准管理与服务平台
8	深圳市前海安测信息技术有限公司	慢性病管理	安测慢性病管理平台服务
9	普天信息技术有限公司	居家健康养老	居家健康养老
10	北京易盟天地信息服务技术股份有限公司	居家健康养老	管家帮智慧养老服务
11	北京千医健康管理有限公司	居家健康养老	护士上门服务
12	北京美鑫科技有限公司	居家健康养老	金牌护士居家护理服务
13	吉林省家人帮信息服务有限公司	居家健康养老	家人帮居家健康养老
14	上海安康通健康管理有限公司	居家健康养老	社区康养中心
15	南京索酷信息科技股份有限公司	居家健康养老	“互联网+”智慧健康居家养老服务综合管理平台
16	医惠科技有限公司	居家健康养老	医养护一体化主动健康养老服务
17	德清海阳养老服务有限公司	居家健康养老	海阳全方位立体型居家养老服务
18	福州市金太阳老年综合服务中心	居家健康养老	金太阳康养服务

续表

序号	单位名称	服务类别	服务名称
19	萍乡市都市农庄生态园开发有限公司	居家健康养老	麗林湖居家智慧健康养老服务
20	郑州新益华医学科技有限公司	居家健康养老	居家健康养老服务
21	肇庆市广域网络科技有限公司	居家健康养老	基于广域云的居家养老服务
22	重庆中铁任之养老产业有限公司	居家健康养老	机构养老服务
23	四川长虹电器股份有限公司	居家健康养老	老年人健康管理及随访服务
24	四川联颐科技集团有限公司	居家健康养老	老年人家庭医生签约服务
25	西安海天信息工程有限公司	居家健康养老	居家健康养老服务
26	北京康加科技有限公司	个性化健康管理	健康筛查检测和服务
27	博奥颐和健康科学技术（北京）有限公司	个性化健康管理	面向中高端人群的类经堂健康管理中心
28	北京老年医院	个性化健康管理	远程智慧医养结合服务
29	烟台五福堂网络科技有限公司	个性化健康管理	福天下健康管理系统
30	成都科创智远信息技术有限公司	个性化健康管理	个性化健康管理服务
31	西安航天恒星科技实业（集团）有限公司	个性化健康管理	面向终端用户的老人亲情管理服务系统
32	冠新软件股份有限公司	个性化健康管理	个性化健康管理
33	大连长者小镇养老发展有限公司	个性化健康管理	乐椿轩个性化健康管理服务
34	沈阳东软熙康医疗系统有限公司	互联网健康咨询	掌上云医院健康咨询
35	挂号网（杭州）科技有限公司	互联网健康咨询	微医互联网健康咨询
36	纳里健康科技有限公司	互联网健康咨询	纳里健康分级诊疗咨询服务
37	山东众阳软件有限公司	互联网健康咨询	“互联网+”健康咨询
38	四川长虹佳华信息产品有限责任公司	互联网健康咨询	健康咨询
39	心医国际数字医疗系统（大连）有限公司	互联网健康咨询	互联网健康咨询
40	康美健康云服务有限公司	互联网健康咨询	互联网在线医疗服务
41	中国移动通信集团有限公司	互联网健康咨询	中国移动和医疗服务

续表

序号	单位名称	服务类别	服务名称
42	北京爱依养老服务股份有限公司	生活照护	智慧型养老服务
43	医养康（北京）健康管理有限公司	生活照护	老年人生活照护服务
44	苏州市姑苏区居家乐养老服务中心	生活照护	虚拟养老院服务
45	江苏金康信息技术服务有限公司	生活照护	“十助”服务
46	烽火云科技有限公司	生活照护	烽火祥云智慧健康养老服务
47	泰好康电子科技（福建）有限公司	生活照护	“互联网+智慧健康”之生活照护管理系统
48	郑州大象通信信息技术有限公司	生活照护	“老来护”一站式老年生活照护服务
49	成都麦杰康科技有限公司	生活照护	麦麦养老社区生活照料服务
50	成都全时云信息技术有限公司	生活照护	居家和社区养老过程监管
51	昆明七彩夕阳居家养老服务中心	生活照护	七彩夕阳智慧居家生活照护服务
52	宁波高新区小柏家护信息技术有限公司	生活照护	小柏家护智慧养老O2O平台
53	普天信息技术有限公司	养老机构信息化	养老机构信息化服务
54	上海恩谷信息科技有限公司	养老机构信息化	养老机构信息化服务
55	万达信息股份有限公司	养老机构信息化	养护机构信息技术服务
56	安徽晶奇网络科技股份有限公司	养老机构信息化	晶奇养老机构信息管理系统
57	河南爱馨养老服务集团股份有限公司	养老机构信息化	养老机构信息化平台
58	重庆中铁任之养老产业有限公司	养老机构信息化	社区养老服务
59	成都云卫康医疗科技有限公司	养老机构信息化	养老机构信息化服务

二、智慧健康养老产品及服务推广目录（2020年版）

（国家工业和信息化部、民政部、卫生健康委员会于2020年10月13日联合发布）

（一）产品名单

序号	单位名称	产品类别	产品名称
1	华为终端有限公司	可穿戴健康管理类设备	荣耀手环 5
2	北京金卫捷科技发展有限公司	可穿戴健康管理类设备	“一键式”智能终端
3	普天信息技术有限公司	可穿戴健康管理类设备	智能定位卡
4	江苏创越医疗科技有限公司	可穿戴健康管理类设备	动态心电记录仪
5	索思（苏州）医疗科技有限公司	可穿戴健康管理类设备	穿戴式动态心电记录仪
6	宁波科强智能科技有限公司	可穿戴健康管理类设备	科强孝心环
7	四川爱联科技有限公司	可穿戴健康管理类设备	5G 智能手环
8	华为终端有限公司	可穿戴健康管理类设备	HONOR Magic Watch 2
9	广州柏颐信息科技有限公司	可穿戴健康管理类设备	爱牵挂老人智能安康手表 S3 PRO
10	宁波科强智能科技有限公司	可穿戴健康管理类设备	科强智能健康手表
11	安徽华米信息科技有限公司	可穿戴健康管理类设备	Amazfit 米动健康手表
12	安达人和（北京）科技有限公司	可穿戴健康管理类设备	孝安达智能老年手表
13	沈阳新松机器人自动化股份有限公司	可穿戴健康管理类设备	无源外骨骼
14	国药（大连）医疗供应链管理有限公司	可穿戴健康管理类设备	SOS 一键呼救定位服饰
15	安徽心之声医疗科技有限公司	便携式健康监测设备	心之声便携心电仪
16	浙江慧养科技有限公司	便携式健康监测设备	心冲击图记录仪
17	北京麦迪克斯科技有限公司	便携式健康监测设备	动态心电记录分析系统
18	江苏华康信息技术有限公司	便携式健康监测设备	动态心电记录仪
19	上海贝瑞电子科技有限公司	便携式健康监测设备	便携式带蓝牙多参数监护仪
20	沈阳东软熙康医疗系统有限公司	便携式健康监测设备	远程心电监护仪（12 导联移动心电仪）
21	浙江好络维医疗技术有限公司	便携式健康监测设备	无线网络生理参数监测仪
22	浙江好络维医疗技术有限公司	便携式健康监测设备	便携式心电采集仪

续表

序号	单位名称	产品类别	产品名称
23	武汉中旗生物医疗电子有限公司	便携式健康监测设备	动态心电图系统
24	沈阳东软熙康医疗系统有限公司	便携式健康监测设备	熙心健康智能血压计
25	山东中弘信息科技有限公司	便携式健康监测设备	智能血压计
26	天津九安医疗电子股份有限公司	便携式健康监测设备	电子血压计（智能臂式）
27	南京老人佳智能科技有限公司	便携式健康监测设备	iGuard 安佳云健康智能血压计
28	深圳瑞光康泰科技有限公司	便携式健康监测设备	脉搏波血压计
29	康泰医学系统（秦皇岛）股份有限公司	便携式健康监测设备	动态血压监护仪
30	浙江好络维医疗技术有限公司	便携式健康监测设备	无线传输电子测量血压计
31	江苏鱼跃医疗设备股份有限公司	便携式健康监测设备	臂式电子血压计
32	沈阳东软熙康医疗系统有限公司	便携式健康监测设备	熙心健康血糖仪
33	天津九安医疗电子股份有限公司	便携式健康监测设备	智能血糖监测系统
34	江苏鱼跃医疗设备股份有限公司	便携式健康监测设备	血糖仪
35	天津超思医疗器械有限责任公司	便携式健康监测设备	指夹血氧仪
36	康泰医学系统（秦皇岛）股份有限公司	便携式健康监测设备	脉搏血氧仪
37	天津九安医疗电子股份有限公司	便携式健康监测设备	iHealthpulse Oximeter
38	广州柏颐信息科技有限公司	便携式健康监测设备	智慧防疫远程测温手环
39	可孚医疗科技股份有限公司	便携式健康监测设备	红外线体温计
40	天津九安医疗电子股份有限公司	便携式健康监测设备	iHealth Core 无线体脂秤
41	沈阳东软熙康医疗系统有限公司	便携式健康监测设备	生命体征检测仪
42	南京瀚雅健康科技有限公司	便携式健康监测设备	心肺运动功能评估系统
43	江苏康尚生物医疗科技有限公司	便携式健康监测设备	健康一体机
44	新华慧谷网络科技（大连）有限公司	便携式健康监测设备	心电分析仪
45	江苏康尚生物医疗科技有限公司	便携式健康监测设备	多参数健康管理一体机

续表

序号	单位名称	产品类别	产品名称
46	泰好康电子科技（福建）有限公司	便携式健康监测设备	“互联网+移动”健康数据采集综合管理系统（健康一体机）
47	康泰医学系统（秦皇岛）股份有限公司	便携式健康监测设备	多参数生命体征监测仪
48	杭州海康威视数字技术股份有限公司	便携式健康监测设备	热成像经济型手持测温热像仪
49	安徽西玛科光电科技有限公司	便携式健康监测设备	西玛科红外测温仪
50	天津九安医疗电子股份有限公司	便携式健康监测设备	非接触式红外体温计
51	沈阳东软熙康医疗系统有限公司	自助式健康检测设备	健康空间站
52	武汉新新海健康科技有限公司	自助式健康检测设备	智能自助式健康站
53	武汉新新海健康科技有限公司	自助式健康检测设备	智能健康站
54	江苏盖睿健康科技有限公司	自助式健康检测设备	智能诊室
55	北京悦琦创通科技有限公司	自助式健康检测设备	健康一体机
56	泰好康电子科技（福建）有限公司	自助式健康检测设备	泰好康智慧健康管理系统（健康数据综合检测一体机）
57	深圳市安测健康信息技术有限公司	自助式健康检测设备	安测自助健康监测智能一体机
58	上海恩谷信息科技有限公司	自助式健康检测设备	互联网健康管理一体机
59	康泰医学系统（秦皇岛）股份有限公司	自助式健康检测设备	多参数生命体征监测仪
60	武汉携康智能健康设备有限公司	自助式健康检测设备	生理参数传输仪
61	江苏盖睿健康科技有限公司	自助式健康检测设备	胶囊诊所（健康微诊室+药柜）
62	苏州爱琴生物医疗电子有限公司	自助式健康检测设备	脑组织血氧参数评估系统
63	北京京东方健康科技有限公司	自助式健康检测设备	梦轨 MagiSleep 智能睡眠仪
64	广州中科新知科技有限公司	自助式健康检测设备	心晓悠护 Lite
65	浙江大华技术股份有限公司	自助式健康检测设备	大华热成像人体测温仪

续表

序号	单位名称	产品类别	产品名称
66	浙江大立科技股份有限公司	自助式健康检测设备	红外体温智能快速筛检系统
67	浙江大立科技股份有限公司	自助式健康检测设备	红外热成像体温快速筛检仪
68	浙江宇视科技有限公司	自助式健康检测设备	全自动红外测温产品
69	杭州海康威视数字技术股份有限公司	智能养老监护设备	三目行为分析摄像机
70	北京数衍科技有限公司	智能养老监护设备	智能地面
71	浙江嘉科智慧养老服务有限公司	智能养老监护设备	长护宝
72	麒盛科技股份有限公司	智能养老监护设备	智能床
73	江苏中科西北星信息科技有限公司	智能养老监护设备	智能居家基站
74	江苏中科西北星信息科技有限公司	智能养老监护设备	智能居家终端（床头机）
75	苏州工业园区优频科技有限公司	智能养老监护设备	吸顶式无线双鉴红外探测器
76	山东沃尔德生物技术有限公司	智能养老监护设备	非接触/非视觉生命体征检测系统——老年人看护系统
77	杭州萤石网络有限公司	智能养老监护设备	无线单体门磁传感器
78	无锡安康通信息技术服务有限公司	智能养老监护设备	natali 智能看护系统——孝心眼
79	上海百芝龙网络科技有限公司	智能养老监护设备	非接触式人体行为异常监测设备
80	福建奇鹭物联网科技股份公司	智能养老监护设备	奇鹭智能定位宝
81	烽火祥云网络科技有限公司	智能养老监护设备	烽火祥云社区养老智慧岛
82	山东亚华电子股份有限公司	智能养老监护设备	信息化医护管理通讯系统
83	北京美尔斯通科技发展股份有限公司	智能养老监护设备	蓝鲸 3 人工智能骨传导助听器
84	河南翔宇医疗设备股份有限公司	智能养老监护设备	手关节持续被动活动仪
85	河南翔宇医疗设备股份有限公司	智能养老监护设备	手功能综合康复训练平台
86	上海傅利叶智能科技有限公司	智能养老监护设备	智能上肢康复机器人
87	河南优德医疗设备股份有限公司	智能养老监护设备	平衡评定及训练系统
88	河南优德医疗设备股份有限公司	智能养老监护设备	上肢康复机器人

续表

序号	单位名称	产品类别	产品名称
89	山东海天智能工程有限公司	智能养老监护设备	下肢外骨骼康复机器人
90	山东海天智能工程有限公司	智能养老监护设备	手功能康复机器人
91	天津市慈济康复器材厂	智能养老监护设备	智能体态运动评估与康复训练系统
92	天津茵诺医疗科技有限公司	智能养老监护设备	茵诺运动医生
93	常州市钱璟康复股份有限公司	智能养老监护设备	步态训练和评估系统
94	江苏苏云医疗器材有限公司	智能养老监护设备	高效型智能平衡功能评估与训练系统
95	常州市钱璟康复股份有限公司	智能养老监护设备	早老干预系统
96	石家庄渡康医疗器械有限公司	智能养老监护设备	经颅磁刺激仪
97	河南汇博医疗股份有限公司	智能养老监护设备	坐卧式多关节下肢康复机器人
98	浙江千喜车业有限公司	智能养老监护设备	电动轮椅车
99	山东泽普医疗科技有限公司	智能养老监护设备	下肢智能反馈训练系统
100	河南翔宇医疗设备股份有限公司	智能养老监护设备	智能上肢反馈康复训练系统
101	河南翔宇医疗设备股份有限公司	智能养老监护设备	智能下肢反馈康复训练系统
102	泰好康电子科技（福建）有限公司	智能养老监护设备	防颤精确性感统训练测试仪
103	泰好康电子科技（福建）有限公司	智能养老监护设备	心理评估与心能提升训练综合系统
104	合肥泛米智能科技有限公司	智能养老监护设备	泛米“三心”智慧养老系统
105	沈阳新松机器人自动化股份有限公司	智能养老监护设备	电动护理床
106	沈阳新松机器人自动化股份有限公司	智能养老监护设备	智能一体化床椅（Ⅱ型）
107	上海邦邦机器人有限公司	智能养老监护设备	邦邦可折叠智能代步机器人
108	国药（大连）医疗供应链管理有限公司	智能养老监护设备	智能生命体征监护床垫/褥垫/枕头

续表

序号	单位名称	产品类别	产品名称
109	深圳市迈迪加科技发展有限公司	智能养老监护设备	智能养老看护系统
110	普天信息技术有限公司	智能养老监护设备	智能床垫
111	上海迈动医疗器械股份有限公司	智能养老监护设备	智能床垫
112	安徽哈工海姬尔智能科技有限公司	家庭服务机器人	海姬尔床式护理机器人
113	沈阳新松机器人自动化股份有限公司	家庭服务机器人	下肢康复训练机器人
114	山东泽普医疗科技有限公司	家庭服务机器人	全自动卧床排泄处理系统
115	天津市慈济康复器材厂	家庭服务机器人	智能排泄护理机
116	山东蓝创网络技术股份有限公司	家庭服务机器人	所依多媒体终端设备
117	深圳市优必选科技股份有限公司	家庭服务机器人	笑宝机器人 TD-LTE 数据终端
118	湖南超能机器人技术有限公司	家庭服务机器人	智能健康服务机器人

（二）服务名单

序号	单位名称	服务类别	服务名称
1	洛阳恩济医院有限公司	慢性病管理	洛阳恩济医院
2	普天信息技术有限公司	慢性病管理	“互联网+健康”慢病管理服务
3	上海恩谷信息科技有限公司	慢性病管理	慢性病管理
4	浙江嘉科智慧养老服务有限公司	慢性病管理	企业集团员工健康管理系统
5	武汉麦咚健康科技有限公司	慢性病管理	高血压慢病管理
6	成都医云科技有限公司	慢性病管理	医疗慢病管理服务
7	江苏健康无忧网络科技有限公司	慢性病管理	慢性疾病精细化管理
8	沈阳东软熙康医疗系统有限公司	慢性病管理	熙心健康老年健康管理服务
9	天津九安医疗电子股份有限公司	慢性病管理	iHealth 共同照护管理模式
10	新疆德福房地产开发有限公司	慢性病管理	幸福小镇智慧平台管理——慢性病管理
11	深圳市安测健康信息技术有限公司	慢性病管理	安测慢性病管理平台服务

续表

序号	单位名称	服务类别	服务名称
12	浙江好络维医疗技术有限公司	慢性病管理	物联网智能慢病综合管理服务
13	武汉新新海健康科技有限公司	慢性病管理	新海血压健康师
14	辽宁金华泽信息技术服务有限公司	慢性病管理	心脏病防治远程心电监控服务
15	安徽晶奇网络科技股份有限公司	居家健康养老	晶奇居家健康养老管理系统
16	安徽八千里科技发展股份有限公司	居家健康养老	烛光妈妈居家健康养老服务
17	天津乐聆智慧养老服务有限公司	居家健康养老	乐聆物联网康养大数据平台居家养老服务
18	浙江华数广电网络股份有限公司	居家健康养老	居家远程慢病管理服务
19	西安麦邦智航智能电子科技股份有限公司	居家健康养老	智慧健康养老服务
20	湖南创星科技股份有限公司	居家健康养老	创星机构养老服务信息系统
21	浙江华数广电网络股份有限公司	居家健康养老	华数大健康及本地医养应用服务
22	北京金卫捷科技发展有限公司	居家健康养老	一键医生
23	苏州普康智慧养老产业科技有限公司	居家健康养老	普康智慧居家健康养老服务
24	卫宁健康科技集团股份有限公司	居家健康养老	医养结合智慧健康养老服务
25	山东青鸟软通信息技术股份有限公司	居家健康养老	居家健康养老服务
26	北京普天大健康科技发展有限公司	居家健康养老	社区居家健康养老服务
27	江苏禾康信息技术有限公司	居家健康养老	居家养老服务
28	陕西金宝美养老服务有限公司	居家健康养老	虚拟养老院
29	新疆无界通信科技有限公司	居家健康养老	12551 敬老关怀服务平台
30	云池网络科技（上海）有限公司	居家健康养老	云池物联智慧居家养老服务
31	江苏慧明智能科技有限公司	居家健康养老	慧明智能居家养老服务
32	四川华迪信息技术有限公司	居家健康养老	智慧医养大数据公共服务平台
33	辽宁希思腾科信息技术有限公司	居家健康养老	居家智慧健康养老系统

续表

序号	单位名称	服务类别	服务名称
34	泰好康电子科技（福建）有限公司	居家健康养老	“互联网+智慧健康养老”之居家健康管理系统
35	四川久远银海软件股份有限公司	居家健康养老	居家养老智慧管理服务
36	上海恩谷信息科技有限公司	居家健康养老	居家健康养老服务
37	湖北鄂东医养集团有限公司	居家健康养老	“互联网+智慧养老”服务
38	青岛中康爱邻里智慧医养服务有限公司	居家健康养老	社区居家养老服务
39	常州市钱璟康复股份有限公司	居家健康养老	璟云长者远程康复指导服务平台
40	厦门老来俏养老服务有限公司	居家健康养老	老来俏养老服务
41	南京爱普雷德电子科技有限公司	居家健康养老	“互联网+智慧家庭照护”养老床位服务
42	浙江皓月朝阳科技有限公司	居家健康养老	“互联网+社区居家养老”服务
43	上海友康信息科技有限公司	居家健康养老	友康智慧养老服务
44	广西金中软件有限公司	居家健康养老	居家养老
45	国药（大连）医疗供应链管理有限公司	居家健康养老	健康养老卫生安全监管一体化服务
46	湖南软神科技股份有限公司	居家健康养老	居家和社区养老服务
47	北京美鑫科技有限公司	居家健康养老	金牌护士居家护理服务
48	北京医护到家健康管理集团有限公司	居家健康养老	护士上门服务
49	上海安康通健康管理有限公司	居家健康养老	社区康养中心
50	南京索酷信息科技股份有限公司	居家健康养老	“互联网+智慧健康居家养老”服务综合管理平台
51	郑州新益华医学科技有限公司	居家健康养老	居家健康养老服务
52	四川联颐科技集团有限公司	居家健康养老	老年人家庭医生签约服务
53	吉林省家人帮信息服务有限公司	居家健康养老	居家健康养老
54	北京康加科技有限公司	个性化健康管理	健康筛查检测和服务

续表

序号	单位名称	服务类别	服务名称
55	山东五福堂健康科技有限公司	个性化健康管理	福天下健康管理系统
56	成都科创智远信息技术有限公司	个性化健康管理	个性化健康服务
57	大连长者小镇养老发展有限公司	个性化健康管理	乐椿轩个性化健康管理服务
58	深圳一格信息服务有限公司	个性化健康管理	李秘书私人健康管家服务
59	江苏盖睿健康科技有限公司	个性化健康管理	智能化主动健康管理服务
60	北京雪扬科技有限公司	个性化健康管理	安顿心脑监测预警服务
61	北京中成康华科技发展股份有限公司	个性化健康管理	康华云健康服务
62	新华慧谷网络科技（大连）有限公司	个性化健康管理	区域医联体个性化健康服务
63	甘肃百合物联科技信息有限公司	个性化健康管理	智慧健康养老服务
64	青岛中康爱邻里智慧医养服务有限公司	个性化健康管理	个性化健康管理服务
65	河源巴登新城投资有限公司	个性化健康管理	疗休养服务
66	河北志晟信息技术股份有限公司	个性化健康管理	个性化健康管理
67	广州市巨硅信息科技有限公司	个性化健康管理	全家康智慧养老服务
68	山东泽普医疗科技有限公司	个性化健康管理	智慧医康养护服务平台
69	沈阳东软熙康医疗系统有限公司	互联网健康咨询	掌上云医院健康咨询
70	山东众阳健康科技集团有限公司	互联网健康咨询	“互联网+”健康咨询
71	心医国际数字医疗系统（大连）有限公司	互联网健康咨询	互联网健康咨询
72	纳里健康科技有限公司	互联网健康咨询	纳里健康分级诊疗咨询服务
73	宁波云医院有限公司	互联网健康咨询	宁波云医院平台互联网医疗服务
74	创业慧康科技股份有限公司	互联网健康咨询	互联网健康咨询服务
75	云南白药集团股份有限公司	互联网健康咨询	云数达互联网诊疗服务
76	苏州德品医疗科技股份有限公司	互联网健康咨询	基于“互联网+护理服务”系统的健康管理整体解决方案

续表

序号	单位名称	服务类别	服务名称
77	江苏曼荼罗软件股份有限公司	互联网健康咨询	医养结合的“互联网+实体服务”应用
78	新华慧谷网络科技（大连）有限公司	互联网健康咨询	家庭医生健康服务
79	北京纵横无双科技有限公司	互联网健康咨询	有来医生在线诊疗服务平台
80	北京爱依养老科技发展股份有限公司	生活照护	智慧型养老服务
81	江苏金康信息技术服务有限公司	生活照护	“十助”服务
82	成都全时云信息技术有限公司	生活照护	居家和社区养老过程监管
83	宁波高新区小柏家护信息技术有限公司	生活照护	小柏家护智慧养老O2O平台
84	郑州大象通信信息技术有限公司	生活照护	“老来护”一站式老年生活照护服务
85	北京特米科技有限公司	生活照护	基于区块链的“时间银行”社区养老互助服务
86	中山爱科数字科技股份有限公司	生活照护	关爱铃居家养老服务
87	泰康养老保险股份有限公司	生活照护	泰照护智能管理平台
88	北京寸草关爱管理咨询有限公司	生活照护	寸草居家养老服务
89	武汉炎黄创新科技服务股份有限公司	生活照护	互联网+智慧养老融合服务
90	合肥九久夕阳红新海护理院有限公司	生活照护	九久夕阳红居家智慧健康生活照护服务
91	智慧华川养老（北京）有限公司	生活照护	智慧健康养老服务
92	苏州市姑苏区居家乐养老服务中心	生活照护	虚拟养老院服务
93	北京七心云科技有限公司	生活照护	居家照护服务
94	江苏悦心养老产业有限公司	生活照护	悦心家庭照护床位
95	福建微尚生活服务有限公司	生活照护	微尚我家智慧健康养老服务
96	北京普天大健康科技发展有限公司	生活照护	“互联网+综合养老”服务平台

续表

序号	单位名称	服务类别	服务名称
97	上海海阳互联网养老服务集团股份有限公司	生活照护	基于“海阳智慧云”平台的养老生活照护
98	北京金卫捷科技发展有限公司	生活照护	一键便民
99	杭州思锐信息技术股份有限公司	生活照护	智慧养老生活照护服务
100	上海天与养老服务有限公司	生活照护	智慧养老线上服务
101	厦门智宇信息技术有限公司	生活照护	智宇智慧健康养老服务
102	泰好康电子科技（福建）有限公司	生活照护	“互联网+智慧健康”之生活照护管理系统
103	合肥盛东信息科技有限公司	养老机构信息化	盛东机构智慧养老平台
104	安徽晶奇网络科技股份有限公司	养老机构信息化	晶奇养老机构信息管理系统
105	上海恩谷信息科技有限公司	养老机构信息化	养老机构信息化服务
106	万达信息股份有限公司	养老机构信息化	养老机构信息技术服务
107	河南爱馨养老服务集团股份有限公司	养老机构信息化	养老机构信息化平台
108	普天信息技术有限公司	养老机构信息化	养老机构信息化
109	江苏中科西北星信息科技有限公司	养老机构信息化	中科西北星智慧健康养老云服务
110	南京索酷信息科技股份有限公司	养老机构信息化	索酷智慧健康机构养老服务云平台
111	江苏禾康信息技术有限公司	养老机构信息化	机构养老服务
112	北京悦享数字科技有限公司	养老机构信息化	数字化养老解决方案
113	无锡镜子信息技术有限公司	养老机构信息化	镜子信息智慧健康养老云服务
114	山东亚华电子股份有限公司	养老机构信息化	养老机构信息化管理平台
115	咸阳秦云信息技术有限公司	养老机构信息化	智慧健康养老管理服务平台
116	湖南软神科技股份有限公司	养老机构信息化	机构养老服务管理与运营
117	深圳一格信息服务有限公司	养老机构信息化	李秘书机构智慧照护服务
118	甘肃尚福佳苑老年服务有限责任公司	养老机构信息化	智慧健康养老中心

续表

序号	单位名称	服务类别	服务名称
119	北京寸草关爱管理咨询有限公司	养老机构信息化	寸草机构养老服务
120	广州柏颐信息科技有限公司	养老机构信息化	“互联网+智慧养老”信息化服务平台

三、智慧健康养老产品及服务推广目录（2022 年版）

（国家工业和信息化部、民政部、卫生健康委员会于 2023 年 6 月 27 日联合发布）

（一）产品名单

序号	单位名称	产品类别	产品名称
1	北京高芯科技有限公司	健康管理类智能产品	老年健康安全手表
2	宁波科强智能科技有限公司	健康管理类智能产品	科强智能健康手表
3	北京五维康科技有限公司	健康管理类智能产品	动态心电记录仪
4	北京鹰瞳科技发展股份有限公司	健康管理类智能产品	便携式眼底相机
5	天津九安医疗电子股份有限公司	健康管理类智能产品	智能血糖监测系统
6	天津九安医疗电子股份有限公司	健康管理类智能产品	iHealth Pulse Oximeter
7	吉林东华原医疗设备有限责任公司	健康管理类智能产品	健康小屋
8	江苏康尚生物医疗科技有限公司	健康管理类智能产品	指夹式血氧仪
9	苏州爱琴生物医疗电子有限公司	健康管理类智能产品	近红外组织血氧参数无损监测仪/脑组织血氧参数评估系统
10	浙江大华技术股份有限公司	健康管理类智能产品	中文大华单目手持测温仪
11	烟台羿中医疗科技有限公司	健康管理类智能产品	远程动态实时心电监测系统
12	泰安市康宇医疗器械有限公司	健康管理类智能产品	超声波骨密度分析仪
13	深圳邦健生物医疗设备股份有限公司	健康管理类智能产品	动态心电记录仪 IH-12PLUS

续表

序号	单位名称	产品类别	产品名称
14	北京国安广传网络科技有限公司	健康管理类智能产品	渐健家医家庭医生签约随访工作站
15	武汉携康智能健康设备有限公司	健康管理类智能产品	智能健康服务包
16	常州市钱璟康复股份有限公司	老年辅助器具类智能产品	智能动态反馈训练系统（电动移位机）
17	山东泽普医疗科技有限公司	老年辅助器具类智能产品	四肢联动康复训练仪
18	深圳市迈步机器人科技有限公司	老年辅助器具类智能产品	下肢助行机器人 MAX
19	北京分音塔科技有限公司	养老监护类智能产品	分音塔老人安全智能报警器
20	浙江宇视科技有限公司	养老监护类智能产品	跌倒检测毫米波雷达
21	杭州萤石网络股份有限公司	养老监护类智能产品	智能家居摄像机
22	来邦科技股份公司	养老监护类智能产品	来邦长者监护系统
23	山东沃尔德生物技术有限公司	养老监护类智能产品	非接触式卧床人员起身报警设备
24	湖北三沃力源航天科技有限公司	养老监护类智能产品	老年人髋关节跌损智能防护气囊（穿戴式跌倒防护气囊）
25	西安中星测控有限公司	养老监护类智能产品	孝为先跌倒报警器
26	北京清雷科技有限公司	养老监护类智能产品	毫米波雷达智能睡眠监测仪
27	上海迈动医疗器械股份有限公司	养老监护类智能产品	智能床垫
28	南京苗米科技有限公司	养老监护类智能产品	智能健康感知看护仪
29	江苏鱼跃医疗设备股份有限公司	养老监护类智能产品	可穿戴式低功耗智能制氧装备
30	宁波星巡智能科技有限公司	养老监护类智能产品	智慧养老看护器
31	深圳市迈迪加科技发展有限公司	养老监护类智能产品	智能睡眠监测器
32	上海小度技术有限公司	家庭服务机器人	小度智能屏
33	南通京希信息技术有限公司	适老化改造智能产品	京希慧管家——伴老智慧屏
34	珠海格力电器股份有限公司	适老化改造智能产品	格力“馨天翁”长者空调器

续表

序号	单位名称	产品类别	产品名称
35	北京思杰佳通信息技术有限公司	场景化解决方案	家庭养老床位平台
36	北京怡养科技有限公司	场景化解决方案	基于照护管理服务模式的家庭养老床位应用场景
37	天津乐聆康养科技有限公司	场景化解决方案	银发智康幸福屋
38	天津茵诺医疗科技有限公司	场景化解决方案	茵诺家庭养老床位
39	江苏中科西北星信息科技有限公司	场景化解决方案	家庭养老床位数字化管理服务平台
40	南京福康通健康产业有限公司	场景化解决方案	互联网+适老化改造
41	杭州思锐信息技术股份有限公司	场景化解决方案	家庭养老床位系统
42	安徽八千里科技发展有限公司	场景化解决方案	智慧家庭养老床位建设与服务解决方案
43	安徽晶奇网络科技股份有限公司	场景化解决方案	家庭养老照护床位业务场景
44	来邦科技股份公司	场景化解决方案	居家养老
45	四川久远银海软件股份有限公司	场景化解决方案	家庭养老床位
46	中电万维信息技术有限责任公司	场景化解决方案	居家社区基本养老服务提升
47	深圳壹零后信息技术有限公司	场景化解决方案	壹零后家庭养老床位解决方案
48	合肥盛东信息科技有限公司	场景化解决方案	智慧助老餐厅
49	北京华卫迪特健康科技有限公司	场景化解决方案	智慧养老院
50	杭州乐湾科技有限公司	场景化解决方案	“三轮”驱动数智化养老院场景
51	河南开云信息技术有限公司	场景化解决方案	智慧养老院场景解决方案
52	西宁市城北区和睦康养园	场景化解决方案	和睦智慧养老
53	国投健康产业投资有限公司	场景化解决方案	智慧养老院
54	泰好康电子科技（福建）有限公司	场景化解决方案	帕金森运动症状康复训练中心（防颤精确性感统训练测试仪 PTT-A1）

（二）服务名单

序号	单位名称	服务类别	服务名称
1	北京健康有益科技有限公司	智慧健康服务	益站数字化健康管理中心
2	北京医护到家健康管理集团有限公司	智慧健康服务	护士上门服务
3	北京智精灵科技有限公司	智慧健康服务	六六脑认知障碍数字疗法
4	推想医疗科技股份有限公司	智慧健康服务	肺结节/肺癌临床全程智能管理服务
5	天津九安医疗电子股份有限公司	智慧健康服务	iHealth 共同照护管理模式
6	卫宁健康科技集团股份有限公司	智慧健康服务	智慧健康服务
7	上海安康通健康管理有限公司	智慧健康服务	社区康养服务
8	安徽八千里科技发展有限公司	智慧健康服务	烛光妈妈主动健康管理服务
9	河南省新星科技有限公司	智慧健康服务	互联网+护理服务
10	重庆城银科技股份有限公司	智慧健康服务	颐谷云康智慧养老管理
11	四川久远银海软件股份有限公司	智慧健康服务	全程健康档案服务
12	西安燕尾帽医疗科技有限公司	智慧健康服务	互联网+护理服务
13	北京金卫捷科技发展有限公司	智慧健康服务	“易指禅”应急呼叫、家庭医生健康咨询服务
14	福建健康之路信息技术有限公司	智慧健康服务	健康之路全周期医疗健康服务平台
15	立信（重庆）数据科技股份有限公司	智慧健康服务	慧年互联网+健康科普咨询服务
16	上海长庚家庭服务有限公司	智慧养老服务	智慧居家养老服务
17	浙江椿熙堂养老服务管理有限公司	智慧养老服务	椿熙堂智慧养老综合服务
18	安徽佳安智慧养老服务有限公司	智慧养老服务	佳安智慧养老服务
19	昌吉市厚德老年生活公寓有限责任公司	智慧养老服务	厚德康养智慧养老服务
20	青岛中康爱邻里智慧医养服务有限公司	智慧养老服务	中康爱邻里智慧居家养老服务

续表

序号	单位名称	服务类别	服务名称
21	厦门智宇信息技术有限公司	智慧养老服务	智宇智慧健康养老服务
22	联通数字科技有限公司	智慧养老服务	社区居家养老服务
23	湖南软神科技股份有限公司	智慧养老服务	老年人能力综合评估系统
24	四川久远银海软件股份有限公司	智慧养老服务	养老服务商城
25	深圳市金龄科技有限公司	智慧养老服务	网上老年大学

附录 2　全国智慧健康养老应用试点示范名单

一、前三批（2017—2019 年）全国智慧健康养老应用试点示范名单[①]

（一）企业名单

序号	企业名称	省市	批次	年份
1	北京爱侬养老服务股份有限公司	北京市	第一批	2017
2	博奥颐和健康科学技术（北京）有限公司	北京市	第一批	2017
3	北京派帝东方科技有限公司	北京市	第三批	2019
4	北京康加科技有限公司	北京市	第三批	2019
5	天津九安医疗电子股份有限公司	天津市	第一批	2017
6	天津津旅泊泰投资发展有限公司	天津市	第一批	2017
7	康泰医学系统（秦皇岛）股份有限公司	河北省	第一批	2017
8	中科同昌大数据股份有限公司	山西省	第三批	2019
9	内蒙古国讯富通科技有限公司	内蒙古自治区	第二批	2018
10	包头市钢兴实业（集团）有限公司	内蒙古自治区	第三批	2019
11	沈阳东软熙康医疗系统有限公司	辽宁省	第一批	2017

① 各地省级工业和信息化主管部门会同同级民政、卫生健康主管部门依据《2023 年度智慧健康养老应用试点示范申报指南》，对前三批（2017—2019 年）智慧健康养老应用试点示范名单中提交复核申请的试点示范进行复核，该表为剔除未申请复核示范试点后通过复核的前三批（2017—2019 年）智慧健康养老应用试点示范名单。

续表

序号	企业名称	省市	批次	年份
12	沈阳市华研电子有限公司	辽宁省	第三批	2019
13	沈阳万佳宜康养老服务有限公司	辽宁省	第三批	2019
14	通化海恩达高科技股份有限公司	吉林省	第三批	2019
15	上海恩谷信息科技有限公司	上海市	第一批	2017
16	万达信息股份有限公司	上海市	第一批	2017
17	上海安康通健康管理有限公司	上海市	第一批	2017
18	卫宁健康科技集团股份有限公司	上海市	第二批	2018
19	上海市友康信息科技有限公司	上海市	第二批	2018
20	上海迈动医疗器械股份有限公司	上海市	第三批	2019
21	上海海阳互联网养老服务集团股份有限公司（曾用名：上海海阳互联网集团股份有限公司）	上海市	第三批	2019
22	江苏安康通健康管理服务有限公司（曾用名：江苏金康信息技术服务有限公司）	江苏省	第一批	2017
23	江苏盖睿健康科技有限公司	江苏省	第二批	2018
24	南京福康通健康产业有限公司	江苏省	第二批	2018
25	常州市钱璟康复股份有限公司	江苏省	第二批	2018
26	江苏中科西北星信息科技有限公司	江苏省	第三批	2019
27	南京康龙威康复医学工程有限公司	江苏省	第三批	2019
28	江苏曼荼罗软件股份有限公司	江苏省	第三批	2019
29	杭州思锐信息技术股份有限公司	浙江省	第一批	2017
30	浙江杭佳科技发展有限公司	浙江省	第二批	2018
31	浙江椿熙堂养老服务管理有限公司	浙江省	第二批	2018
32	杭州高厚智能科技有限公司	浙江省	第三批	2019
33	浙江华数广电网络股份有限公司	浙江省	第三批	2019
34	杭州在水一方养老服务集团	浙江省	第三批	2019

续表

序号	企业名称	省市	批次	年份
35	安徽静安健康产业发展股份有限公司	安徽省	第一批	2017
36	安徽晶奇网络科技股份有限公司	安徽省	第一批	2017
37	安徽八千里科技发展有限公司 （曾用名：安徽八千里科技发展股份有限公司）	安徽省	第二批	2018
38	安徽易康达光电科技有限公司	安徽省	第三批	2019
39	讯飞智元信息科技有限公司	安徽省	第三批	2019
40	九牧厨卫股份有限公司	福建省	第一批	2017
41	恒锋信息科技股份有限公司	福建省	第一批	2017
42	泰好康电子科技（福建）有限公司	福建省	第三批	2019
43	福建微尚信息科技有限公司	福建省	第三批	2019
44	山东亚华电子股份有限公司	山东省	第一批	2017
45	众阳健康科技集团有限公司 （曾用名：山东众阳软件有限公司）	山东省	第一批	2017
46	山东海天智能工程有限公司	山东省	第二批	2018
47	烟台汇通佳仁医疗科技有限公司	山东省	第二批	2018
48	山东孝之源养老服务产业发展有限公司	山东省	第三批	2019
49	山东泽普医疗科技有限公司	山东省	第三批	2019
50	河南翔宇医疗设备股份有限公司 （曾用名：安阳市翔宇医疗设备有限责任公司）	河南省	第二批	2018
51	武汉新新海健康科技有限公司	湖北省	第一批	2017
52	武汉炎黄创新科技服务股份有限公司	湖北省	第三批	2019
53	湖南怡康养老服务管理有限公司	湖南省	第一批	2017
54	湖南省健缘医疗科技有限公司	湖南省	第一批	2017
55	湖南软神科技股份有限公司	湖南省	第二批	2018
56	湖南创星科技股份有限公司	湖南省	第三批	2019
57	重庆中铁任之养老产业有限公司	重庆市	第一批	2017

续表

序号	企业名称	省市	批次	年份
58	重庆光大百龄帮康养产业集团有限公司（曾用名：百龄帮（重庆）康养产业集团有限公司）	重庆市	第三批	2019
59	四联优侍科技养老产业有限公司	重庆市	第三批	2019
60	四川久远银海软件股份有限公司	四川省	第一批	2017
61	四川长虹电器股份有限公司	四川省	第一批	2017
62	成都科创智远信息技术有限公司	四川省	第二批	2018
63	四川华迪信息技术有限公司	四川省	第二批	2018
64	云南昆钢养生敬老有限公司	云南省	第三批	2019
65	咸阳秦云信息技术有限公司	陕西省	第一批	2017
66	西安海天信息工程有限公司	陕西省	第一批	2017
67	西安麦邦智航智能电子科技股份有限公司	陕西省	第三批	2019
68	陕西瑞泉养老服务有限公司	陕西省	第三批	2019
69	兰州飞天网景信息产业有限公司	甘肃省	第一批	2017
70	冠新软件股份有限公司	新疆维吾尔自治区	第一批	2017
71	大连慧心源健康管理有限公司	大连市	第三批	2019
72	青岛中康国际医疗健康产业股份有限公司	青岛市	第二批	2018
73	山东青鸟软通信息技术股份有限公司	青岛市	第三批	2019
74	宁波高新区小柏家护信息技术有限公司	宁波市	第一批	2017
75	宁波科强电池有限公司	宁波市	第二批	2018
76	易联众信息技术股份有限公司	厦门市	第一批	2017
77	厦门智宇信息技术有限公司	厦门市	第二批	2018
78	深圳普门科技股份有限公司	深圳市	第二批	2018

（二）城镇（乡镇）名单

序号	城镇（乡镇）名称	省市	批次	年份
1	北京市海淀区西三旗街道	北京市	第三批	2019
2	晋中市榆次区西南街街道	山西省	第三批	2019
3	太原市万柏林区万柏林街道	山西省	第三批	2019
4	巴彦淖尔市临河区车站街道	内蒙古自治区	第三批	2019
5	上海市静安区共和新路街道	上海市	第一批	2017
6	上海市长宁区江苏路街道	上海市	第一批	2017
7	上海市长宁区新华路街道	上海市	第一批	2017
8	上海市长宁区周家桥街道	上海市	第一批	2017
9	上海市黄浦区南京东路街道	上海市	第一批	2017
10	上海市闵行区江川路街道	上海市	第一批	2017
11	上海市长宁区程家桥街道	上海市	第二批	2018
12	上海市奉贤区青村镇	上海市	第二批	2018
13	上海市奉贤区南桥镇	上海市	第二批	2018
14	上海市奉贤区庄行镇	上海市	第二批	2018
15	上海市静安区石门二路街道	上海市	第二批	2018
16	上海市静安区天目西路街道	上海市	第三批	2019
17	上海市普陀区甘泉路街道	上海市	第三批	2019
18	上海市长宁区北新泾街道	上海市	第三批	2019
19	上海市长宁区天山路街道	上海市	第三批	2019
20	上海市长宁区虹桥街道	上海市	第三批	2019
21	上海市静安区静安寺街道	上海市	第三批	2019
22	扬州市广陵区东关街道	江苏省	第二批	2018
23	常州市天宁区茶山街道	江苏省	第三批	2019
24	苏州市吴中区长桥街道	江苏省	第三批	2019
25	苏州市吴中区木渎镇	江苏省	第三批	2019

续表

序号	城镇（乡镇）名称	省市	批次	年份
26	嘉兴市桐乡市乌镇镇	浙江省	第一批	2017
27	嘉兴市嘉善县姚庄镇	浙江省	第一批	2017
28	嘉兴市嘉善经济技术开发区（惠民街道）	浙江省	第一批	2017
29	嘉兴市嘉善县罗星街道	浙江省	第一批	2017
30	嘉兴市平湖经济技术开发区（钟埭街道）	浙江省	第一批	2017
31	嘉兴市平湖市曹桥街道	浙江省	第一批	2017
32	嘉兴市平湖市当湖街道	浙江省	第一批	2017
33	杭州市西湖区北山街道	浙江省	第二批	2018
34	杭州市江干区笕桥街道	浙江省	第二批	2018
35	湖州市南浔区南浔镇	浙江省	第二批	2018
36	杭州市西湖区三墩镇	浙江省	第三批	2019
37	杭州市西湖区双浦镇	浙江省	第三批	2019
38	杭州市拱墅区和睦街道	浙江省	第三批	2019
39	杭州市拱墅区小河街道	浙江省	第三批	2019
40	杭州市拱墅区祥符街道	浙江省	第三批	2019
41	温州市瓯海区郭溪街道	浙江省	第三批	2019
42	湖州市吴兴区织里镇	浙江省	第三批	2019
43	嘉兴市南湖区新嘉街道	浙江省	第三批	2019
44	安庆市迎江区孝肃路街道	安徽省	第一批	2017
45	安庆市宜秀区大桥街道	安徽省	第一批	2017
46	合肥市蜀山区井岗镇	安徽省	第二批	2018
47	马鞍山市花山区湖东路街道	安徽省	第二批	2018
48	阜阳市颍州区颍西街道	安徽省	第二批	2018
49	铜陵市铜官区幸福社区	安徽省	第三批	2019
50	宜春市樟树市阁山镇	江西省	第一批	2017
51	赣州市章贡区赣江街道	江西省	第二批	2018

续表

序号	城镇（乡镇）名称	省市	批次	年份
52	赣州市章贡区解放街道	江西省	第二批	2018
53	赣州市章贡区南外街道	江西省	第二批	2018
54	抚州市临川区上顿渡镇	江西省	第二批	2018
55	抚州市南丰县城市社区 （曾用名：抚州市南丰县琴城镇）	江西省	第二批	2018
56	抚州市广昌县盱江镇	江西省	第三批	2019
57	赣州市信丰县嘉定镇	江西省	第三批	2019
58	济南市历下区燕山街道	山东省	第一批	2017
59	济南市历下区甸柳新村街道	山东省	第一批	2017
60	济南市历下区大明湖街道	山东省	第一批	2017
61	淄博市博山区城东街道	山东省	第一批	2017
62	淄博市博山区城西街道	山东省	第一批	2017
63	威海市环翠区鲸园街道	山东省	第一批	2017
64	济南市天桥区宝华街街道	山东省	第二批	2018
65	济南市天桥区制锦市街道	山东省	第二批	2018
66	淄博市张店区体育场街道	山东省	第三批	2019
67	淄博市张店区科苑街道	山东省	第三批	2019
68	淄博市张店区和平街道	山东省	第三批	2019
69	潍坊市寿光市圣城街道	山东省	第三批	2019
70	郑州市管城回族区紫荆山南路街道	河南省	第一批	2017
71	焦作市城乡一体化示范区李万街道	河南省	第一批	2017
72	焦作市武陟县龙源街道	河南省	第一批	2017
73	焦作市山阳区艺新街道	河南省	第一批	2017
74	许昌市鄢陵县陈化店镇	河南省	第二批	2018
75	许昌市鄢陵县马栏镇	河南省	第二批	2018
76	许昌市鄢陵县安陵镇	河南省	第二批	2018

续表

序号	城镇（乡镇）名称	省市	批次	年份
77	郑州市郑东新区商都路	河南省	第三批	2019
78	郑州市金水区北林路街道	河南省	第三批	2019
79	开封市兰考县兰阳街道	河南省	第三批	2019
80	武汉经济技术开发区沌阳街	湖北省	第三批	2019
81	武汉经济技术开发区（汉南区）沌口街	湖北省	第三批	2019
82	武汉市武昌区首义路街	湖北省	第三批	2019
83	武汉市武昌区水果湖街	湖北省	第三批	2019
84	娄底市双峰县青树坪镇	湖南省	第一批	2017
85	娄底市双峰县花门镇	湖南省	第二批	2018
86	株洲市天元区泰山路街道	湖南省	第三批	2019
87	广州市越秀区建设街道	广东省	第三批	2019
88	广州市越秀区白云街道	广东省	第三批	2019
89	广州市越秀区农林街道	广东省	第三批	2019
90	惠州市龙门县龙城街道	广东省	第三批	2019
91	惠州市仲恺高新区陈江街道	广东省	第三批	2019
92	惠州市惠城区龙丰街道	广东省	第三批	2019
93	惠州市惠城区桥东街道	广东省	第三批	2019
94	成都市武侯区玉林街道	四川省	第一批	2017
95	成都市武侯区金花桥街道	四川省	第一批	2017
96	成都市温江区柳城街道	四川省	第一批	2017
97	成都市温江区万春镇	四川省	第一批	2017
98	成都市温江区永宁镇	四川省	第一批	2017
99	攀枝花市东区炳草岗街道	四川省	第一批	2017
100	攀枝花市仁和区前进镇	四川省	第一批	2017
101	攀枝花市米易县草场乡	四川省	第一批	2017
102	成都市邛崃市临邛街道	四川省	第二批	2018

续表

序号	城镇（乡镇）名称	省市	批次	年份
103	成都市邛崃市文君街道	四川省	第二批	2018
104	成都市邛崃市夹关镇	四川省	第二批	2018
105	成都市金牛区西安路街道	四川省	第二批	2018
106	成都市武侯区望江路街道	四川省	第三批	2019
107	成都市锦江区成龙路街道	四川省	第三批	2019
108	成都市锦江区牛市口街道	四川省	第三批	2019
109	成都市青羊区苏坡街道	四川省	第三批	2019
110	成都市青羊区黄田坝街道	四川省	第三批	2019
111	成都市金堂县赵镇街道	四川省	第三批	2019
112	昆明市官渡区关上街道	云南省	第一批	2017
113	咸阳市渭城区中山街道	陕西省	第一批	2017
114	咸阳市渭城区新兴路街道	陕西省	第一批	2017
115	咸阳市渭城区文汇路街道	陕西省	第一批	2017
116	汉中市汉台区汉中路街道	陕西省	第一批	2017
117	西安市碑林区太乙路街道	陕西省	第三批	2019
118	西安市碑林区张家村街道	陕西省	第三批	2019
119	西安市新城区解放门街道	陕西省	第三批	2019
120	大连市瓦房店市文兰街道	大连市	第一批	2017
121	大连市沙河口区李家街道	大连市	第三批	2019
122	青岛市崂山区沙子口街道	青岛市	第二批	2018
123	青岛市崂山区金家岭街道	青岛市	第二批	2018
124	青岛市崂山区中韩街道	青岛市	第二批	2018
125	青岛市崂山区北宅街道	青岛市	第三批	2019
126	宁波市鄞州区东柳街道	宁波市	第三批	2019
127	宁波市鄞州区东胜街道	宁波市	第三批	2019
128	深圳市龙华区观湖街道	深圳市	第一批	2017

续表

序号	城镇（乡镇）名称	省市	批次	年份
129	深圳市龙华区民治街道	深圳市	第三批	2019
130	深圳市龙岗区平湖街道	深圳市	第三批	2019
131	深圳市龙华区福城街道	深圳市	第三批	2019

(三) 基地名单

序号	基地名称	省市	批次	年份
1	沈阳市苏家屯区智慧健康养老示范基地	辽宁省	第一批	2017
2	上海市长宁区智慧健康养老示范基地	上海市	第一批	2017
3	上海市奉贤区智慧健康养老示范基地	上海市	第二批	2018
4	上海市闵行区智慧健康养老示范基地	上海市	第三批	2019
5	上海市徐汇区智慧健康养老示范基地	上海市	第三批	2019
6	苏州市吴中区智慧健康养老示范基地	江苏省	第三批	2019
7	嘉兴市嘉善县智慧健康养老示范基地	浙江省	第一批	2017
8	杭州市西湖区智慧健康养老示范基地	浙江省	第三批	2019
9	杭州市拱墅区智慧健康养老示范基地	浙江省	第三批	2019
10	温州市瓯海区智慧健康养老示范基地	浙江省	第三批	2019
11	赣州市章贡区智慧健康养老示范基地	江西省	第二批	2018
12	济南市历下区智慧健康养老示范基地	山东省	第一批	2017
13	淄博市博山区智慧健康养老示范基地	山东省	第一批	2017
14	济南市天桥区智慧健康养老示范基地	山东省	第二批	2018
15	淄博市张店区智慧健康养老示范基地	山东省	第三批	2019
16	潍坊市寿光市智慧健康养老示范基地	山东省	第三批	2019
17	许昌市鄢陵县智慧健康养老示范基地	河南省	第二批	2018
18	武汉市武汉经济技术开发区智慧健康养老示范基地	湖北省	第三批	2019
19	武汉市武昌区智慧健康养老示范基地	湖北省	第三批	2019

续表

序号	基地名称	省市	批次	年份
20	广州市越秀区智慧健康养老示范基地	广东省	第三批	2019
21	成都市温江区智慧健康养老示范基地	四川省	第一批	2017
22	成都市武侯区智慧健康养老示范基地	四川省	第一批	2017
23	成都市邛崃市智慧健康养老示范基地	四川省	第二批	2018
24	成都市锦江区智慧健康养老示范基地	四川省	第三批	2019
25	成都市青羊区智慧健康养老示范基地	四川省	第三批	2019
26	成都市金堂县智慧健康养老示范基地	四川省	第三批	2019
27	咸阳市渭城区智慧健康养老示范基地	陕西省	第一批	2017
28	西安市碑林区智慧健康养老示范基地	陕西省	第三批	2019
29	兰州市城关区智慧健康养老示范基地	甘肃省	第三批	2019
30	大连市沙河口区智慧健康养老示范基地	大连市	第一批	2017
31	大连市西岗区智慧健康养老示范基地	大连市	第二批	2018
32	青岛市崂山区智慧健康养老示范基地	青岛市	第二批	2018
33	深圳市龙华区智慧健康养老示范基地	深圳市	第三批	2019

二、第四批全国智慧健康养老应用试点示范名单

（国家工业和信息化部、民政部、卫生健康委员会于 2020 年 12 月 18 日联合发布）

（一）企业名单

序号	省份	企业名称
1	北京市	北京诚和敬驿站养老服务有限公司
2	北京市	北京普天大健康科技发展有限公司
3	北京市	北京美鑫科技有限公司
4	北京市	联通系统集成有限公司

续表

序号	省份	企业名称
5	天津市	天津爱德励科技有限公司
6	天津市	天津果实科技有限公司
7	河北省	河北志晟信息技术股份有限公司
8	山西省	山西凯森健康管理集团有限公司
9	内蒙古自治区	内蒙古寿康智慧养老服务有限公司
10	辽宁省	沈阳新松机器人自动化股份有限公司
11	辽宁省	沈阳海龟医疗科技有限公司
12	上海市	上海市爱护网健康管理有限责任公司
13	上海市	上海傅利叶智能科技有限公司
14	上海市	建信金融科技有限责任公司
15	江苏省	江苏禾康信息技术有限公司
16	江苏省	南京索酷信息科技股份有限公司
17	江苏省	苏州久久春晖养老服务有限公司
18	浙江省	创业慧康科技股份有限公司
19	浙江省	湖州普康智慧养老产业科技有限公司
20	浙江省	浙江嘉科智慧养老服务有限公司
21	浙江省	宁波云医院有限公司
22	安徽省	合肥泛米智能科技有限公司
23	安徽省	合肥盛东信息科技有限公司
24	福建省	福建环宇通信息科技股份公司
25	江西省	新余美天科技有限公司
26	山东省	山大地纬软件股份有限公司
27	山东省	东营市美年大健康健康管理有限公司
28	山东省	青岛中康爱邻里智慧医养服务有限公司
29	河南省	郑州大象通信信息技术有限公司
30	河南省	河南优德医疗设备股份有限公司

续表

序号	省份	企业名称
31	河南省	郑州新益华医学科技有限公司
32	湖北省	湖北华颐爱晚养老产业发展有限公司
33	湖南省	三诺生物传感股份有限公司
34	湖南省	湖南睦邻健康养老服务有限公司
35	湖南省	娄底泓和健康养老服务有限责任公司
36	广东省	广州市巨硅信息科技有限公司
37	广东省	广州柏颐信息科技有限公司
38	广东省	广东颐寿医疗养老有限公司
39	广东省	深圳和而泰家居在线网络科技有限公司
40	广东省	深圳一格信息服务有限公司
41	广西壮族自治区	太和自在城股份有限公司
42	四川省	四川联颐科技集团有限公司
43	四川省	泰康之家蜀园成都健康服务有限公司
44	贵州省	贵州省广播电视信息网络股份有限公司
45	云南省	云南珂珂物业服务有限公司
46	西藏自治区	林芝梦航文化培训有限责任公司
47	陕西省	荣华养老服务有限责任公司
48	陕西省	陕西省水务集团全乐养老服务股份有限公司
49	陕西省	西安中星测控有限公司

（二）街道（乡镇）名单

序号	省份	街道（乡镇）名称
1	北京市	北京市西城区西长安街街道
2	北京市	北京市石景山区八角街道
3	山西省	太原市万柏林区下元街道

续表

序号	省份	街道（乡镇）名称
4	吉林省	长春市二道区东站街道
5	吉林省	长春市二道区长青街道
6	吉林省	长春市二道区荣光街道
7	上海市	上海市长宁区仙霞新村街道
8	上海市	上海市长宁区新泾镇
9	上海市	上海市长宁区华阳路街道
10	上海市	上海市徐汇区虹梅路街道
11	上海市	上海市普陀区曹杨新村街道
12	上海市	上海市宝山区高境镇
13	江苏省	南京市江宁区汤山街道
14	浙江省	杭州市滨河区浦沿街道
15	浙江省	杭州市滨河区长河街道
16	浙江省	杭州市西湖区西溪街道
17	浙江省	杭州市滨河区西兴街道
18	浙江省	杭州市拱墅区半山街道
19	浙江省	嘉兴市南湖区南湖街道
20	浙江省	杭州市下城区潮鸣街道
21	浙江省	杭州市江干区九堡街道
22	浙江省	嘉兴市南湖区东栅街道
23	浙江省	宁波市鄞州区百丈街道
24	安徽省	合肥市包河区万年埠街道
25	安徽省	合肥市庐阳区逍遥津街道
26	安徽省	滁州市琅环区丰山街道
27	安徽省	合肥市包河区方兴社区服务中心
28	安徽省	合肥市庐阳区三孝口街道
29	安徽省	滁州市琅琉街道

续表

序号	省份	街道（乡镇）名称
30	安徽省	合肥市庐阳区大杨镇
31	安徽省	马鞍山市博望区丹阳镇
32	安徽省	合肥市瑶海区七里站街道
33	安徽省	滁州市琅琊区清流街道
34	山东省	济南市泉城路街道
35	山东省	东营市东营区文汇街道
36	山东省	济南市市中区七里山街道
37	山东省	青岛市西海岸新区张家楼街道
38	山东省	胶州市里岔镇
39	河南省	新乡市卫滨区胜利路街道
40	河南省	新乡市红旗区洪门镇
41	河南省	郑州市金水区丰产路街道
42	河南省	郑州市金水区花园路街道
43	河南省	新乡市辉县市胡桥乡
44	湖北省	武汉市武昌区杨园街道
45	湖北省	武汉市武昌区粮道街道
46	四川省	成都市成华区保和街道
47	四川省	成都市成华区双桥子街道
48	四川省	成都市武侯区火车南站街道
49	四川省	成都市龙泉驿区十陵街道
50	四川省	成都市龙泉驿区大面街道
51	四川省	彭州市致和街道
52	四川省	成都市郫都区郫筒街道
53	四川省	成都市龙泉驿区同安街道
54	西藏自治区	林芝市鲁朗旅游小镇（鲁朗镇）
55	陕西省	西安市莲湖区青年路街道

续表

序号	省份	街道（乡镇）名称
56	陕西省	西安市莲湖区土门街道
57	陕西省	西安市莲湖区桃园路街道
58	陕西省	榆林市靖边县张家畔街道
59	陕西省	汉中市汉台区老君镇
60	陕西省	安康市岚皋县城关镇
61	陕西省	宝鸡市太白县咀头镇
62	甘肃省	兰州市城关区靖远路街道
63	宁夏回族自治区	石嘴山市大武口区青山街道
64	辽宁省	大连市沙河口区星海湾街道
65	辽宁省	大连市沙河口区黑石礁街道
66	辽宁省	大连市沙河口区西安路街道
67	辽宁省	大连市沙河口区南沙河口街道
68	广东省	深圳市龙华区观澜街道
69	广东省	深圳市宝安区新桥街道
70	广东省	深圳市宝安区西乡街道
71	广东省	深圳市龙岗区横岗街道
72	广东省	深圳市光明区马田街道

（三）基地名单

序号	省份	基地名称
1	吉林省	长春市二道区智慧健康养老示范基地
2	浙江省	杭州市滨江区智慧健康养老示范基地
3	浙江省	嘉兴市南湖区智慧健康养老示范基地
4	浙江省	湖州市吴兴区智慧健康养老示范基地
5	安徽省	合肥市智慧健康养老示范基地

续表

序号	省份	基地名称
6	安徽省	滁州市智慧健康养老示范基地
7	山东省	济南市市中区智慧健康养老示范基地
8	山东省	潍坊市奎文区智慧健康养老示范基地
9	河南省	郑州市金水区智慧健康养老示范基地
10	河南省	新乡市智慧健康养老示范基地
11	湖北省	武汉市江汉区智慧健康养老示范基地
12	四川省	成都市成华区智慧健康养老示范基地
13	四川省	成都市郫都区智慧健康养老示范基地
14	四川省	成都市龙泉驿区智慧健康养老示范基地
15	云南省	昆明市官渡区智慧健康养老示范基地
16	陕西省	西安市莲湖区智慧健康养老示范基地
17	广东省	深圳市宝安区智慧健康养老示范基地

三、第五批全国智慧健康养老应用试点示范名单

（国家工业和信息化部、民政部、卫生健康委员会于 2022 年 10 月 2 日联合发布）

（一）企业名单

序号	省市	企业名称
1	北京市	泰康之家燕园（北京）养老服务有限公司
2	北京市	北京金卫捷科技发展有限公司
3	北京市	北京华卫迪特健康科技有限公司
4	天津市	天津茵诺医疗科技有限公司
5	河北省	河北瑞朗德医疗器械科技集团有限公司
6	河北省	河北数港科技有限公司

续表

序号	省市	企业名称
7	河北省	邢台市爱晚红枫医养服务有限公司
8	山西省	大同助老健保有限公司
9	内蒙古自治区	鑫海颐和城养老运营服务有限公司
10	吉林省	长春市南关区仁大医养中心有限公司
11	上海市	尚体健康科技（上海）有限公司
12	上海市	弗徕威智能机器人科技（上海）有限公司
13	江苏省	南京爱普雷德电子科技有限公司
14	江苏省	中民孝行（常州）养老产业发展有限公司
15	江苏省	苏州普康智慧养老产业科技有限公司
16	浙江省	麒盛科技股份有限公司
17	浙江省	杭州爱讯科技有限公司
18	浙江省	杭州和康养老服务管理有限公司
19	安徽省	安徽佳安智慧养老服务有限公司
20	安徽省	来邦科技股份公司
21	安徽省	芜湖圣美孚科技有限公司
22	山东省	山东欣悦健康科技有限公司
23	山东省	山东沃尔德生物技术有限公司
24	山东省	山东万福苑养老股份有限公司
25	湖北省	武汉携康智能健康设备有限公司
26	湖南省	湖南超能机器人技术有限公司
27	重庆市	重庆凯尔老年公寓管理有限公司
28	贵州省	贵州贵铝现代城市服务有限公司
29	陕西省	陕西金宝美养老产业服务有限公司
30	新疆维吾尔自治区	新疆新特房物业管理有限责任公司
31	青岛市	青岛圣德医养康复集团有限公司
32	青岛市	青岛维普养老产业有限公司

续表

序号	省市	企业名称
33	深圳市	深圳市迈迪加科技发展有限公司
34	央企	国新健康保障服务集团股份有限公司
35	央企	联通（上海）产业互联网有限公司

（二）园区名单

序号	省份	园区名称
1	江苏省	东台沿海湿地旅游度假经济区
2	河南省	安阳市内黄县康复设备产业园

（三）街道（乡镇）名单

序号	省市	街道（乡镇）名称
1	山西省	晋中市榆次区路西街道
2	上海市	上海市闵行区新虹街道
3	上海市	上海市静安区临汾路街道
4	上海市	上海市浦东新区周家渡街道
5	上海市	上海市静安区大宁路街道
6	上海市	上海市浦东新区东明路街道
7	上海市	上海市嘉定区菊园新区（街道级）
8	江苏省	无锡市新吴区旺庄街道
9	江苏省	南京市雨花台区赛虹桥街道
10	江苏省	常州市新北区三井街道
11	江苏省	南京市雨花台区西善桥街道
12	江苏省	盐城市东台市东台镇
13	江苏省	常州市新北区薛家镇
14	江苏省	盐城市东台市时堰镇

续表

序号	省市	街道（乡镇）名称
15	江苏省	南京市江宁区湖熟街道
16	江苏省	常州市钟楼区北港街道
17	浙江省	杭州市西湖区灵隐街道
18	浙江省	嘉兴市秀洲区王店镇
19	浙江省	嘉兴市秀洲区新塍镇
20	浙江省	杭州市萧山区临浦镇
21	浙江省	杭州市富阳区富春街道
22	浙江省	杭州市萧山区瓜沥镇
23	浙江省	杭州市富阳区银湖街道
24	安徽省	铜陵市铜官区天井湖社区（街道级）
25	安徽省	合肥市包河区涨河镇
26	安徽省	黄山市屯溪区昱中街道
27	山东省	济南市市中区杆石桥街道
28	山东省	威海市经济技术开发区泊于镇
29	山东省	临沂市平邑县平邑街道
30	山东省	济南市历下区东关街道
31	山东省	济南市历下区文化东路街道
32	山东省	德州市齐河县晏城街道
33	河南省	新乡市红旗区向阳街道
34	河南省	郑州市高新技术产业开发区梧桐街道
35	河南省	新乡市红旗区东街街道
36	河南省	郑州市金水区经八路街道
37	湖南省	长沙市长沙县果园镇
38	湖南省	娄底市双峰县金开街道
39	重庆市	重庆市渝北区仙桃街道
40	四川省	成都市青白江区清泉镇

续表

序号	省市	街道（乡镇）名称
41	四川省	成都市都江堰市青城山镇
42	四川省	成都市青白江区大同街道
43	四川省	成都市都江堰市天马镇
44	青岛市	青岛市西海岸新区滨海街道
45	深圳市	深圳市宝安区松岗街道

四、2023年全国智慧健康养老应用试点示范名单

（国家工业和信息化部、民政部、卫生健康委员会于2023年12月28日联合发布）

（一）企业名单

序号	省市	企业名称
1	北京市	北京福乐云数据科技有限公司
2	北京市	北京比利信息技术有限公司
3	天津市	依脉人工智能医疗科技（天津）有限公司
4	河北省	秦皇岛市惠斯安普医学系统股份有限公司
5	河北省	唐山启奥科技股份有限公司
6	河北省	河北雄安益康科技有限公司
7	上海市	有伴（上海）智能科技有限公司
8	上海市	国药康养实业（上海）有限公司
9	江苏省	无锡镜子信息技术有限公司
10	江苏省	江苏国药兴康科技发展有限公司
11	浙江省	杭州乐湾科技有限公司
12	浙江省	杭州易护科技有限公司

续表

序号	省市	企业名称
13	安徽省	安徽福康通健康产业发展有限公司
14	福建省	中国移动通信集团福建有限公司
15	江西省	江西掌护医疗科技有限公司
16	山东省	临沂蒙山康谷温泉疗养服务有限公司
17	山东省	微山县微山湖老年疗养中心投资有限公司
18	河南省	河南圣德健康养护有限公司
19	湖北省	武汉联影智融医疗科技有限公司
20	湖南省	娄底百善健康养老产业服务有限公司
21	湖南省	株洲睦邻乔松养老服务有限公司
22	广东省	广东永爱医养产业有限公司
23	广西壮族自治区	广西金中软件集团有限公司
24	重庆市	重庆宗灿科技发展有限公司
25	重庆市	重庆久聚康健康产业有限公司
26	四川省	成都全时云信息技术有限公司
27	四川省	中移（成都）信息通信科技有限公司
28	云南省	云南达远软件有限公司
29	陕西省	陕西康源美宏养老服务有限公司
30	陕西省	陕西君颐健康养老服务有限公司
31	甘肃省	中电万维信息技术有限责任公司
32	青海省	青海孝康养老服务有限公司
33	厦门市	厦门橙照护养老科技有限公司
34	深圳市	深圳作为科技有限公司
35	新疆生产建设兵团	新疆和顺雅居智慧医疗养老有限公司
36	央企	联通在线信息科技有限公司

（二）园区名单

序号	省份	园区名称
1	山东省	山东黄河谣数字医疗产业园

（三）街道（乡镇）名单

序号	省市	街道（乡镇）名称
1	天津市	天津市武清区杨村街道
2	天津市	天津市和平区劝业场街道
3	天津市	天津市滨海新区新村街道
4	天津市	天津市和平区五大道街道
5	河北省	秦皇岛市北戴河区东山街道
6	上海市	上海市浦东新区陆家嘴街道
7	上海市	上海市杨浦区殷行街道
8	江苏省	南京市浦口区江浦街道
9	江苏省	常州市新北区奔牛镇
10	江苏省	无锡市滨湖区蠡湖街道
11	江苏省	苏州市吴江区盛泽镇
12	江苏省	盐城市东台市安丰镇
13	浙江省	杭州市萧山区宁围街道
14	浙江省	台州市椒江区葭沚街道
15	浙江省	湖州市德清县阜溪街道
16	浙江省	杭州市西湖区翠苑街道
17	安徽省	合肥市高新技术产业开发区蜀麓社区
18	安徽省	合肥市庐阳区双岗街道
19	安徽省	合肥市包河区义城街道
20	安徽省	合肥市肥西县三河镇

续表

序号	省市	街道（乡镇）名称
21	山东省	济南市历城区郭店街道
22	山东省	济南市历城区东风街道
23	山东省	济南市平阴县东阿镇
24	山东省	临沂市平邑县柏林镇
25	山东省	临沂市平邑县白彦镇
26	河南省	郑州市金水区未来路街道
27	河南省	郑州市金水区丰庆路街道
28	河南省	郑州市新密市矿区街道
29	河南省	郑州市金水区大石桥街道
30	河南省	焦作市山阳区东方红街道
31	湖南省	益阳市资阳区大码头街道
32	湖南省	益阳市资阳区茈湖口镇
33	广东省	肇庆市四会市大旺街道
34	重庆市	重庆市渝中区石油路街道
35	重庆市	重庆市渝北区回兴街道
36	四川省	成都市大邑县沙渠街道
37	四川省	成都市锦江区春熙路街道
38	四川省	成都市锦江区东湖街道
39	四川省	成都市高新技术开发区肖家河街道
40	四川省	成都市成华区猛追湾街道
41	陕西省	西安市莲湖区北院门街道
42	宁夏回族自治区	石嘴山市大武口区朝阳街道
43	宁夏回族自治区	石嘴山市大武口区人民路街道
44	深圳市	深圳市福田区香蜜湖街道
45	深圳市	深圳市福田区沙头街道

（四）基地名单

序号	省份	基地名称
1	北京市	北京市房山区燕山地区智慧健康养老示范基地
2	天津市	天津市和平区智慧健康养老示范基地
3	江苏省	苏州市吴江区智慧健康养老示范基地
4	江苏省	常州市新北区智慧健康养老示范基地
5	浙江省	舟山市普陀区智慧健康养老示范基地
6	安徽省	合肥市蜀山区智慧健康养老示范基地
7	安徽省	合肥市肥西县智慧健康养老示范基地
8	山东省	临沂市平邑县智慧健康养老示范基地
9	河南省	驻马店市汝南县智慧健康养老示范基地
10	河南省	焦作市山阳区智慧健康养老示范基地
11	湖南省	益阳市资阳区智慧健康养老示范基地
12	四川省	攀枝花市米易县智慧健康养老示范基地
13	四川省	攀枝花市东区智慧健康养老示范基地

附录3　调查问卷

根据《统计法》第三章第十四条，本资料“属于私人、家庭的单项调查资料，非经本人同意，不得泄露”。

健康老龄化与智慧养老

个人问卷（节选）

问卷编码：□□□□□□□□□

您好！我们是在校大学生，目前我们正在做一项有关智慧健康养老的社会调查，特邀请您参加本次调查，谢谢您的合作！我们会问您一些基本信息和对智慧健康养老产品与服务的态度等问题。本次调查收集到的信息将严格保密，祝您身体健康！

智慧健康养老课题组

2021年12月20日

受访人地址：________省________市________县（区）________街道（镇）________社区（村）

访问时间：□□□□年□□月□□日　　如果调查未完成，原因是：__________

问卷是否合格（在方格内打“√”）：合格□　　不合格□

一、老年人基本信息及家庭情况

101. 您的性别：1. 男　2. 女　□

102. 您的出生年月：□□□□年□□月

103. 您的户籍：1. 农业户口　2. 非农业户口 □

104. 您的受教育程度：1. 小学及以下　2. 初中　3. 高中或中专　4. 大专及以上 □

105. 您目前的婚姻状况： □

1. 未婚　2. 已婚和配偶住　3. 已婚没有和配偶住　4. 丧偶　5. 离婚

109.1 您的平均月收入： □

1. 没有收入　2. 1000 元以下　3. 1000~1999 元　4. 2000~2999 元

5. 3000~3999 元　6. 4000~4999 元　7. 5000 元及以上

109.2 过去一年里，您家庭的人情支出往来（红白喜事、生子、升学等）：□□□□□元

111. 您是否能自己做以下项目？（1. 完全能　2. 部分能　3. 不能）

①吃饭□　②洗澡□　③穿衣□　④上厕所□　⑤行走□　⑥上下楼梯□　⑦乘车□　⑧购物□　⑨做家务□　⑩洗衣□　⑪做饭□　⑫打电话□

117. 与您同吃同住的人都有哪些？（1. 是　2. 否）

①独居□　②父母□　③伴侣□　④子女□⑤孙子女□　⑥其他____（请注明）

二、智能设备的使用

201. 您家中是否接入宽带或无线网？1. 是　2. 否 □

202. 您是否使用智能手机？1. 是（跳问 204）　2. 否 □

203. 您不使用智能手机的原因是？（按重要程度最多选 2 项）（若选 1 和 2，则跳问 214，若选 3~6 则跳问 301）

1. 操作复杂　　2. 没有学习途径　　3. 不需要

4. 价格高　　5. 担心个人信息泄露　　6. 其他____（请注明）

204. 您使用智能手机是否用于以下用途？（1. 是　2. 否）

①接打电话□　　②微信聊天□　　③在线支付□

④学习□　　⑤休闲娱乐□　　⑥获取新闻资讯□

205. 您经常使用哪些手机软件（APP）？（按重要程度最多选 3 项）

□□□

1. 社交软件（QQ、微信、微博等）

2. 新闻类软件（浏览器、今日头条等）

3. 购物类软件（淘宝、拼多多、支付宝等）

4. 视频类软件（腾讯、优酷、爱奇艺等）

5. 短视频类软件（抖音、快手等）

6. 游戏类软件（斗地主等）

7. 学习类软件（老年大学、网课等）

8. 其他____（请注明）

208. 您认为自己不熟悉智能手机的主要原因是？（按重要程度最多选 2 项）□□

1. 学习能力弱，接受新事物困难　2. 没有人提供帮助　3. 对智能手机的需求不大　4. 智能手机的设计不适合自己　5. 其他____（请注明）

209. 您使用智能手机的频率是？□

1. 每天使用　2. 每周 4~6 天　3. 每周 1~3 天　4. 几乎不用

210. 您每天平均使用智能手机的时长是？□

1. 平均少于 1 小时　2. 平均 1~3 小时　3. 平均 3~6 小时　4. 平均 6 小时以上

211. 您使用智能手机的时间有多久？□

1. 1 年以下　2. 1~2 年　3. 2~3 年　4. 3 年以上

三、智慧健康养老产品（或服务）

301. 您是否听说过以下的智慧健康养老产品（或服务）种类？（1. 是　2. 否）

①健康管理类智能产品（如智能腕表、智能手环）□

②康复辅助器具类智能产品（如康复训练机器人、智能轮椅）□

③养老监护智能产品（如智能血压计、智能血糖仪、跌倒报警器）□

④中医数字化智能产品（如中医体质辨识仪）□

⑤家庭服务机器人□　⑥远程医疗□

⑦个性化健康管理□　⑧互联网+护理服务□

⑨互联网+健康咨询□　⑩互联网+健康科普□

304. 您购买/如果购买智慧健康养老产品时是否会关注以下因素？（1. 是 2. 否）

①品牌□　②隐私的保护□　③性能的稳定□　④价格□

⑤功能□　⑥操作的便捷性□　⑦其他____（请注明）

307. 您对以下智慧健康养老服务的需求：

	1. 您是否愿意使用 1. 是　2. 否（跳问下一项）	2. 您是否愿意付费 1. 是　2. 否
307.1 远程健康指导	□	□
307.2 疾病筛查	□	□
307.3 健康监测（跌倒、夜间、定位）	□	□
307.4 康复理疗服务	□	□
307.5 预约挂号	□	□
307.6 健康科普	□	□
307.7 智能中医诊疗	□	□
307.8 互联网+护理服务	□	□

308. 您对智能设备（如智能手机、智能家居、智能服务机器人等）的态度是什么？ □

1. 非常不同意　2. 不太同意　3. 一般同意　4. 比较同意　5. 非常同意

调查员：__________　调查日期：__________

健康老龄化与智慧养老

社区问卷（节选）

问卷编码：□□□□□□□

您好！我们是在校大学生，目前我们正在做一项有关智慧健康养老的社会调查，特邀请您参加本次调查，需要了解您所在社区的一些情况。您所提供的信息将严格保密，您的支持和参与将为智慧健康养老产业发展提供重要依据。谢谢您的合作！

智慧健康养老课题组

2021 年 12 月 20 日

一、社区基本信息

101. 本社区具体地址：________省________市________区（县）____________街道（镇）____社区（村）

102. 本社区的总人口大约有□□□□□人

103. 本社区的老人（60 岁及以上）大致有□□□□□人

104. 本社区有几家养老机构（包含日料中心）？□

1. 0 家　2. 1~4 家　3. 5~9 家　4. 10 家以上

108. 本社区是否有以下类型的养老机构？（1. 是　2. 否）

①福利院□　②养老院□　③老年公寓□　④护养院□　⑤日间照料中心□　⑥其他____（请注明）

110. 本社区是否属于智慧社区（如有网络信息发布平台；电表、水表、煤气等实现智能化）？

1. 是　2. 否　□

二、社区养老情况

201. 您认为以下哪些服务是本社区老人所需的？（按重要程度最多选 3 项）□□□

1. 助餐服务　2. 精神慰藉　3. 助洁服务　4. 助浴服务
5. 助行服务　6. 助急服务　7. 助医服务　8. 康乐服务

208. 本社区是否有以下养老服务设施？（1. 是　2. 否）

①老年活动室□　②医疗保健室□　③户外活动场地□

④老年图书馆□　⑤健身器材□　⑥老年人食堂□

209. 本社区是否有以下文化娱乐服务？（1. 是　2. 否）

①健身场所□　②阅读室□　③棋牌室□　④文艺演出□

⑤书法兴趣组□　⑥法律讲座与咨询□　⑦旅游团□

211. 您认为本社区养老院在为老人服务方面有什么不足？（按重要程度选2项）□□

1. 收费偏高　2. 活动少　3. 服务内容少　4. 机构人员专业性差　5. 缺乏心理慰藉

215. 本社区是否有（或合作的）智慧健康养老企业？□

1. 有（公司名称：＿＿＿＿＿＿＿＿＿＿＿＿）

2. 没有

219. 了解本社区以下产品与服务的情况：

智慧健康养老产品与服务	1. 是否有	2. 产品效果
	1. 是　2. 否（跳问下一项）	1. 效果好　2. 一般　3. 效果不好
1. 健康管理类智能产品（如智能腕表、智能手环）	□	□
2. 康复辅助器具类智能产品（如康复训练机器人、智能轮椅）	□	□
3. 养老监护智能产品（如智能血压计、智能血糖仪、跌倒报警器）	□	□
4. 中医数字化智能产品（如中医体质辨识仪）	□	□
5. 家庭服务机器人	□	□
6. 远程医疗（远程会诊、远程康复指导）	□	□
7. 个性化健康管理（信息采集、体征监测、风险筛查）	□	□

续表

智慧健康养老产品与服务	1. 是否有	2. 产品效果
	1. 是　2. 否（跳问下一项）	1. 效果好　2. 一般　3. 效果不好
8. 互联网+护理服务（线上申请，线下服务，为出院患者或行动不便的特殊人群服务）	□	□
9. 互联网+健康咨询（在线咨询、预约挂号，诊前指导、诊后跟踪）	□	□
10. 互联网+健康科普（在线普及健康知识）	□	□

调查员：__________　调查日期__________